现代中小学校长专业发展丛书

校长怎样管教学
——中小学校长管理实务

XIAOZHANG ZENYANG GUAN JIAOXUE
ZHONGXIAOXUE XIAOZHANG GUANLI SHIWU

宋文君　黄宁生　主编

东北师范大学出版社

长　春

图书在版编目（CIP）数据

校长怎样管教学：中小学校长管理实务/宋文君，黄宁生主编. —长春：东北师范大学出版社，2015.4
ISBN 978 - 7 - 5681 - 0702 - 0

Ⅰ. ①校… Ⅱ. ①宋… ②黄… Ⅲ. ①中小学—校长—学校管理—研究 Ⅳ. G637.1

中国版本图书馆 CIP 数据核字（2015）第 061381 号

□责任编辑：吴东范　□封面设计：张　然
□责任校对：王　杰　□责任印制：刘兆辉

东北师范大学出版社出版发行
长春净月经济开发区金宝街 118 号（邮政编码：130117）
电话：0431—85687213
网址：http：//www.nenup.com
东北师范大学出版社激光照排中心制版
吉林省吉育印业有限公司印装
2015 年 4 月第 1 版　2015 年 4 月第 1 次印刷
幅面尺寸：169 mm×239 mm　印张：16.5　字数：350 千

定价：42.00 元

本 书 编 委 会

主编　宋文君　　黄宁生

编委　宋文君　　黄宁生　　周鸿蜀　　谢　平

　　　　郑　涛　　牟　涛　　陈　丽　　张华清

　　　　袁从领　　王　银

前　言

　　教学管理是学校管理的重心。

　　教学管理是一个宏观的概念，其实它是由一件件具体工作组成的。在学校教学这部每日运转的庞大机器中，一件工作的实施如同一个部件的运转，只有每一件工作都做好，这部机器才运转得最平稳最有效。

　　一所学校如果拥有优良的教学管理，它就能按照国家的教育方针、政策的要求，遵循教育教学规律，调动多方力量，激发广大教师的积极性，有条不紊地施行教育教学，为广大学生的健康发展提供有效的指导和帮助。作为学校教学的管理者，做好教学管理工作是一种责任，也是一种事业追求。他不但要有崇高的教育理想，有执着追求的办学精神，还需要拥有正确的教学管理理念，懂得教学管理的规律，了解教学管理的内容与方法，掌握教学管理的艺术。

　　2013年4月起，南京晓庄学院与重庆市渝中区教师进修学院联合举办两地中小学校长培训合作项目"小学校长教学管理专题高级研修班"。该项目为期两年，旨在组织江苏及重庆两地的知名高校专家及研究人员、学校管理一线的名优小学校长，以及两地在小学教育和小学管理改革方面有突出建树的小学名校作为优质培训资源，为参加学习的两地校长专业发展搭建研修和交流的平台，帮助他们拓宽教育视野，更新管理理念，提高教学管理能力，同时也促进苏渝两地小学教育的交流与携手共进。在本项目的课程中，安排有"小学校长教学管理的创新发展"课题研究。在南京晓庄学院与重庆市渝中区教师进修学院专家的指导下，学员采用合作研究，分工写作的方式完成一部成果，即《校长怎样管教学——中小学校长管理实务》。

　　本书的写作过程是江苏和重庆两地小学校长合作开展研究的过程，其中不乏两地校长的教育思想、管理理念的碰撞，两地小学教学管理经验的交流，也催生了参与写作的校长们教学管理的创新思维。

　　该书从分管教学校长的角度出发，围绕中小学教学管理，阐述教学管理中的一些重要工作的意义，梳理这些工作的主要内容，分析内在规律，探讨工作策略，介绍工作思路及组织实施方法以及一些效果明显的创新做法。全书按照教学管理工作的不同阶段或环节分别论述，共分十六章。每章又分为若干小节，各小节既有工作内容及工作方法的论述，也有来自教学管理实践的案例介绍与分析。

　　在写作过程中，我们要求作者们牢牢把握本书主题"校长怎样管教学"，针对中小学教学管理的管理者这样的读者群，从"校长管教学"的视角出发审视和讨论问题。我们强调本书的特点是"实务"，所以对该做什么和怎样去做进行详细阐述，突出操作性强的特点，便于读者读后去改进教学管理实践。

　　如今，中小学校长都出自于优秀的一线教师。对于初到校长岗位的大多数人来说，如何抓好教学管理是一个崭新课题。本书可以帮助教学管理的新手加快了解小学教学管理的内容、特点与规律，快捷地了解和掌握规划和实施教学管理的方法，为顺利地开展工作铺平道路。

沈成林

2014 年 11 月

目　录

第一章
制定和实施学校教学工作计划

　　学校的教学工作计划是由教导处负责制定和实施的。教导处是学校的教学管理机构，一方面主管教师的教学目标、任务、进度及计划，另一方面处理学生的学习目标、要求、计划及考试等教与学各方面的事务，由学校分管教学的校长直接领导。教导处在提高学校教学质量方面起着关键作用，所以校长应该充分发挥教导处的职能作用，保证学校教学工作正常有序开展，使管理工作进一步走向制度化、规范化、程序化。同时，校长指导教导处工作时，应实行科学决策，明确工作职责，改进工作作风，提高办事效率，保证工作质量。

　　教导处工作任务涵盖面广，分为教育、教学、学籍管理等多方面，本章将围绕教学管理工作，重点阐述教导处制定教学工作计划的意义、内容、实施方法、注意事项以及校长对这项工作的指导与管理方法等。

第一节　怎样制定教学工作计划

【制定教学工作计划的意义】

　　教学是立校之本，是学校的生命之源，是教师的生存之基。因此，学校要以提高教学质量为中心，规范制度，细化管理。严格执行课程计划，切实推进教学工作，落实评价考核，深化校本教研，提升教师素质，促进办学水平始终处于同类学校前列。学校的发展离不开教学的进步，制定教学工作计划是学校赋予教导处的常规工作，分管校长要把对教学工作的计划、实施、评价赋权于教导处，督促教导处完成教学管理各项工作任务，使学校教学工作计划起到切实推动学生发展、教师发展、学校发展的作用。

1. 保证教学工作有序进行

学校的教学工作包含的内容非常多，而且对时间的要求也非常高，是一个复杂的系统，是需要全校教职员工和全校学生共同合作来完成的集体活动。只有预先作好细致周密的计划，才能在学期当中协调好各种资源，有条不紊、按部就班地运行。

2. 保证学校的教学质量

学校教学计划应遵循一定科学规律，按照学校工作总体要求来制定。在制定时必须考虑学生的生理、心理特点，考虑科学规律和学习规律，也包括考虑学校的教师资源、设施资源等诸多因素。好的教学工作计划能为学校按照健康的运行轨道展开教学工作打下基础，为学校实现良好的教学质量提供保障。

3. 为开展教学管理评价提供依据

在平常工作中，校长可以对照教学工作计划对教导处的工作进行监控和指导。在对全校教学工作进行总结评估时，教学工作计划是评价的依据之一。根据教学计划，校长可以检查教导处是否按时、按规定执行了各项教学工作，是否按照预设完成了既定目标，进而对学校教学工作作进一步调整和改进。

【主要工作】

1. 明确教学工作指导思想

指导思想是教学计划的核心，是指学校行政部门为实现预期的目标，在一定时期内管理工作的指导思想或必须把握的基本原则。

教学工作计划的指导思想，是把上级的指示精神、新的教学思想与本学校的实际情况相结合，做好上级精神和学校实际工作的协调统一。如学校教导处制定的教导工作指导思想：以区进修学校教研工作精神为指导，以"新课程标准"为理论依据，严格制定教学工作计划，同时抓好教师队伍建设，减轻学生课业负担，深入学校开展"卓越课堂"研究，提高教学质量，实现人人发展的目标。上述指导思想既把区级教研精神和学校工作相结合，又体现学校的教学思想以及对师生的要求和达到的目标，并要求通过制定教学工作计划，以课堂教学为纽带，处理好提高教学质量与减轻学生课业负担的关系。同时，我们应该注意，制定指导思想，要结合学校实际工作，把握工作要点。

2. 找准学校教学工作重点

教学工作重点是指学校在一个学期或一个学年内重点完成的教学任务，是这一阶段将要解决或完成的主要工作。提出学期（或学年）教学工作重点时，首先要依据上级相关文件的精神，对学校教学工作进行统筹安排，把重点工作放在首要位置上。如某学校把推广使用校本教材作为某学期工作重点之一。

3. 思考促进教学工作的措施

工作措施是完成计划达到目标的手段、方法和途径，是落实计划的基本保障。从校长的角度来看，促进教学工作的措施包括如下五个方面：

（1）落实教育法规，思考常规管理措施

在制定教学工作计划时，必须遵守国家的各项规定，严格执行国家课程计划，严格按课表开课；努力减轻学生的学业负担，并注重教学常规管理，保证正常的教学秩序。

（2）关注教与学的研究，思考提高教学质量的举措

教学质量影响学校的发展，是学校工作的重点。第一，校长应当要求教导处组织教师学习研究新课程标准，教务工作者更要从各年级的角度明确各年级的教学目标，做到管理方向明确，教学安排切合实际。第二，要求教导处加强对课堂的管理，保证课堂有质量。第三，利用论坛、教研、学术沙龙等形式加强教师的交流，合理安排研究课、示范课或观摩课。第四，组织好教师的集体备课与独立备课，重视指导教师实施教学任务前（如另外一个班级）的第二次备课。第五，要求各个年级形成良好的集体教研氛围，促进教学质量的提高。

（3）有计划地安排教师进修培训，提高教师专业水平

首先，每学年可安排开展青年教师的教学基本功展示，促进教师学科教学知识与技能的展示与交流。其次，推荐学校优秀教师开展教育系统内的研究课和示范课交流、评比。第三，鼓励开展新老教师"师徒传帮带"活动，促进新手教师快速树立职业认同感和归属感。第四，组织与学区内和学区外的各级各类学校开展联合教研活动，让教师资源、教学经验、教学反思在"教研共同体"中不断优化，促进教师个人专业成长。第五，为优秀教师提供外出培训学习机会，或邀请教育教学专家来校对教师进行教学理论培训，提升教师的教学理论素养。

（4）提倡课题研究，考虑促进教师成长措施

鼓励教师积极参与课题研究，并对参与课题的教师给予一定的物质奖励。同时提倡结合教学中遇到的问题开展小课题研究。

（5）考虑兴趣选修课的安排，促进学生全面发展

校长应要求教导处制定兴趣选修课教学方案，并监督兴趣选修课的实施。需要指出的是，校长应该弱化对兴趣选修课教学效果的评价，因为兴趣选修课本身就是自主性的、非强制的、个性化的，我们应该鼓励教师参与兴趣选修课教学方案的制定，并把这一工作作为教导处教学工作计划的一部分。学校实施兴趣选修课教学应体现灵活性、多样性、活动性，方式方法多种多样。如借助学校图书室，向学生提供优秀书籍，并利用阅读课，让学生大量阅读有益的课外书籍；开展音乐沙龙、英语沙龙活动，给在这些方面有天赋的学生提供展示平台；开展各学科兴趣活动，增长才智，开拓眼界；举办每学期学校特色运动会以及节日的庆祝活动等等。

兴趣选修课的教学是对课堂教学的补充，既丰富了学生的课外生活，又有益于身心健康，在制定教学工作计划时应充分考虑兴趣选修课教学的实施，不能流于形式。

4.　梳理每月（每周）具体教学内容安排

每月（每周）的工作安排，是教学计划的具体呈现，也是落实计划的重要依据。时间序列的具体的工作计划便于行政管理人员了解工作的进程。

【主要方法】

1.　了解上级部门的工作要求及学校整体工作计划

在制定教学工作计划时首先要关注教育发展形势，了解上级教育部门对学校教育的主要工作要求；其次应该梳理学校本期整体工作；然后把上级部门的要求与学校具体工作相结合，制定出切实可行的教学计划。

2.　总结反思学校已有教学工作成绩

校长应深入各个学科教研组，和大家一起总结教学管理方面已有成绩，并对教学工作开展情况有针对性地进行反思，找出此前教学工作计划的不足，思考改进措施，为制定新学期（学年）的教学工作计划提供帮助。

3.　整体把握全学期（或学年）、每月、每周的教学工作内容和要求

把学校教学工作中的具体内容（如常规管理、教学质量监控、校本研修、课题实验、教师培训、家长会、各类教育实践活动等等）以及责任人、时间要求一一写明，明确表述具体工作安排和预期实现的教学工作目标。

4.　借鉴其他行业的管理知识，创新教学管理方法

教学管理工作是一个庞大而繁琐的工程。在制定教学工作计划时我们应当借鉴其他行业的管理知识，使教学工作便于管理，便于评价，从其他行业领域寻求创新管理方法的启示，促进学校教学管理的品质提升。

【注意事项】

1.　要有明确的指导思想

指导思想是制定教学工作计划的核心内容，我们要以国家的教育政策法规和规章制度为依据，立足学校发展实际，结合上级部门的要求，制定务实的、明确的指导思想。

2.　制定的教学工作措施应具有可操作性、易评价性

教学工作措施是执行学校教学工作的有力保障，对学校工作有推动作用。工作措施应便于操作，并便于校行政部门对这一阶段工作进行评价。

3.　语言表述要简炼

教学工作计划的语言要准确，清晰明了。教学工作计划的第一部分应把本学年将要做的工作依据时间序列大致写清楚；第二部分应对每项工作具体表述，明确要做的工作任务是什么，目标是什么；第三部分应就各具体任务的责任人或责任单位作出规定，以保证工作的具体落实。每一部分要做到突出重点，语言精练。

4.　体现对教学工作的指导性和时效性

在制定教学工作计划时，要以管理理论为依据，用科学理论来指导实践，这样的计划才具有指导意义；同时还应该依据本校学期（学年）工作的总体目标和任务来制定教学工作计划，体现时效性。

【案例】

×××小学教导处教学工作计划

一、指导思想

本学期的教导处工作以打造具有学科特色的"卓越课堂"为重点，以减负增效为突破口，狠抓一个"实"字，牢固树立课程意识、特色意识、质量意识，全面提高提升教育教学质量，促进学生的全面发展，推动学校持续发展。

二、主要目标

1. 规范教育教学常规管理，减轻学生负担，提高教学质量。

2. 聚焦"卓越课堂"教学研究，构建具有学科特色的"卓越课堂"。

3. 深化质量监控措施，形成有校本特色的质量监控体系。

三、主要工作措施

1. 以五个"落实"规范教育教学常规管理，减轻学生负担，提高教学质量

规范办学、减负提质是教导处常规管理的重点，也是提高教学质量的前提，教导处将对常规教学的全过程及时检查、督促、指导、调控和评价，做好五个"落实"。

（1）落实管理制度

良好的管理体制是顺利实施课程改革，提高教学质量的重要保证。开学初教导处将带领全体教研组长学习"教学六认真"及学校教学管理常规制度，做到有章可循，以规办事，明确教研组岗位职责，有效开展各项工作。

（2）落实备课管理

规范开学、期中、期末三次教案的检查，加强随堂课教案的督查，落实二次备课，杜绝不备课入课堂现象，及时反馈备课情况，让每位教师树立"向四十分钟要质量"的思想。

（3）落实课堂教学管理

强化课堂教学常规，通过多种形式落实教学常规管理：加强教学常规巡查，规范上课、下课、课堂教学行为等基本常规；加强推门课的力度，用"卓越课堂"的评价标准指导日常的课堂教学，落实课堂常规；学科组间开展以关注课堂为重点的校本研究，教师间互相听课，取长补短，相互学习，共同进步。

（4）落实教研活动

教导处认真组织指导教研活动，指导教研组围绕"卓越课堂"，采用以研究教材、研究课标、研究学生为重点的集体备课方式，建立研讨制度。教研组长组织好每一次教研活动：明确分工，轮流主讲，智慧生成，资源共享，共同受益。在集体备课的基础上教研组开展三人团队的教学研究活动，形成有质量的研究课。

（5）落实作业监督

作业负担的监控是本期减负提质工作的重点，教导处将对各年段学生的作业进行全方位的监控，开学初各教研组规定作业的量和学生作业时间，期中对各年级作业进行抽查，期末对复习计划做统一的落实，切实减少学生作业量，控制作业时间，以减轻学生负担。

2. 聚焦"卓越课堂"教学研究，构建具有学科特色的"卓越课堂"

在全校教师对"卓越课堂"理念、原则和关键要素有了较为全面的认识，对"卓越课堂"

建设有一定的实践体会的基础上，本学年将聚焦"卓越课堂"教学研究，构建具有学科特色的"卓越课堂"。

步骤一：深入学习"卓越课堂"评价标准（第一、二周）

"卓越课堂"评价标准，是对"卓越课堂"理念的具体化操作，是指导教师在课堂上落实"卓越课堂"理念的标准，因此在开学初，各教研组组织学习"卓越课堂"评价标准。

(1) 学习"卓越课堂"评价标准的内容，对照"卓越课堂"理念，明确每一条评价标准对应的原则及操作细则，做到人人明确，人人会操作。

(2) 学习"卓越课堂"评价标准的内容，对照学科课程标准，明确每一条评价标准在本学科中具有的特质及操作时呈现出的学科特性，将评价标准内化在学科课程标准中。

步骤二：学科特色"卓越课堂"示范课（第三周至第六周）

在认真学习评价标准的基础上，全校每一个学科，结合评价标准中学科特色的体现，打造学科特色"卓越课堂"示范课进行展示，观课教师运用评价标准进行说课和评课，验证教研组对评价标准的学习，将评价标准落实在课堂上。

步骤三：三人团队实践活动（第七周至第十四周）

三人团队在学科示范课的基础上，突出学科特色，进行教学实践活动，分学段、课型确立具有学科特色"卓越课堂"研究的重点，研究"卓越课堂"的操作策略和方法，进行及时梳理和总结，为学科特色的提炼做好资料的收集。

步骤四：教育研讨会课堂展示（第十一周）

在教师深入学习、认真实践的基础上，学校推荐教师参加各级教育论坛，展示"卓越课堂"的研究成果，接受专家的指导，深化"卓越课堂"建设的探索。

3. 实施质量监控，形成校本特色的质量监控体系

质量是学校的生命线，是一所学校赖以生存和发展的基础，也是检验课堂教学改革工作是否落到实处的标志之一。教导处将采取随堂检测、作业检测、活动检测、检测课监测、试验检测等多种检测方式对质量实施常态监控。

本期，教导处对质量的监控分为两个层面：

(1) 对语文、数学、外语等考试学科教学质量评价，坚持"重平时""看三率"的原则，即评价注重教师平时的教学效果、学生平时的学业负担情况；开展以提高效率为重点的教学常规管理。继续开展针对性的随堂听课与反馈工作，关注学生发展。

(2) 对音乐、体育、美术、科学、信息等考查学科，则结合学科实际，开展作业检测、活动检测、检测课监测、试验检测等检测方式，结合教师课堂教学情况记载表，全面检测教学质量。

同时，全体教师也积极参与到质量监控中，在学科质量监控中相互学习，取长补短，以质量监控促进自我课堂教学质量的提高。

教导处还将组织好学生座谈会等多渠道监控质量的方式，形成学校、教师、学生三位一体的有校本特色的质量监控体系。

【分析】

从上述案例我们可以看出校长在落实课堂教学、构建学科"卓越课堂"、监控校本特色教学质量、促进教师专业发展等方面发挥的作用。

1. 监控教学常规工作，赋予各学科教务管理人员更多的自主教学管理权。校长在明确学

校学期教学工作重点、目标和具体要求之后，教学工作计划的实施者主要是各学科教务管理人员，校长在管理教学常规工作时主要是对教学全过程进行检查、督促、指导、调控和评价。如，案例中的五个"落实"主要是教导处对教师教学任务的考评，校长并不参与考查每个教师"五个落实"过程，但校长参与"五落实"制度的制定过程，并从教学管理、备课、课堂教学、教研活动、作业等多方面协调教导处管理与教师实施之间的关系。

2. 管理校本教研活动（如本案例中的"卓越课堂"教学研究），有序促进校本特色课程的建设。与教学常规管理的监控作用不同，校长直接参与校本特色课程的建设和实施，教导处认真贯彻校长意图，对校本特色课程建设的理念、原则、模式等进行深入宣传，并从课程开发、课程实施、课程评价等方面按照学校相关要求有序开展组织和管理工作。

3. 指导教导处对考试学科和考查学科进行阶段性教学质量评估。教学评价是管理教学工作必不可少的环节，它的目的是检查和促进教与学。在案例中，校长并不直接参与各学科的质量监控，而是听取（如访谈、座谈会）师生的自评，并结合观察内容采用描述性分析的方式来对每一阶段的教学工作进行后期监控。校长的宏观管理与教导处的具体管理相结合，对教学质量监控做到有的放矢，形成校长统筹指导、教导处直接监控、师生广泛参与的多元化教学质量监控体系。

对考试学科和考查学科分别制定质量监控措施。对考试学科（如语文、数学、英语）的质量监控侧重平时教学效果、整体教学效率，对考查学科（如音乐、体育、美术、科学、信息）的质量监控侧重进行多元化的检测，如课堂记录检测、抽查检测、活动检测等。同时，对考试和考查学科进行随堂检测，关注教师每一节课的教学质量。案例中的"教学质量监控"按照评估方式划分成了两个方面的监控举措，这有利于各学科教师按照学科特色进行教学并接受教导处切实有效的质量监控。

4. 在教学工作计划内容的各个方面关注教师的专业发展。校长在制定学校教学计划时应该考虑教师的专业成长，并体现在计划内容的各个方面，这有助于帮助新手教师、骨干教师、优秀教师等处在不同发展层级的教师不断拓展专业化水平，分享专业成长经验。在案例中，教学常规管理计划中有关注"落实教研活动"，"卓越课堂"教学研究计划中有"教育研讨会课堂展示"的活动，教学质量监控计划中有"全体教师积极参与、相互学习、取长补短"等关注教师专业发展的话语的阐述。

第二节　怎样实施教学工作计划

【实施教学工作计划的意义】

"实施"，也可称之为"组织"或"执行"，实施教学工作计划就是校长组织各部门及教师落实计划的过程。"实施"是教学管理过程的重要环节，比计划、总结等工作过程更长，工作量更大，校长及教师们投入的精力更多。教学工作计划在实施之前只是对工作的一种设想和打算，"实施"使打算变为行动，使设想变为现实。要想达到学校教学工作目标，毫无疑问，主要通过"实施"这个环节来完成。

【主要工作】

1. 分解目标，落实责任

教学校长的工作，从某种意义上来说，就是领导教师执行教学计划，将学校教学工作计划进一步细化、分解落实到各个部门、各个年级，落实到各个时段，按照教学工作计划开展各项教育教学活动。在学校教学工作计划的指导下，校长要督促教导处、教研组进一步完善教学常规管理，立足课堂教学，倡导多元，勇于创新，追求特色，深入开展教研活动，注重教师队伍建设，不断提高教学质量，全面提升学生素质。

2. 组织实施，加强指导

实施教学工作计划，仅有教学校长、教导主任等少数人埋头苦干、身先士卒是不够的。作为校长，更为重要的是对学校教学工作的组织、指导、协调、检查。有效组织，是对学校的教学工作统筹安排，使人尽其才，物尽其用。在实施计划的过程中，校长要做好教师的指导工作，明确工作思路，及早发现问题，采取各种措施进行调控，避免或减少失误。在执行阶段，部门与部门之间、人与人之间难免会有矛盾冲突，这时就需要校长加强协调，处理好各种关系，使部门之间相互配合，使教师之间合作共进。

3. 及时评价，重视激励

教师的工作积极性和主动性在执行教学计划过程中起决定作用。校长要善于利用评价和激励的手段，督促后进，弘扬先进，进而激发教师的工作热情，增强教师的主人翁意识，增强其责任感。

【主要方法】

1. 落实常规要求，提高管理实效

学校要在上级教育部门的要求下制定出各类教学规范要求和细则，用制度来规范教师的教学行为，让制度来统领学校教学工作。校长则要加强教学各环节的管理与检查力度，尤其加大备课、上课、辅导、质量检测等工作的检查监督力度，采取临时抽查和集中检查相结合的办法，使教学工作计划得到执行，保障学校教学工作有序开展。

（1）严格执行国家课程计划，开齐开足规定的各学科课程，教师授课严格按课程计划和教学进度计划执行。这方面主要通过随堂听课、校内调研来检查、督促。

（2）实施课堂随机调研制度，校长、教导主任、教研组长深入课堂听课，及时记录和反馈情况，帮助教师纠正教学中的不足，促进教师认真备课、上课、改作业，督促学生养成良好的学习习惯，提高课堂教学的实效。

（3）完善教学绩效考核细则，以教师履行法律法规规定的职责及完成学校规定的岗位职责和工作任务实绩，全面考核教师的德、能、勤、绩。制定备课、上课、作业、辅导等教学活动规范细则，规范教学流程，将重心放在对教师教学工作的过程评价上。

（4）建立巡课制度，校长参与课堂巡视，尤其要加大室外课、活动课、综合课的巡视力度，并记录当日巡课情况。每周由教导处汇总一周来学校教学秩序和教师遵守教学规章制度的情况，校长及时向老师通报巡课情况，促进落实课堂教学常规。

2. 基于课堂教学，推进课程改革

课堂是学校教学计划得以实现的主要场所，课堂教学是促进学生发展，提高教学质量的最根本途径。校长要引导教师将教育教学的先进理念转化为实际的教学改革实践行为，努力构建高效课堂，有效地提高课堂教学效益和教育教学质量，从而在整体上提高学校的办学水平。

（1）学校成立以校长、分管教学副校长、教导主任、教研组长组成的课堂教学改革领导小组，负责制定学校课堂教学改革方案，并负责组织正常工作。教导处负责落实具体事务。

（2）树立"从儿童出发"的教育理念，大力推广"生为主体、师为主导""精讲多练，轻负高效"的课堂教学基本模式，大胆实践、不断创新，走出一条富有学校特色的课堂教学改革新路，不断提高课堂教学的科学性、艺术性。

（3）充分运用现代信息技术和多媒体教学手段，努力实现教育思想、教育方法、教育手段、教育资源的现代化。

（4）改革课堂教学评价方式，针对不同学科的教学特色及要求，从实际出发科学制定课堂教学评价标准。

3. 依托校本教研，提升教师水平

校长要鼓励教师开展有效教研。

（1）抓实抓好教研工作，开展课堂教学研究。课堂教研着力提高教师综合素质，尤其是要加强教学中的现象、现实问题的反思研究，通过发现问题、分析研讨、制定措施、落实检查、总结提升这一过程，找准症结，切实改变课堂教学行为，努力促进教师专业发展。充分发挥教学骨干的积极性，坚持骨干先行，典型引路。

（2）加强教研组建设，提升校本教研质量。学校按照学科成立语文、数学、英语、综合等教研组，开展教研活动。各教研组要根据学科特点与学生情况，结合课题研究和学科教学特色制定教研组活动计划，落实教研内容，内容主要以解决教学工作中存在的问题为主，切实提高校本教研的有效性。

（3）丰富校本教研途径，营造交流研讨氛围。积极开展相互听课观摩活动，在相互听课活动中，教师要互相学习，互相交流。

4. 开展课题研究，做到以研促教

参与课题研究最大的意义在于帮助教师解决教学中的问题，达到"以研促教"的目的。

（1）积极创设科研氛围。校长应让教师意识到研究是专业成长的需要，是完成教育教学工作的需要，主动参与教科研工作。要组织好各级培训，为教师提供学习的机会，以课题研究促进教师的学习和实践；要加强方法的指导，为教师开展研究提供专业支持，增强教师开展课题研究的信心。

（2）指导教师学会选题。小学的课题研究，以教育教学过程和管理过程为研究对象，以养成教师科学的思维习惯、改进教育教学工作、提高研究能力为根本目的。在选题中应做到：从实践中挖掘出值得研究的问题，从教师自身教育教学的困境中寻找问题，从具体的教学情境中捕捉问题，在与其他教师的交流中发现问题，从学生的课后生活中寻觅问题。

5. 开展各项活动，促进师生发展

要有目的、有计划、有组织地开展好学校教学工作计划内的各项活动。

（1）教师层面的活动。校长要组织教师积极参加各级教育部门举行的竞赛活动，争取各种参赛机会。积极组织各种形式的教学比武，采取说课竞赛、优秀课竞赛、课件制作竞赛、论文竞赛、评课竞赛等形式，加大对青年教师与骨干教师的培养力度。开展教师师徒结对互动活动，实施教育教学导师制，为青年教师提供发展成长的平台。开展读书活动，通过各种形式进行交流分享。

（2）学生层面的活动。学校应以德育为先，开展学生的特色活动。本着以人为本、贴近学生、贴近生活、感悟生命、重在体验的指导思想，学校充分利用开学典礼、国旗下讲话、班队会活动等媒介，结合每年的传统节日，组织学生开展各种形式的主题教育或特色活动。以各种评选活动促使孩子们传承中华传统文化，养成良好的学习习惯和生活习惯，使每个学生学会思考，学会探究，学会创新。学校以艺体教育作为实施素质教育的突破口，创设良好的教育氛围，激发学生的艺术兴趣和爱好，设立"艺术节""体育节""读书节"等培养学生健康的体魄和良好的艺术修养，促进学生个性特长和综合素质的发展。按计划组织学生参加各级各类学科竞赛，做到系统化，规范化。

【注意事项】

1. 坚持过程管理

有时会有这样的情况：计划制订完成后，教学校长把它交给有关部门就不再过问执行过程，或者在执行过程中有头无尾。这是教学校长没有尽到自己的责任。教学管理是一种过程管理，需要抓好每一个环节，步步落实。校长要充分认识到过程管理的重要性，在实施过程中经常对照计划，用计划指导行动。

2. 人文管理与制度管理相结合

校长只有把制度管理的"刚"与人文管理的"柔"有机融合，才能有效执行教学计划。制度是人文管理的"护航者"，当制度尚未成为教师的自觉行为，人文管理只能是空谈。制度管理是刚性的，但不应是僵化的。在执行教学计划过程中，应以尊重教师，保护教师工作的积极性为前提。

3．坚持在传承中创新

在日常教学管理工作中，校长只有创新才有发展，要在创新的理念下，用发展的眼光、创新的思路来实施教学工作计划。在"细"字上做文章，在"实"字上下工夫，坚持高标准，力争高效率，实现高质量。

【案例】

人人参与　个个提高

某学校教学工作计划，每年开展一次"××杯教师课堂教学大赛"，本年度应举行第四届大赛。前三届的比赛，第一届为了保证课的质量，每个年级及学科的参赛教师由学校指定，基本定位在学科教学佼佼者身上，目的是以大赛来引领学校的课堂教学。第二届比赛采取的是年级组、教研组推荐选手参赛。第三届比赛采取的是自愿报名的方式。总结前三届比赛，实际参赛的选手集中在比较固定的几个教师身上，他们往往是校内、市区内经常上教研课的老师。

反思以往问题，学校教学校长对本届教学大赛的计划进行了调整，提出了"人人参与、个个提高"的口号。比赛以年级组和教研组为单位，先由各年级组、教研组按指定内容集体备课，共同制定教案。之后，由校长室提前一天指定参赛年级、班级。学校按学科聘请评委，评课侧重于教学过程的设计。同学科的老师参与听课，填写教学评价表，综合评出名次。

实施之初，在教师会上，教学校长向全体教师做了一个初步动员。第四周，教导处选定比赛的课题，召开年级组、教研组会议，对比赛方案作具体解读。老师们积极备战，在两周内完成每人备课，组内集体备课。学校按照一定的规则抽取参赛教师，抽中的班级尽量不重复，让更多的师生从大赛中受益。抽中选手中有快要退休的老教师，也有刚上岗的新教师。最终，按四个组分别比赛，每组中决出一等奖一名，二等奖若干，获奖面在50％。活动结束，校长做了总结和表彰，并对教师个人和教研组进行了奖励。

【分析】

上述案例中，校长在实施教学计划过程中，坚守教育理念，勤于思考，关注过程，及时协调，敢于创新。学校在按计划进行本次的课堂教学大赛前，负责教学的校长能反思前三届活动，认识到大部分教师并没有从赛事中得到锻炼和提高，导致部分教师持"事不关己，高高挂起"的态度。校长大胆对原有计划进行了调整，提出"人人参与，个个提高"的口号，关注更多教师和更多的学生。

教学校长除了要坚守自己的教育信念，还需要有解决问题的智慧和勇气。在具体实施中，有个别教师被抽到后不愿承担，校长多次进行交流沟通，做好思想工作，最终该教师代表教研组认真参赛。上课的老师在其他班试上，同年级或同教研组的老师听、评、议，整个年级组都忙得不亦乐乎。这个过程实现了"人人参与，个个提高"的目的。

这次大赛的做法在重视教师个人学习和反思的同时，更强调的是教师集体的作用，强调教师之间的专业切磋、协调与合作，达到互相学习、彼此支持、共同分享的目的。

第二章
科学安排教师教学工作

在教学管理中，校长既要制定决策，还要有效地组织实施决策，不仅要对决策的执行结果进行评价监督，而且要善于协调和控制。这就要求校长知人善任，用人所长，让每一位教师都能在工作中找到自己的位置，乐于工作并主动寻求发展。

第一节　怎样了解教师的个性与专长

【了解教师个性与专长的意义】

教师个性是指一个教师的整个精神面貌，是在教育教学实践中经常表现出来的比较稳定的具有一定倾向性的心理特征的总和，包含教师个人的能力、气质、性格、兴趣、动机、理想、信念等。教师的个性心理品质具有职业的意义和价值，它是做好教育工作的基础。在教育教学工作中，教师既以个人的学识影响学生，又以个性品质影响学生。教师的教育思想、世界观、信念、性格特点、意志的坚韧性和自制力，影响学生的智慧、情感、意志和整个生活的发展。研究表明，教师的教育能力可以分为十种：理解学生的能力、通俗易懂地讲授教材的能力、劝说他人的能力、组织能力、教育的分寸感、创造性工作的能力、迅速地反映情境并在其中保持举止灵活的能力、胜任所教学科的能力、引起学生兴趣的能力、预见自己工作结果的能力等。这些能力与教师的个性品质结合起来影响学生的学习和生活，直至影响学生毕业后在工作岗位上和人生历程中的表现。

教师专长是指一个教师除了具有一般教师的职业能力之外，在从事教育教学工作时，在工作水平、工作能力的某些方面表现出的特别优势。教师的教学专长对教学效果也会产生影响。美国亚利桑那州大学的 Berliner（1998）在对教师教学专长发展的研究中，提出了教师教学专长发展的五阶段理论。Berliner 认为，教师教学专长的发展可以划分为新手教师、熟练新手教师、胜任型教师、业务精干型教师和专家型教师五个阶段。所有教师都是从新手阶段起步的。随着知识和经验的积累，大约经过 2—3 年，新手教师逐渐发展成为熟练新手教师，其中大部分熟练新手教师经过教学实践和职业培训，经过 3—4 年成为胜任型教师，这是教师教学专长发展的基本目标。此后，大约需要 5 年左右知识和经验的积累，有相当部分的教师成为业务精干型教师，其中部分业务精干型教师在以后的职业发展中成为专家型教师。当然，在现实的教育教学生活中，我们也会发现，即使处在同一阶段的教师也有专长差异，如有的教师擅长写作，有的教师动手能力强，有的教师头脑活，点子多，有的教师有音乐天赋，有的教师有美术功底，有的教师精通电脑等等。

无论是中国古代的"因材施教"，还是现代的"个别化"教育，都是基于每个学生不同的智力、能力、性格、气质、习惯等个性化特征而产生的。欲实施学生的个性发展教育，就必须差异推进，整体提升，努力塑造一批人格健全、个性鲜明的教师。学校应优化教师发展机制，鼓励教师自主发展，激发教师主体精神，开发教师优势潜能。校长要海纳百川，理解赏识，发现、保护、激励、成全教师的个性，充分了解教师的个性与专长，对有个性的教师，促其发展自己的个性，塑造完美的人格；对有专长的教师，要给其自由的空间和广阔的平台，激励教师施展专长，并帮助他们在这个位置上更好地发展。

【主要工作】

1. 了解教师的家庭背景

教师的思想观念、职业选择、行为方式、生活情趣等在相当大的程度上是由他们的家庭背景决定的。家庭背景对他们的影响会在教育教学过程中显现，直接或间接地影响着教师的表现，如表现在职业情感、对待学生的态度、对工作职责的认同等方面，从而影响教学工作的质量。所以，校长应了解掌握每一位教师的家庭背景。

2. 了解教师的学习经历

教师的学习经历包括正式教育环境——学校中的经历，也包括非正式教育环境——日常生活中的经历。具体说来，一方面它指教师在学校里的学习、教学生活。主要有：在接受正规教师教育之前的作为学习者的学校学习；师范教育中作为未来教师的教育课程学习、专业课程学习、教学实习等；作为在职教师的有组织培训，学历提高学习、各级教师培训活动、学术会议以及一些非组织的活动如课堂听课、与同事的交流、理论文献学习、教师自身的教学经验、参加论文开题与答辩等。另一方面，它还指教师在日常生活中的学习，比如学习书法艺术等。这些学习经历对教师产生或隐或显的影响，对教师的工作态度和专业发展有重要作用。

3. 了解教师的工作经历

一个教师的成长必须以足够的经验为前提。校长要了解教师教过哪些学科、哪些年级，在什么范围有过公开教学，日常工作中教学能力和效果如何等。

4. 了解教师的个性特点及兴趣特长

学校不仅是教师工作的地方，也是教师生活与成长的场所。教师在职业生活之外还会有属于自己的生活爱好，比如弹琴、绘画、运动、种植、烹饪等。有的教师在人际交往方面有突出的特点，比如善于沟通、幽默风趣、爱憎分明等。校长应该鼓励教师发扬个性特点中的积极因素，为教师的兴趣特长搭建发展平台，不仅服务了学校，也成就了教师。

5. 了解教师的人际关系及他人评价

人际关系对每个人的情绪、生活、工作有很大的影响，对组织气氛、组织沟通、组织运作、组织效率及个人与组织之关系也有很大的影响。教师的人际关系主要指教师与学生、教师与教师、教师与管理人员、教师与学生家长的关系。和谐融洽的人际关系有利于教师身心的健康，有利于促进与其他教师之间交流教学教育经验、切磋业务、互帮互学，有利于促进与学生之间教与学的活动，有利于学校的发展。

【主要方法】

1. 仔细观察

对某一教师或某个教师群体的观察是渗透在日常教育管理过程中的。教师习惯提前上班还是踩着铃声到校，说话做事从从容容还是风风火火，在课堂上组织教学游刃有余还是捉襟见肘，面对工作中的困难和压力是积极面对还是消极接受，教学语言是幽默风趣，富有感召力还是平庸朴实，干干巴巴……校长要注意从工作细节，甚至与教学毫无关系的细节捕捉到有用信息，这些信息可以帮助校长更加了解教师个性与专长。

2. 交流访谈

校长可以通过正式或非正式的当面访谈，走进教师的生活空间、心灵世界，认真倾听，努力认同，尽力理解，不仅了解教师的个性与专长，也试图分析个性形成原因与专长发展历程。当然，要了解一位教师也可以通过对他身边的教师访谈，获得多个角度的认识。教师与同事的关系是否融洽，别人对他的评价如何，往往能够客观反映一位教师各方面的素养。

3. 查阅学校文档资料

校长室、党支部、教导处、科研处、学生处的各种文档资料，甚至校园网页上的个人博客都可以为学校管理者提供更多、更全面的参考。该教师历年所带学科的教学质量，个人成长规划的具体内容，期末总结的反思深度，教育论文或随笔散文的观点文笔，所带班级的班风常规……都能够反映教师的态度、能力、见识、功底等，也能折射出他的个性与专长。

4. 在活动中了解

学校应该积极倡导"百花齐放，百家争鸣"的教育氛围，并通过各种活动让教师的个性、理念、观点、专长等得以展示。学校组织开展的各种活动，鼓励教师积极参与，鼓励他们在活动中担当一定责任，让他们施展自己的才能；有的学校开辟"教师发展论坛"，利用每周一次的学校例会，让老师们成为"坛主"，让他们结合自身发展的心路历程，或讲述自己的学习心得与研究成果，或介绍学科领域的最新知识，或阐述教育理论的要点。有的学校创新教师评价制度，在人事任用竞聘方面，特别是中层、班主任的竞聘，对个性化都有专门的分值权重，例如"课堂创新""工作创新""意识创新"等，都列入了竞争和聘用指标。这些活动可以较好地让教师融入集体，自然呈现自己的个性与专长。

5. 和教师交朋友

学校各项工作是一种多边合作过程，只有合作默契，才可能有高的工作效率。合作的必要条件之一是领导主动与教师建立一种相互信赖的朋友关系。相互信任是建立朋友关系的前提。教师信任领导是有条件的，其一，校长要具有较强的责任心、奉献精神、敬业精神。其二，校长要始终向教师敞开心灵的窗户。如果校长的心灵对教师是一个未知的世界，教师就不可能主动靠近校长，更不可能与校长交朋友。校长应该经常同教师一起开诚布公地探讨对社会、对人生和教学工作的看法与认识。只有教师信任校长，才会接近，才会和校长说真话，说心里话，才能和校长做知心朋友。大量实践表明，校长与老师成为朋友，才能缩短教师与校长之间的距离，才能增强教师教学的信心。校长不要吝啬自己对教师的爱，因为来自校长的爱在教育教学中是其他任何方面的爱所不能替代的。

6. 创造机会支持教师个性发展

引导教师实事求是地，客观地自我审视，呈现并展示个性与专长。每个人都了解自己的喜好，也希望得到别人的理解与尊重，领导应该创造多种机会，让教师表达自我、展示自我，不仅给教师个人施展的机会，也促进教师之间的相互了解。可以有以下做法：通过问卷形式，让教师进行自我表述；通过访谈交流，与教师进行真诚沟通；通过教育活动，让教师展示个性特长。

7. 创造宽松氛围，鼓励教师发展

教育家乌申斯基说："教师的个性对年轻心灵的影响所形成的那种教育力量，是无论靠教科书、靠道德说教、靠奖惩制度都无法取代的。"要培养具有创新精神和创造力的学生，首先建设一支个性鲜明、优势互补的教师队伍。要有一个睿智的、有战斗力的教育团队，一定要有一个好的氛围，宽松的环境，鼓励教师突出发展自己的个性，不断强化专业优势，让教师努力成为一个有独到见解、有独特风格、有独创精神的教育专家。

【注意事项】

1. 获得价值认同，鼓励个性发展

长期以来，教育主管部门习惯于用某种统一的标准来评价一所学校，而学校也习惯于用某种统一的标准来评价教师，用统一的模式来培养教师，用统一的要求来规范教师。尤其是这些所谓的标准还有越来越细、越来越具体的发展趋势。其实，规范得越"到位"，教师自主的空间就越小，教师的主动性和创造性就越差。推动课程改革的关键因素是教师，促进教师个性发展对于提高教师实施新课程的能力具有重要意义。因此，个性鲜明，职业专长强的教师是学校最宝贵的财富，是一种丰富的、难能可贵的教育资源。校长应该创设民主的工作环境，鼓励教师对学校的各项工作畅所欲言，提出各种见解，调动教师工作的积极性；尊重教师的个体教学活动，允许教师在教学进度、教学方法、教学行为上有充分的自主权；允许教师在衣着服饰、站立姿势、上课形式等方面有相应的选择权。校长还要对教师个性发展进行评价激励和引导，鼓励教师在教学中创新教学方法，改变教学模式；允许教师有各种健康的兴趣和爱好；鼓励教师进行教学研究和教育科学研究。

2. 观察要全面，切忌"先入为主"

校长可以通过与旁人沟通，听别人介绍，查阅学校文档资料等很多方法了解某一位教师的个性与专长，或者校内的教师群体状况，但有时这些也可能成为正确判断与认识教师的干扰因素。因此，校长要学会暂且"放下"外在的信息，相信自己的眼睛和内心的判断，再以外在的信息辅助，完善内心的判断。

3. 要勤于记录

校长应养成写管理日志的工作习惯，在平日的管理工作中，要善于观察，善于发现，善于反思，更要勤于笔耕。同样的现象在不同的时期会有不同的思考，因此，常常翻看并分析管理日志，会让教学管理者对教师个性与专长的认识更全面，更深刻。

4. 耐心倾听，充分尊重

访谈的重要原则是多倾听，建立情感需要多认同。认真倾听是尊重教师的外显，心理认同是获得信任的途径。与教师交流时，要做到多倾听，少评价，多认同，少否定。

【案例】

光 头 事 件

刘老师做班主任期间，做了一件轰动全校、史无前例的"大事"——剃光头。学校虽然并没有明文规定不可以剃光头，但这与学校早已约定俗成的教师"为人师表"的形象似乎是相抵触的。关于这件事刘老师是怎样解释的呢？他是这样说的：

那时候我带的那个班级要毕业了，他们是我带的第一批学生，我一进学校带的就是四年级。他们要毕业的那年，我给他们组织了一次足球联赛，当时我是六班的班主任，一班和我的关系也很好，所以就组织这两个班的孩子踢比赛，但是前提是他们要把作业都写完，然后在晚托班的时候比赛，他们都很开心。当他们踢的时候其他班的孩子都很眼红，他们就来找我说他们也想踢，踢最后一场的时候，为了激励我们班的孩子，想让他们有一种进取心，我就对他们说，你们一定要有必胜的信念。因为我们的孩子对自己都不是很自信，他们觉得一班的学生都是人高马大的。我就给他们打气说，要是你们赢了我就请你们吃冷饮，要是输了我们大家就一起剃光头，后来我们班输了，我就剃光头了。其实那时候没有什么特别的想法，就是觉得作为老师应该言出必行。接下来他们要毕业考了，我听说摸摸光头会带来好运气，于是就让他们男孩子每个人来摸摸我的光头。

其实我觉得很奇怪，为什么在小学剃个光头，会引起那么大的风波，要是在国外剃光头应该不算什么啊。而且那时候也没觉得老师是不应该剃光头的，并且天气正好很热，我就剃了。

剃了光头来到学校的第一天我还没觉得有什么，后来找我谈话的人越来越多。那时候学校已经开始提倡教师展开个性的翅膀，每个老师都要有自己的个性，我知道学校提倡的不是在衣着打扮上有个性，而是在教学等方面。但是我觉得既然强调教师在教学方面的个性，其他方面为什么不能同样如此呢？首先要让学生记住你这个老师，他才会喜欢教师，这个社会才会慢慢改变对教师那种死气沉沉的"教书匠"的印象。如果学生都觉得你这个老师很傻的，教师的工作还怎么可能得到学生的认可呢？所以我觉得老师在穿衣打扮上就应该有自己的个性，老师的穿着品位对孩子也是一种潜移默化的影响。

【分析】

首先，要赞一下刘老师所在学校的领导。该学校不仅提倡"教师展开个性的翅膀"，让"每个老师都要有自己的个性"，还正确地积极地传播这种认识，使之深入到老师们的精神世界中，就连这位年轻的刘老师都能认识到个性"不是在衣着打扮上"，"而是在教学等方面"。一所学校的普通老师能有这样的价值认同，是非常可贵的。

聚焦刘老师本人。他有点血气方刚，有点单纯可爱，甚至行为中还带些孩子的稚气。他为了兑现和学生之间的承诺，居然真的削去了黑亮、帅气的头发，就如一个佛门弟子，光光的青头皮在校园中闪进闪出，看上去有点怪怪的，这是需要勇气和决心的。这样一种奇特的外形引起全校哗然是很正常的，尤其是观念保守的老师、领导更会觉得不妥。但关照刘老师本意，有很多值得肯定的地方，比如：他跟学生打赌，能守诚信，说话算数，给学生树立了一个榜样；他通过这样一种颇具刺激性的赌注激励孩子们充满自信，不畏困难；甚至，光头之后让孩子们摸摸光头交好运，这些善良的积极的因素都应该肯定，赞扬。因此，这样的赌不是一定不能打的，打得好又何妨呢？

另外，刘老师对于一个教师在教学以外个性表达的认识，也有一定的积极意义。他能吸纳、认同学校的观点，同时又有自己的想法，说明这个年轻的老师很有主见，很有思想。的确，学校教育要尊重学生的个性，培养富有创造力的学生，首要前提是教师应该具有自己的个性，教师要有创造力。所以，学校在管理中要重视培养教师积极向上的个性意识，培养教师的创造力，让教师成为学生创新的导师，让教师在富有个性的创造与成就中享受职业的快乐。当然，教师对于"个性"的理解是千差万别的。有些教师认为，张扬个性应该是无所顾忌的，在穿着打扮、行为方式等方面可以游离于学校的整体之外，这显然违背学校鼓励教师个性发展的初衷，无法实现教师专业发展的目标。

因此，对于这样一种个性鲜明的青年教师，学校领导不能简单批评、压制，而要多倾听他的声音，了解他的想法，发扬他性格、思想中积极的方面，同时，引导他更多地研究教学中的个性，争取形成自己的教育风格。

第二节　怎样妥善安排教师岗位

【妥善安排教师岗位的意义】

形状各异、材质不同的木材在木匠师傅的手中能物尽其用，将它们变成一件件大小不同、款式有别的家具。木匠干活一般都是先酝酿再制作，他们做任何一个物件时，首先要有一个整体构思，即使不画出设计图，也会在脑中有一个整体的规划。这告诉我们：用心谋事，有预则立。

教育管理也是这样。好的管理者就像聪明的木匠师傅，而学校教师则是形状各异、材质不同的木材，管理者要根据教师的不同个性和专长，为学校良性发展做出科学的规划。办学做事要尊重规律，不能妄为，在尊重客观实际的前提下先设计、部署好各项工作，再扎扎实实地去落实，这样工作起来就会得心应手，自然能够事半功倍。松下幸之助曾经说过："企业成败的关键，取决于一开始是否用对人。"如何识人和怎样用人是优秀管理者必须具备的智慧和能力。作为一个优秀的管理者，不但要有一双在工作实践中识别人才、发现人才的慧眼，更应该拥有惜才、爱才、容才、用才的胸襟和气度。学校管理者更应以此为鉴，争取最大限度地做好规划，人尽其才，让每个人都喜欢自己的岗位，每个人工作起来都得心应手。

【主要工作】

一个组织要取得工作成效，关键是充分运用组织中一切人员的优点、才能，把它们汇总起来，去创造共同业绩。校长安排教师岗位时，应从以下几个方面开展工作。

1．进行教学岗位分析

岗位分析指对某特定的工作做出工作职责、任务、内容等方面的明确规定，并确定完成这一工作需要的条件和行为的过程。教学管理中的岗位分析能够帮助校长充分了解每一工作岗位应做的工作，发现各岗位之间的职责交叉和职责真空现象。比如：教导处的几个主任分别分管相应的几门学科，而这几门学科又有相应的学科组长，他们的职责如何界定和区分就需慎重考虑。

2．进行教师资源分析

教师资源分析能够避免因不了解教师资源状况而导致的教师资源闲置、浪费和结构失衡，为促进人才配置的良性循环，达到整体结构的优化组合打下基础。首先要对学校的教师资源结构进行正确合理的统计和分析，包括教师个体资源的状况及教师群体资源的状况。如教师的年龄、性别、家庭及教学经验情况，教师的知识状况、能力素质和性格特点，教师的教学业绩及继续教育状况，教师的人际关系及其拥有的社会资源状况等等。

3. 优化教师资源配置

在教师资源的管理中，教师资源的配置是核心内容，只有不断优化教师资源配置，才能降低教师资源的投入成本，增加教师资源投入的收益，取得学校管理效益最大化，使学校持续健康发展。教师资源的配置要根据学校的工作目标和任务以及教师的资源状况，对教师素质与岗位进行一一对应，实施最合理最有效的匹配。教师资源配置要有利于各学科、各年级教师资源配置的相对平衡；要尊重岗位特点。如，在配置班主任时，在低年级阶段应配置擅长进行"规范"教育、对培养学生良好习惯有丰富经验的班主任。在高年级阶段则应配备经验丰富、能指导学生全面发展的班主任。要有利于教师队伍的持续发展，注意新老教师、男女教师、骨干教师与一般教师的优化组合，从而使学校发展、学生发展和教师发展相和谐。

4. 将岗位安排知会教师

从全盘考虑进行人事安排，一切以学校教学效益最大化为出发点和归宿。教师理应理解学校的安排。但事实上每人都会有自己的想法，有的能理解并且接受，有的不能理解，还心生怨气。这种情况下，校长一定要摸清每个教师的脾气、性格、气度等，仔细思考可能哪些人会出现哪些问题，对于这部分教师，校长要提前与他们沟通，让他们感受到领导的真诚与尊重，感受到全校整体安排的困难，并争取他们的理解与支持。一旦确定，不随意更改。这一切处理妥当之后，再通过短信、网络或组长传达等方式集中或个别知会教师。

5. 做好解释说明工作

这是进行教师岗位安排的最后一步，也是非常重要的一步，需要教学校长在全体教师会上进行岗位安排的解释和说明。解释说明的目的是获取老师们对此次岗位安排的理解与支持，让每个老师都感受到自己存在的价值和重要性，为学校形成和谐、积极的校园文化营造氛围。解释说明一般包括以下三方面内容：第一，此次人事安排的整体规划，包括不同年级、不同学科教师工作量的分配，兼教学科教师如何安排等，让老师们清楚地看到与同年级同学科的同事比较，自己的工作量如何。第二，校长、副校长以及其他行政人员课时量和行政工作量，让老师们知晓领导的工作量，以免造成不必要的猜测与误解。第三，对于特殊安排的说明。比如：即将退休和身体不好的老师工作量会适当减轻，有些专业性很强的工作，加重了某些老师的负担。对于能够为学校困难分忧作奉献的老师要在教师会上提出表扬，让老师们感受到学校的重视与感谢。

【主要方法】

宋朝朱熹曾经说过："圣贤施教，各因其材，小以小成，大以大成，无弃人也。"教育管理中也是如此。每一位教师都有各自的性格、特点、专长，态度有好坏，能力有大小，用好每个人，对于管理者来说，是一种考验，更是一种挑战。管理者要最大限度地运用各种教育资源和优势，尤其是人力资源，让每一个老师都能施展才华，贡献智慧，高效优质地完成本职工作。如何做到这些呢？知人善任很关键。管理者要在充分了解每个教师个性与专长的基础上，广泛听取教师个人意见，结合实际进行教师岗位的整体规划，并合理安排。

1. 了解教师，强化现代管理意识

了解熟悉每一个教师，是妥善安排教师岗位，让教师人尽其才、乐于工作的前提。教学管理者要经常到教师中去，与教师接触，以同事、朋友的身份主动与教师研究和商讨学校工作，关心教师的家庭生活。平日，随堂听课、参加集体活动，多观察，多交流，了解教师的想法，倾听教师的声音。经过一段时间的留心接触，一定会对教师的经历、知识、兴趣、爱好、个性、品行、理想、风格等有一个基本了解。有了对教师的全面了解，自然对教师适合什么岗位会心中有数。

2. 尊重教师，先听取教师意愿

在进行教师岗位整体规划的过程中，常常会有教师不满意某一种安排而生发抱怨，甚至与领导理论、争吵。这样不但伤害同事间的感情，也影响管理进程，让管理走进"狭路"，甚至是"死路"。教师生怨气不满意很有可能是管理者没有给教师设计好"退路"，也就是没有考虑到教师的"选择权"。管理是双向活动，管理者有"安排"的权利，教师也有"选择"的权利，这样，教学管理才会有更多的"出路"。期末时，可以发给每个老师一张《工作意向征求表》，让老师们结合学校实际情况和自己个性专长等自己申报工作岗位，可以分为意向一、意向二、意向三逐一填写，并说明理由。还可以请老师们针对学校目前的岗位安排写写自己的建议和想法。这样，有利于领导安排工作时更加全面地规划和考虑。

3. 全盘规划，争取大多数教师的支持

进行岗位安排时，要将具备相应管理能力和专业技能的人放到合适的岗位上，使人和岗位匹配，各得其所。在安排过程中遇到分歧时，校长要与教师真诚、耐心、艺术地沟通，获得教师的理解；安排结束后，还应该对整体的安排向全体教师进行简单说明和交代，让老师们了解整体规划的意义和价值，争取老师们的支持。只有这样，才能让老师们人尽其才，乐于工作，使岗位、部门、班组的职能发挥出来，获取教育利益与效能的最大化。但是，在实际工作中，并不是校长合理安排了，就一定会得到所有老师的理解与认同，这就需要校长摆正心态，公正做事，虽不易使所有人满意，也能得到大多数老师的理解和支持。

【注意事项】

1. 整体规划，适当调整

岗位安排如同下棋博弈，校长如同布子的棋手，每走一步都要深思熟虑，冥思苦想，巧设暗布，运筹帷幄，这样才能做到"棋落无悔"。每个棋子都有自己的作用，棋手必须全盘考虑，为实现赢棋布好每一个子，走好每一步棋。但教师不是棋子，每个人都有自己的想法。校长要处理好教师想做什么和适合做什么之间的矛盾，要处理好需要教师做什么和他能做什么之间的矛盾，还要处理好教师与教师之间工作量不完全均衡之间的矛盾……这些都需要在充分了解教师心理、性格、能力、需求等基本情况的基础上，结合学校实际情况，进行整体规划，过程中还要多与教师沟通，进行适当调整。

2. 用其所长，避其所短

"千里马常有，而伯乐不常有。"每个工作领域都不是没有人才，有时缺的是善于发现人才的伯乐。校长要善于发现和挖掘每个教师从事某方面工作所具备的专业技术才能，真心实意地将人才当作学校的财富，在工作上、生活中、精神上、道义上敬重他，关心他，爱护他。要正确对待每个老师的缺点与不足，做到容人之短，不求全责备。那种在安排教师岗位时，不是着眼于长处，而是着眼于不足，宁用碌碌无为四平八稳之庸才，也不愿意用虽有小过却确有真才实学的干才的做法是十分不可取的。

3. 公平分配，善于说明

公平理论指出：人的工作积极性不仅与个人实际报酬多少有关，而且与人们对报酬的分配是否感到公平更为相关。人们总会自觉或不自觉地将自己付出的劳动代价及其所得到的报酬与他人进行比较，并对公平与否做出判断。公平感直接影响教师的工作动机和行为。即使是在绩效工资的背景下，学校管理中仍旧或多或少地存在着不公平的现象。比如：同样的工作，但工作量分配不均；尊重别人的工作意愿，却没有满足自己的工作意愿；同样有某种专长，重用他人却没有重用自己等等。这些都可能会引发教师内心的不满，从而影响工作积极性。管理者首先要杜绝明显不公的现象出现；其次，还要主动思考最后的安排可能会引起哪些老师的不满，要善于沟通、主动说明，让老师们有一种被尊重的感觉，获得老师的理解。

【案例】

遂其志　尽其才

高老师是某小学一名普通的英语老师，30岁出头，自大学毕业后就一直在该校任教英语学科。她为人低调，工作踏实，每天早到晚走，还经常利用午休时间给后进生补课。尽管如此，但学生并不领情，说她的英语课太乏味，还常常扰乱课堂秩序，几乎每次期末考试，高老师班上成绩都远远低于平行班平均水平，甚至在一次区级调研测试中，排在全区末尾。可以说，高老师自从工作以来，付出与收获从不曾对等过，这大大打击了她的工作积极性。

校长找到高老师，想听听她的想法。高老师对于英语教学的失败非常沮丧，也很无奈，并和校长开诚布公地谈了自己的想法——转行教美术。学校研究人事安排时有两种意见。一种意见认为：高老师自己本身的英语专业教了10多年了，都没法儿教好，美术教学于她来说是一个陌生的领域，更是"雪上加霜"了。不如安下心来，多多研究英语教学。另一种意见认为：高老师平时生活中喜爱绘画，这是她的兴趣爱好，有一定的专业功底，更重要的是，她自愿教这门学科，工作又一向认真，不如让她尝试尝试，说不定能教好呢！

校长采纳了后一种意见，并且利用暑期时间派她参加相关部门组织的美术教师培训。开学后，高老师在美术学科上岗了，她以高度的热情投入到工作中，一边教学生，一边自己钻研，还常常利用课余时间带领学生开展各种类型的美术实践活动。一学期后，学校通过学生问卷了解到，高老师的美术课气氛活跃，深受学生欢迎。高老师自己也在美术教学中品尝到了职业的幸福。

【分析】

在学校人事安排时，不少领导常常会以"教师要服从组织和工作安排"的名义，安排教师岗位，往往忽略了教师的个人意愿。其实，重视并研究这种意愿，合理地满足这种意愿，对工作大有好处。

1. 人尽其才，促进学校管理效益最大化。智慧的校长是善于发现、挖掘并充分利用各种资源的领导，他会运用组织中一切人员的优点、才能，让他们发挥优势，取得成绩。案例中的校长清楚任何人都是有弱点的，改变一个人的弱点将消耗巨大的能量，如果总是把精力放在帮助教师克服缺点上，反而会牵制许多精力，影响目标达成的进度和效度，甚至形成消极的精神文化氛围。当高老师在努力了之后，还无法在英语学科上获得成绩时，为什么不尊重她自己的意愿，听听她自己的声音呢？校长的尊重、知人善任，让学校少了一个不成功的英语老师，多了一名优秀的美术老师。

2. 激励个体，帮助教师找寻职业归属感。管理心理学告诉我们，积极性是一种自觉的心理状态，表现为努力的程度，自觉施展才能，力求新的绩效等。而激励个体的积极性是管理的一个基本目标。案例中的高老师主动提出转行教美术，一方面是她在英语教学方面受挫多年，另一方面，美术也是她的兴趣所在。校长重视她的意愿，专门在人事会议上研讨，并给她转行的机会。对于高老师来说，这无疑是极大的安慰，贴心的鼓励，同时也是极高的信任，她会为此付出更多的努力。果然，因为学校的尊重，让她拥有了职业归属感，收获到了职业的幸福。

第三节　怎样科学编制课表

【科学编制课表的意义】

课表编排是教学管理中一项非常重要且又十分复杂的工作，涉及到管理科学，它的好坏直接关系到学校教学秩序的稳定和人才培养质量。课表编排的实质是安排教师、课程和班级的教学任务，指定上课时间及上课地点，对教师、教室、时间、班级和课程这五种资源进行合理的分配。

课程总表是学校教育教学的指挥调度系统，是学校开展素质教育，提高教育教学质量的基本保证。学生要按日课表上课，教师要按任课表教学，学校的常规活动要按课程总表开展，管理者要依据课程总表维持学校的正常教学秩序。它的编制的理论依据来源于教育心理学、教育学、生理卫生学等诸多领域。

现在很多学校用软件排课表，虽然减轻了操作人员的负担，排课花的时间少，但它只是体现排课节次不冲突，远远不能满足编制课程总表中应当体现科学性、人文性、教育的规律性等要求。比如课程的性质和难易、学生的精力，教师的能力等，尤其是当学生规模扩大，教学资源相对紧张，教师参加教研活动、各种培训等公务较多的情况下，如何编制出科学、合理、高效的课表，是教学管理人员面对的一项重要课题。

【主要工作】

1. 严格执行课程计划

课程计划是学校管理的指导性文件。课程总表系统而又严格地规定了学校开设的课程的门类、实施时间、地点、授课教师，它是课程计划在学校教学管理中的具体化。学校课程管理的核心，就是要保证国家、地方、学校三类课程在学校的有效实施。因此，编制课程总表一定要严格执行课程计划。课程计划规定的课程科目和节次必须要开齐开足，同时，还要严格控制学生在校时间。

2. 关注学生身心特点

上午第一、二节课是一天中学生精力最旺盛的时间段，应该尽量安排基础学科和难度较大的学科，如语文、数学、外语等。低年级学生注意力维持时间短，同学科不宜连排。早上第一节尽量不排体育课。

3. 兼顾课程品质形态

现在开设的综合实践活动课程是基于学生直接经验，密切联系生活实际，体现对知识综合运用的新型课程形态。它具有很强的实践性、开放性、自主性、探究性。因此，那种固定课时的安排已不完全适合需求，可将课时集中使用与分散使用相结合。具体安排时，在时间上可以纵向连排，在空间上可以横向合并排，也可以多学科打通整合使用，必要时还可以安排双周课表。

4. 整合学校条件资源

随着教育现代化步伐的加快，学校传统意义上的教育教学设施设备器材不断更新，体现现代科技成果的新型教育教学配置也出现在校园。学校课程总表的编制者要对这些条件性资源把握在心，编制课程总表时要合理安排，充分利用，发挥其最大的效益。

5. 了解教师的合理需求

在排课表前，校长应该要求相关人员加强对教师排课需求的了解，对合理的需求，适当予以关照。规模小的学校，教师的任课情况比较复杂，有的教师单科多班，有的是多科多班，还有的是跨年级跨学科跨班级的，编制课表时这些教师的课务要尽量先排。同年级同学科教师的课安排时要有先后，老教师的课在先，新教师的课在后，以便新老结对，相互听课，切磋教艺。同一学科教研活动时间不排课，以便于同教师集体备课，开展教研活动。

【主要方法】

1. 综合考虑各种因素。课程表的设计编制是一个相当复杂繁琐的过程，特别是在教师跨班级多、跨校区多、跨学科多的情况下，这一特点尤为突出。它是在坚持以教学、教研规律为主，兼顾教师特殊情况为辅的条件下完成的。编排前要把考虑的各种因素按其主次顺序列在一张纸上。如：升旗、班会、各学科的教研活动时间，一些教师的学校、年级例会等。除此之外，把某些教师的特殊情况也一一列出：哪些教师上课跨楼层；哪些教师孩子在读初三、高三；哪些教师接送孩子；哪些教师家中有特殊情况；哪些教师家远等等，在满足教学、教研大原则的前提下，尽量为一线教师提供方便。

2. 预留出因各种因素所占用的课时位置。编排课表前，先在空白课表中把各种因素所占用的课时位置划上斜线，以提示操作人员不能在此位置排课。避免大量排课时发生误操作。

3. 编排课表中需做到：

（1）班级课表和教师个人课表同时编制。如果以班级课表为主进行编制，会造成教师个人课表的不合理，反之又会造成班级课表的不合理。因此，两种课表同时编制会兼顾其合理性，以达到班级课表和教师个人课表的相对合理、平衡。

（2）按照从难到易的顺序编排。首先编排任课班级多、课头多教师的课表，如音乐、体育、美术、科学、品生（品社）、信息等，因在一周的五天之内，安排的课头越多、任课班级越多，编排难度相对就大。因此，先将这些教师的课表定了位；其次，编排课头多、任课班级较少的学科教师课表，如语文、数学、英语。其中语文两节作文连排优先安排；再次，编排任课班级多、并占用公共教学场所、单课头教师的课表，如信息、音乐、美术、科学；最后，编排单课头教师的课表。

（3）注意学科之间的协调。语文、数学、英语三门主学科，四分之三的课尽量安排在上午，综合学科插空安排。如遇特殊情况这一原则可灵活掌握。避免同学科的两节课连上，（有特殊需求的课程除外，）因为连续单调地刺激，儿童的生理心理上容易产生疲劳，大脑皮层的兴奋区和抑制区不能及时调整，达不到平衡，因此，学科课程的安排要穿插搭配，这样才符合学生的学习规律。避免持续地学、拼命地玩两种极端现象，有松有紧，思维有规律的转变，让学生有学有"玩"，动静结合，适度调整身心，取得最佳学习效果。

（4）兼顾公共教学场所的分配。编排时还要考虑，综合学科教师对专用功能教室的分配问题。因此，这些老师的课表要互相参照着编制，避免同一时间两个班占用同一教室的"撞车"现象。另外，同一节课安排几个班上体育课，要根据操场的大小来决定，既保证几个教学班互不干扰，又保证让学生活动方便，不出事故。

（5）为教师代课方便预留空间。编排课表时还要注意，尽可能将同一学科教师的课表错开编排，以方便代课。

（6）为教师提供有效利用时间的机会。教学工作是一项思维连续的工作，这就要求提供一个集中的"大块"时间让教师静下心来加工教材，研究学生作业问题，才能提高工作效率。班主任更需要集中"大块"时间来处理班务和接待家长。因此，编排课表时，让每位教师、特别是班主任的课尽可能连排，根据每个人的身体耐受力，一般最多连排三节，老教师和身体相对较弱的教师两节连排。这样，可让一线教师集中"大块"时间备教材、备学生、备教法、处理班务。这种编排方式很受教师的欢迎，为教师有效利用时间、提高工作效率创造了条件。

（7）同一学科教师课表相对平衡。上午的最后一节和下午的第一节课效果稍差些。一般情况下，语数外三门主学科尽量避免在这个时间段上课。如果情况特殊，无法避免这个时间段，那要尽量确保公平，绝不能出现同一年级组、同一学科的老师，有的人有两节课在这样的时间段上课，而有的人却一节没有。编制课表既要保证主学科在效果较好的时间段内上课，又要保证学科组内每位教师的课时段基本保持一致，避免组内教师因课时段差别过大，互相攀比产生情绪波动而影响教学。

（8）课表体现人性化。编排中，在坚持教学、教研大原则的基础上，从每位教师的实际情况出发，最大限度地为他们着想，开动脑筋，力所能及地为他们提供方便。做到让每位教师愉快教学，而不是为课表堵心。为防止教师天天上课频繁跨楼层，要把同一楼层班级的课尽量安排在一起。身体患疾、年事稍高的老教师的课务不宜连排，防止过度疲劳。有婴儿的女教师要合理安排哺乳时间。学校中层以上干部的课务编排要相对集中，以便他们处理学校日常事务。对于学校所有的教师，通常情况下也不能连续安排上半天的课，否则连续教学容易疲劳，教学效果也不会理想。对于部分外地青年教师，周一上午第一节课和周五下午最后一节课尽量不排，以便节假日他们来校和返回。对于早晨送孩子、路途较远又不是班主任的教师，尽可能少安排第一节课。除此之外，对于孩子小、老人有病的教师尽量空出半天无课时间，以便请假带孩子、老人看病。另外，对有在读初三、高三孩子的教师，尽可能适当照顾。

【注意事项】

只掌握排课、调课技术还远远不够，因这项工作直接与每位教师打交道，只有协调好与他们之间的关系才能确保这项工作顺利推进。可以从以下几个方面入手处理这种关系。

1. 提高课表编制人员的个人素质。负责课表编排的管理者要站在全局高度考虑问题，对工作有较高的责任心，不计个人得失，保持身正气正。不管遇到什么情况，保持冷静，心平气和，说话讲究方式、场合、分寸。掌握每位教师的基本情况和性格特点，真诚沟通，以心换心，加强互相理解。努力提升快速反应处理应急事件的能力。教导处应加强对相关同志的管理和教育，促使其自觉按照以上要求去做。

2. 为每位教师着想，在可能的范围内尽量为他们提供方便。一般情况下，在编排课表前，应对所有教师进行一次大致的摸底，不管教师本人是否说明，都要大致了解一下，作为编排课表的参考资料。在坚持教学、教研大原则的基础上，尽可能兼顾教师本人的利益。这样，绝大多数教师看到自己的课表后会比较满意，感觉学校想得很周到，自己是被"照顾"了，会产生一种发自内心的谢意。信任度增加了，关系和谐了，就为以后的工作打下感情基础。

3. 遵循相对公平、公正的原则。在编排课表中，尽量协调各学科组的授课时间段，应保持相对平衡（特殊情况除外）。好的不过分好，次的不过分次，不看人下菜，不偏不倚。避免组内教师之间相互攀比，情绪波动，产生矛盾。正常情况下，让绝大多数教师感觉自己的课表"还可以"就算达到目的了。如果个别教师对自己的个别时段课不太满意，要用温暖语言做耐心细致的思想工作，努力说服他们接受下来。因为一个课表是在综合考虑各种因素的条件下编排出来的，格局是相对合理稳定的。若随意调动一节课，牵一发而动全身，就会打乱这种合理的格局。所以，从大局考虑，没有极特殊情况，必须保持稳定不动。

4. 特殊情况特殊对待。通常情况下，课表一下发，每位教师会认真仔细查看，于是会在开学后的几天内产生一阵小小的情绪波动，随时间的延续而缓慢稳定下来。如果课表安排得不是相对合理，有时个别教师的情绪波动就会比较激烈，时间长，直接影响教学工作，因此，一切问题尽可能解决在编排课表之前。如果确实有老师遇到某些突发的特殊情况，要求变动课表，这时，就要静下心来分析特殊情况的性质，决定是变更课表还让教师本人克服困难。如是让其克服困难，就要耐心听其倾诉，尽力帮助他（她）找到克服困难的办法，劝导其能勉强接受课表。如确实需要变动课表，还要确定变动时间的长短，并与其他有关教师提前协商，告知调整的原因，得到理解，再动手操作。这样，思想先通顺了，后面的工作随之也就一通百通了，既处理了特殊情况，又让相关教师不至于产生负面情绪，使广大教师能相对愉快地工作。

【案例】

编制课表不容易

8月31日从早上 6：30，一直忙到 9 月 1 日凌晨 1：30，忙了一整天，真心感到编制课表不容易。为什么这样说呢？

一、机械性的工作量

每周 35 节课，加上早读 1 节，晚自习 2 节，五天 15 节课，一个班就是 50 节课，1 节课至少要写 2 个字，一个班就是 100 个字，15 个班就是 1500 个字，班主任 1 份，任课老师每人还要写出 1 份，算下来，两遍就是 3000 字。这是不计算任何思考的时间，纯粹的抄写量。手写 3000 字，要多少时间，每人都会算出来。

二、课程要避免冲突

一个人的一节课定下来后，这个人就不能再在别的班的这个时间安排课，这个班的这节课，也不能再安排别的科目，这是很简单的道理，一开始一两个人定的时候，很容易写，越到后来，越要考虑得细，越要多个班、多个人的课表和班级课表同时看，有时候要看六七个表才能确定，某个班的某个节次可不可以安排某门科目，稍有疏忽，就会出现冲突。

三、容易看错

开始看课程表的时候，精力集中，越到后来，越容易出错。会把第一节和早读看错行，会把上午第四节和下午第一节看错行，只见眼前全是格子，一会儿时间就让人头晕目眩，就会把节次写错，有时候会校对好几次才能发现错在哪里。

四、有很多方面需要兼顾

首先要考虑语数英三门课的特殊情况，上午第 4 节或者下午第 1 节，这两个时间是学生学习效率最低的时候，老师们都不想上这两个时间的课。其次要考虑校级领导周三下午的例会时间，这时不能给他们排课。实际避免没有，现在我还没有完全确定。第三，上早读的老师，第一节一般不能再给他们安排课。第四，如果一个老师白天上了两节他自己的课，晚自习就不能再让他上了，一是学生消化不了，二是不利于老师安排练习和复习。第四，一周只有两节课的科目，如生物、体育、历史、地理等，不能把他们的课放在一天或者连续的两天里。第五，文科科目和理科科目最好能间隔开，不能一天全是文科科目，另一天全是理科科目，否则，学生学习容易疲劳。当然这一点兼顾得不是太好。第六，有些老师要上中学的课，还要上小学的课，如音乐和体育、电脑，这更要好好加以考虑，有时，安排一节课，要打好几次电话才能确定。第七，还要考虑值班领导的早读和晚自习，这实际上在时间非常紧张的情况下，也没有很好地兼顾到。第八，还要适当照顾一些刚生孩子的女老师，她们的早读、晚自习、上课的节次等等。每在课程表上写一节课，都要考虑好多因素，这会花费大量的思考时间，过去时间宽裕的时候，都是我一个人花费五六天的时间做这样的事，这次找了几位老师帮忙，他们直叫"头痛"。

五、容易抄错

课程表写好后，要给每个老师抄一份，只带一个班的老师，课程表抄写起来相对容易一些，如果是兼任两个班或多个班的老师的课程表，不是写错格，就是多写或者少写。我这里错一节课，没感觉，到了教室就会出问题，或者两个老师同到一个班上课，或者某个班的某节课没有老师上。张华老师这次上七（3）和七（5）两个班的数学，抄写的老师，就写成了七（2），还有七（4），我只好重新抄写一次。

六、手写之后，还要打印

以上看错的情况，同样会出在打字员身上，打字员也常看错。打完之后，我还要一节课一节课的和打字员一起校对，唯恐错一节课。大表校对完后，还要把这些班的表合在一起制作成一个小表，便于掌握全部情况，又要打字、校对。

七、调整难

课程表制作后，如果有一处错误，或者有个别老师因各种原因要调整上课节次，我就还要找很多老师同他们商量改动，那些课程本来都是经过反复考虑后定下的，都具有相对的合理性，只要有一个改动，就会破坏这种合理性，很多时候都是让班主任作出牺牲。比如，让他们多上午第四节或者下午第一节，有时候班主任就算愿意，又会出现连续两节上一门课的情况。改动起来非常伤脑筋。很多老师简单地认为，不就动一下课吗，动动笔就完事了，实际，那是他只从个人的角度考虑问题，只想自己舒服，不顾别人的感受，不顾学生学习的规律。小学部教务副主任陈金老师说，每到开学都害怕，不是怕上课，是怕制定课程表，她说，一想到编制课程表，就"想吐"。(写到这里，还希望看到这篇博文的老师多多体谅!)

也有很多老师很体谅编制课程表的难处，遇到问题尽量自己解决，像张华老师，自己的小孩子刚出生不到一个月，她要代两个班的数学课，光自习就连着上四个，她硬是一句牢骚话也没有说。课程表给她抄错，她也说："我找班主任那儿自己校对，不麻烦你。"听到她说这样的话，我心里非常感激。郭辉老师是班主任，还要上体育课，开学之初，有很多事要做，课程表迟迟没能发到他手里，他也没着急，而是主动询问，慢慢等待。陈先定老师说："哥知道你的难处，不催你，好不，够哥们不？"我说："真够哥们，理解万岁啊！"还有数学老师，因为科学老师退休，学校就让数学老师先兼着科学课，这都不是他们的专业，但他们没有多说话，没有提意见，而是积极准备，愉快地接受了任务。感谢这些老师的理解和支持。

【分析】

这是一位教务主任的工作博文，真实地记录了编制课表的点滴感受，工作紧，任务重，他却能统筹兼顾，实属不易。这位教务主任在编制课表的过程中至少有三方面可圈可点。

1. 编制课表方法科学

"越到后来，越要考虑得细，越要多个班、多个人的课表和班级课表同时看，有时候要看六、七个表，才能确定。"的确，编制课表是"牵一发而动全身"的事情，越到后来，越需要仔细推敲，避免课程冲突，这就需要把相关班级、相关教师的课表拿出来，一一对照着排课，否则很可能出现"撞课"现象。

2. 尽量满足教师需求

案例的第四点花了大量笔墨描述了作者排课时考虑到的人和事，非常琐碎。的确，排课本身就如同编制者所写，需要兼顾到方方面面，如学生的学习效果，教师的教学精力，学校的校本研修，特殊教师的特殊要求等。尤其是对于那些确实有困难的教师，对上课时间有一定的特殊要求，在保证教学质量的前提下，应当努力做到以人为本，给予一定的照顾，使教师能够更加舒心和高效地完成教学任务。

3. 建立良好人际关系

心平气和，真诚沟通，是课表编制者应有的姿态。比如，"调整难"部分在描述个别老师抱怨后，作者说"写到这里，还希望看到这篇博文的老师多多体谅"，说明他很在意教师的感受。适当表扬，艺术处理，是编制者应有的智慧。案例最后一段，编制者举了很多例子说明老师们是如何克服自身困难，理解并支持自己的。虽然每个人只有一两句话，但足以温暖人心，也起到宣传学习的作用。同时，也为自己种下了良好人际关系的种子，有利于在今后编制课表时得到更多老师的支持。

第四节　怎样处理调课、代课

【处理好调课、代课的意义】

为了建立正常、稳定的教学秩序，严肃教学纪律，确保教学质量，完成教学任务，课程表一经制定公布，在全校教学实施过程中，即带有法规性质，任何人不得擅自更改。而学校在进行教学管理的过程中，总会因为各种各样的原因，无法严格执行课表，比如：教师培训、集体活动、个人请假、临时性任务等，不可避免地要涉及到课表的变动。

教师因故不能在原定时间或教室授课而需重新安排的，即为调课，应履行调课手续。任课教师申请调课必须有充分、正当的理由，并应顾全大局，服从安排，确保课程正常运行。原任课教师因故不能上课，而由学校安排其他教师代其上课的，属于代课。

如果说编制课表是教学管理的前期工作，那么处理好调课、代课就是教学实施过程中的常态性工作。要保证学校教学秩序的正常运转，就要学会科学地安排调课、代课。

【主要工作】

1. 建立健全课务制度

"调课、代课"是教学管理中几乎每天都要进行的日常工作，必须有相应的制度作保障。教学校长应确保学校有严谨的课务管理制度。制度应明确说明什么样的情况允许调课、代课，教师应如何申请、执行，教导处应如何操作、处理，以确保教学秩序正常运转。制度的措辞应言简意赅，易于领会。制度由教导处草拟，交由教学部门所有领导共同讨论，再提交行政会审核，最后在全体教师会议上逐条解读，获得老师们的认可。如老师们有反对意见，也应耐心倾听，有道理且大家都支持就修改；不合理的不能采纳，也应在会上做出解释。

2. 维护课务制度的严肃性

制度一旦出台，就具有法规效应，必须严肃对待，严格执行，不能含糊。

（1）让全体老师明确教学秩序不容扰乱的严肃性。教学校长应在期初召开全校教师教学工作会议，让每一位老师明确，任何人都不能因任何理由扰乱甚至破坏教学秩序，如确实有事需调课、代课，必须依照制度执行，逐级汇报。

（2）向教导处强调严格执行制度的重要性。教学校长要让教导处明白：在制度面前，人人平等，绝不能出现不同的人有不同的处理方法，这样会引发老师们的负面情绪，也会影响制度执行者在教师中的威信。如果偶尔疏忽导致差错，教学校长一定要及时做好解释和安抚工作，以免造成不必要的误解。制度是刚性的，需要严格执行，即使遇到特殊情况需要给予教师人文关怀，也应当经过一定的审批程序。

【主要方法】

1. 确保不空堂，不"撞车"

调课的最基本要求是经过微调后，不能出现班级无人上课或者两位教师同时进入同一个班级上课的现象，即不空堂，不"撞车"。在实际中经常出现参照班级课表进行调课，而个人课表却行不通，出现了"撞车"；若参照个人课表调课，班级课表行不通，某些课受占用公共教室的限制不能随便调动。因此，要同时参照班级和教师个人课表来调课。另外，有时还会出现同一个班级在同一时间段内进行多次调课，即在第一次调课的基础上进行二次甚至三次，几次调整后，难免出现"撞车"或空堂现象。对于上述情况，操作人员必须静下心来，头脑保持高度清晰，综合参照班级和教师个人课表进行调课，并认真仔细校对，确保准确无误。

2. 避免出现"错头"问题

教师任课班级多、课头多时，第一课时内容应保证在所任班级全部讲完后，才能开始第二课时的讲授。这样整齐的安排，既符合教学规律，教师还感觉舒服、自然。如果第一个课头只在部分班级讲完，就开始第二个课头，这样的安排会给教师增加记忆负担，让任课教师感觉心累。因此，在调课时参照教师个人课表就会避免这一问题。

3. 力求减少调课涉及的班级和教师

教师通常会按照自己的课表安排备课时间，在充分准备的前提下完成授课任务。若频繁变换课表，其后果是仓促上课或者是准备时间过久，在准备程度减弱的状态下上课，这两种极端状态都会降低授课效果。学生通常按照课表做好各种课前准备，包括心理上的准备。如果频繁变换课表，就会打乱学生对原学科排列顺序的心理适应状态，降低学习效果。因此，调课时，涉及的班级和教师越少越好，尽可能保持课表的原始状态，稳定教学秩序。

4. 优先保证主要学科的稳定

班级课表和教师个人课表都是在综合考虑各种因素的情况下编制出的，是相对合理的，一旦打乱，就会出现某个学科、某个人、某个班级的暂时不合理。所以，最好尽量保持原始状态。而临时调课就意味着出现暂时的不合理，我们应把这种暂时的不合理降至最低程度。调课时，尽最大努力稳定主要学科不动，与那些单课头的小学科对调，以确保主要学科的合理性不被打乱。

5. 采用灵活机动的调课方式

根据调课过程的复杂程度，将其分为：当天调、跨天调、转圈调、混调。当天调：是最简单的一种调课方式，是把同一天中的两节课调换先后顺序或调换上、下午顺序，但都是在同一天内操作。这种调课方式适用于教师的授课时间段与其本人在当天的其他活动相冲突时。跨天调：就是在班级课表中把第一天的某节课与第二天的某节课对调。但容易出现"错头"问题，因此，调课难度增加。为避免"错头"的出现，首先与单课头的小学科对调。因为是单课头，无论调到哪里都不出现"错头"问题。其次，与其他学科调换，但要参照个人课表观察被调的两节课是否有"错头"产生，如确实存在"错头"，就要进一步微调，直至不"错头"为止。这种方式适用于教师一个整天外出活动时。转圈调：是指在一周范围内，把班级课表中前面某天的课调至后面的某一天，再将后面某天的课通过跨天调，依次调至前面的某一天里。如：周二课──→周四──→周三──→周二，这样转了一个圈，反转也如此。这种方式适用于多名教师在同一周范围内，每天都有人抽出一个整天外出活动的情况。但此方法也易出现"错头"问题。跨度越大，"错头"越严重。这时，可先考虑和自习课、单头课学科进行微调，避免

"错头"产生。这种调课方式比较复杂，需要参照教师个人课表，防止"撞车"和"错头"的产生。混调：是指多名教师、多个班级在同一时间段内交叉混合的一种调课方式。可以把每位教师被调课的时间、节次、班级在纸上一一列出，便可直观、清晰地观察出哪些教师的课能直接对调，哪些教师的课能间接对调。剩余不能对调的课再单独操作。这种调课方式也容易出现"撞车""错头"问题。因此更需要参照教师个人课表来操作。调课中，有的课乍看起来能简单直接对调，但一看教师个人课表问题就来了，不是"撞车"就是"错头"。所以，教师个人课表是调课时必不可少的参考资料，必须充分利用好，确保调课结果合理，准确，不出差错。混调方式常用于各种大规模的教研听课活动中，几乎大多数人的课都有所调动。这是一种难度大而又复杂的调课方式，涉及的人员多，节次多，班级多，学科多。要求操作者头脑必须保持高度清醒，精神专注，思维连续，全身心地利用"大块"时间进行操作，并进行逐一核对，确保调课结果准确无误。

6. 对调课结果进行备案，便于督促被调班级和教师

调课操作一旦完成，马上将其结果在班级课表中用铅笔记录备案。一是以箭头的方式标记出调课方向，二是以小号字体标注出日期、教师姓名，每周如此。这样做的好处有四点：第一，有时课虽已调好，但教师却忘记上课。这时就可从备案中查阅出这节课应该是哪位教师去上，马上电话通知。避免因教师忘记调课之事而"空堂"。第二，有时因情况突变，需对原所调的课进行二次复调，这时，就要以调课备案做基础进行复调。如果不对一次调课结果进行备案，单凭头脑回忆，二次复调就容易出现差错，费时，费力，还不准确。第三，有时班主任忘记或没有及时通知学生调课之事，学生没有去指定地点（音乐教室、微机室、操场）上课，这时，马上查阅调课备案，及时通知学生应该上什么课，迅速维持好正常的教学秩序。第四，从调课备案的日期和姓名记录中可以了解到，哪一天、哪些人有外出活动。总而言之，对调课结果进行备案是十分必要的，既起到了督促教师和学生迅速维护教学秩序的作用，又为二次复调打下了基础。

7. 准确填写调课通知单

调课、校核，对其结果进行备案，写调课通知单、复查通知单是一个依次连续的过程。为确保每次调课准确无误，调课人员最好按上述顺序连续操作。精神集中，思维连续，一气呵成，中间尽量不插入其他事情。调课通知单是调课人员将调课结果告知教师和学生的一种书面语言，要求让教师和学生看了一目了然，不产生歧义，不用做过多的解释。因此，在写调课通知单时务必做到准确、清楚、全面，并进行校核。准确：是指班级、节次的位置要写正确。在大规模的调课中，一着急容易写错位置，或将班级数码和节次数码写颠倒。清楚：是指用钢笔、圆珠笔抄写，防止随意改动。字体清楚，明显，不跨格，不压线，避免产生歧义、模棱两可情况。全面：是指在调课通知单的最上方左边写上被调课班级号或教师姓名，右边写上调课日期。若是跨天调还需注明所带书籍，避免因调课学生没带书本只能上自习的现象发生。如果调课结果是在某段时间内执行，应在通知单的最上方用红笔注明"×日—×日"字样，如是永久性的，注明"永久"字样，以提醒教师和学生注意。

8. 及时发放调课通知单

调课通知单是教师和学生在变化的情况下进行教学的书面依据，因此，要求发放及时，到位，不遗漏。及时：是指不能早也不能晚。发早了，时间过久容易丢失，忘记；发晚了，教师和学生对突来的变化没有做好任何准备。教师仓促上课，学生没有带相关书本。无论教和学都受到影响。所以，最好的发放时间是提前一天。到位：是指将调课通知单直接发放到被调课教师和相关班主任手里。若暂时找不到人，可放在其办公桌的明显处压好，并电话通知其本人，以免出现"空堂"或事后为调课通知单而纠缠不清的现象。不遗漏：是指在发放过程中，如数发完，不丢失和遗漏任何一张。特别是当调课通知单数量较多时更应注意。调课、备案、抄写调课通知单需要的是认真仔细，而发放通知单需要的是高度的责任心。

9. 家中备份课程表，随时应急

由于人多情况随时发生变化，为应对这种随时的变化，迅速维护正常的教学秩序，调课工作也要随时随地进行。有些时候由于突发事件，虽然是休息时间也会随时接到调课电话，特别是早晨，一般都是急事，需要放下饭碗就调课，并马上电话通知相关人员。因此，为了不耽误教学，家中最好备份课程表，有备无患。

【注意事项】

1. 公平合理与灵活机动相结合

通常情况下，每位教师都是满工作量的。一个萝卜一个坑，每人都不轻松。因此，为他人代课就成为一个不情愿接受的现实问题。从教学角度考虑，正课不能上成自习。实际中，如果短时间代课，首先安排非班主任年轻教师，再安排其他教师，最好不安排班主任代课，因为班主任的班务工作也占其一半的精力，很辛苦。如是长时间代课，要考虑代课教师的身体承受能力，为避免达到疲劳极限，可让班主任轮流少代几节课。通常主要学科组内大部分都是班主任，这种情况下，就要每人肩上扛担子，视身体情况灵活安排。总之，安排代课是在坚持教学同时兼顾教师身体的情况下灵活进行的。

2. 用爱心温暖教师

在日常工作中，也会遇到有的教师以各种理由拒绝代课或调课的情况。这时，就要具体分析其理由是否合理。如合理，要重新变换代课方案。如不合理，就要用温暖的语言，心平气和地劝说其接受。在实际工作中，常出现教师因家人生病请假情况，要积极、主动、及时联系为其调课或安排代课。为他们照顾好病人排忧解难，并嘘寒问暖，真诚关心。家人安，他们就心安，以此拉近与广大教师的距离，为今后的工作打下感情基础。这样，当再次安排他们代课时就会比较容易。将心比心，平常点滴的温暖和付出换来的是广大教师的理解和支持。

3. 以宽阔胸怀对待教师

在安排代课时，有时正好遇到个别教师情绪和身体状况不好在发牢骚，这时，一看见代课通知单就会火更大，说话更冲，难听话可能会脱口而出。面对这种情况，操作者要保持冷静。首先从心里理解他们，让他们充分宣泄完自己的情绪；其次，暂缓下发代课通知单，待其情绪稍平稳后再下发，并真诚地说一句"辛苦了"。通常情况下他们也能勉强接受下来。但对其先前所说的过激的话不要放在心上，必须宽容大度，一视同仁。

【案例】

××小学调课、代课制度

为了规范教学秩序，维护教学计划的严肃性，保障正常教学秩序，保证不误课，特制定调课、代课制度如下：

1. 为了稳定教学秩序，非特殊情况一律不得调课。

2. 任课教师不得私自调课或停课。私下调课或擅自停课的，一律按学校教学工作有关考核办法进行处理。

3. 任课教师调课申请必须具有充分、正当的理由。符合下列情形之一者准予调课，因公外出，因病请假（须有相应证明），因其他原因（如婚丧假、产假、事假）而请假（须出具有关请假证明）。

4. 教师因公外出，三天以内由本人自己调课，经级部组长批准后，报教导处备案。一周以上（含一周）由本人协同级部组长进行调课或由其他教师代课并报至教导处，如自行调课有困难，可以上报到教导处，由教导处来协调。

5. 病假三天以内由本人委托级部负责人进行调课或让其他教师代课，并提前一天以上通知到教导处。一周以上（含一周）由本人向级部组长提出调课或代课申请，由教导处协同级部组长进行调课或让其他教师代课。

6. 事假一律由本人负责调课或让其他教师代课，经级部组长同意后通知上报到教导处。

7. 教师因事假、公假缺授的课均应补授，原则上，在请假后立即有计划地补上。不能及时补课的，由级部安排老师代课并须经教导处同意，并作好记录。

8. 教学时数均按教学计划的规定，不得随意增加和减少课时，不得随意超前和放慢教学进度。特殊情况需经教导处同意。

9. 各级部将代课的教师姓名、学科、代课的节数及时报教导处，教导处进行统计，把代课情况纳入教学常规考核。

10. 调课衔接工作由教导处和各级部共同完成，调课双方教师协助，以确保不空堂，不出现迟到等混乱情况，教导处和级部要及时对调课情况进行检查，核实。

【分析】

课程表是学校实施教学计划，组织教学工作的主要依据。该小学出台的制度，确保了课程表执行的规范性和严肃性。细细阅读这份制度，有以下几个优点。

1. 措辞严肃，表述清晰。这份调课、代课制度中大量运用"不得""一律"等规定性的词语，传递着制度严肃不可侵犯的地位。这份制度也清晰地说明了教师在什么样的情况下可以调课、代课，不同的时间如何处理，如"教师因公外出，三天以内由本人自己调课"，"一周以上（含一周）由本人协同级部组长进行调课或由其他教师代课并报至教导处，如自行调课有困难，可以上报到教导处，由教导处来协调"。这些具体清晰的规定让老师们有法可依，也让管理者有据可查，大家都清楚该怎么做。

2. 逐级安排，方法科学。从这份案例中，不难发现这是一所有一定规模的小学，教学管理的思路和方法非常清晰。校长室领导教导处，教导处领导各级部，这样的分层管理可以减轻教导处的负担，让管理变得立体、清晰，便于操作。一般情况下，调课、代课由教师本人自行安排，安排好后上报级部，由级部汇报至教导处。特殊情况，如请假时间较长，个人或级部无法安排，再由教导处统一协调。这样的管理体现了教师的主体地位，也分解了主要部门的工作压力。

3. 检查核实，保障教学。这份制度体现了管理者对教学秩序和教学质量的高度重视。第10条"教导处和级部要及时对调课情况进行检查、核实"明确告知教师这份制度在保障教学秩序方面的执行力度是非常严肃的。第七条"教师因事假、公假缺授的课均应补授，原则上，在请假后立即有计划地补上"，说明了因事、因公请假是在不影响教学质量的前提下的。细细推敲，像这样重视秩序和质量的细节还有很多。

但是，一份制度不仅要体现严肃性，更要体现严谨性，这体现在老师对制度遵守得严谨，管理者对制度执行得严谨，也体现在制度本身措辞严谨。比如，制度第3条"任课教师调课申请必须具有充分、正当的理由。符合下列情形之一者准予调课：因公外出；因病请假（须有相应证明）；因其他原因（如婚丧假、产假、事假）而请假（须出具有关请假证明）"，其中，"婚丧假"是国家法定假日，学校应严格遵循，尊重教师的权利，无需让教师调课。学校的制度在细节上一定要严谨。

第三章
指导开展教研组活动

第一节 怎样建立教研组

【建立教研组的意义】

教研组全称是教学研究小组，是同一学科的教师研究和改进教学，提升专业素养的研究组织。它不但是学校提升学科教学质量的重要依靠，也是教师提升专业能力的重要组织，教师形成专业归属感、学科崇敬感的"加油站"。

教研组是学校组织教学的最基层单位，是策划、执行教学工作的细胞。它担负着研究教育理论、提高教学质量、培养教师队伍、提升教师专业素养、提高教师教学水平、开展教学实践和教育科研以及推动教学改革等多重任务。教研组还起到营造和谐宽松氛围、调节教师工作压力及精神负担的作用，成为教师职业生活的精神家园，对推动学校工作起着十分重要的作用。

【主要工作】

1. 合理设置教研组

要以有利于推动教学工作和开展教学研究为原则来合理设置学科教研组，一般以学科为单位，同学科有 3 名任课教师以上的，应设立一个教研组；不足 3 人的，可与相近学科合并成立教研组。身兼多个学科教学任务的教师，应编入主要任课的学科教研组，同时必须参加兼课学科的教研组活动。学校领导按兼课情况编入相应教研组参加活动。为便于开展教研活动，各教研组教师办公地点应相对集中。

在学科教研组下应设立备课组。备课组是以年级或学段为单位，组织同学科教师开展教学研究的组织。教研组与备课组有着不同的职责和活动范围。校长要加强统筹协调，使两个层面的教研组织形式都能充分发挥相应作用。

2. 选聘教研组组长

教研组长是教研组工作的直接领导者和组织者，是学校教学管理的重要力量，也是学校领导联系教师的助手。教研组长、备课组长不仅是学校学科教学的引领者、学科研究的先行者，同时还是教研业务的管理者、教师成长的同行者及培养者、学校决策的执行者。

教研组是学校的业务重心所在，教研组长是教研组的灵魂，是主帅也是践行计划的第一人。要重视教研组长的选聘工作，切实选拔出思想品德好、教学水平高、科研能力强，有较高的群众威望和有一定组织、协调能力的骨干教师担任教研组长。

教研组长应具备以下素质：一是要有扎实过硬的专业教学功底，是某学科领域内的业务骨干；二是要有较强的组织能力、沟通能力、协调能力；三是要有好的职业道德，教研组长除了完成本职工作外，还要帮助、指导其他教师提高业务能力，要具有勇挑重担的责任意识和"甘为人梯"的奉献精神；四是要有较强的科研能力，要具备深厚的理论功底和丰富的实践经验，能为新手答疑解惑，同时能实现对全组的学术引领；五是要有较强的学习能力，具有终生学习意识和勇于探索的进取精神。

3. 明确教研组基本职能

（1）研究职能。教研组工作重点是把教师组织起来，讨论、交流教育教学中存在的突出问题和典型经验，研究教材、教法和学情、学法等，并根据实际确定教研组及个人的研究课题，将教学与科研结合，积极开展教学改革。

（2）管理职能。教研组围绕常规工作和教育教学，协助教导处督促、管理本组教师，帮助教师提高认识，自觉遵守纪律，爱岗敬业，踏实干好本职工作。

（3）指导职能。教研组既要指导本组教师尤其是青年教师备课、授课、教研等，还要督促指导各备课组工作，抓好常规检查和把好教学质量关，尤其要及时研讨、解决教学运行中存在的突出问题。

（4）组织职能。教研组要组织好本组教师参加政治、业务学习，不断提高教师的教育理论水平；要组织好教师参加各类教育培训、竞赛活动，不断提高教师的教学业务水平。

【主要方法】

1. 树立目标责任意识，营造良好的教研氛围

如何建设教研组很大程度上取决于学校领导的教育思想与办学理念。校长要转变观念，做学校教学研究的先行者和力行者，指导教研组长带领教研组立足校本开展教研活动，走"科研兴校、兴教、兴学"的路子，营造务实、清新的教研氛围。

2. 健全管理制度，规范教研工作秩序

优秀团队的形成有赖于良好制度的建立并发挥制度的正确导向。要规范、有序开展教研活动，校长首先要主持制定、完善教研活动常规管理制度，如业务学习制度、听评课制度、公开课活动制度、教研组长例会制度、备课组活动制度和教研组工作考核评价制度等。形成研究范式，规范研究秩序，培育有学校特色的教研和管理文化，保证教研组工作真正落实到位，保证备课组活动取得实效。

3. 培训教研组长，提高教研组长的工作能力

校长要从四个方面来着力培训教研组长。

（1）观念培训

通过培训改变教研组长的观念，使教研组长正确认识自己的角色功能，了解新的教育教学理念和组织管理思想。

（2）技能培训

可以通过培训强化教研组长的工作技能：一是制定计划的技能。校长与教研组长进行必要的技能交流，针对性和实效性较强。在此基础上，指导教研组长制定教研计划、方案。二是组织沟通的技能。教研组长需要经常与组内教师沟通。因此沟通技巧对教研组长特别重要。

（3）模拟培训

巧妙地创设情境。在情境模拟中，让教研组长们去体会、感悟，并掌握技能，加深对观念和方法的理解。

（4）实战培训

教导主任指导教研组长制订教研活动方案，然后根据方案组织开展教研活动。校长则对实施过程中遇到的问题及时给予点拨。这种方法更具有针对性和实效性，可以让教研组长迅速积累经验，尽快上手。

校长应不断地鼓励、支持、引导教研组长根据个人实际和面临的主要问题，选择突破点自我研修。

4. 支持教研组长工作，树立教研组长的威信

校长要充分信任、大胆支持教研组长的工作，牢记"放、扶、担、压、推、诚"六字诀，切实发挥教研组长的作用。

（1）放：放手让教研组长开展工作。校长要下放权力，让教研组长有指挥、组织的权力，大胆放手让教研组长管理教学。要充分尊重、理解教研组长，鼓励他们在工作中大胆创新，为他们免除后顾之忧。

（2）扶：当教研组长工作碰到困难时，校长要及时扶一把，使教研组长树立信心，克服解决困难，较快渡过难关。

（3）担：校长要有爱才、容人、担责的气度，当教研组长在工作中出现失误时，要主动、大胆承担责任。对教学管理中教研组长解决不了的矛盾要帮助化解。

（4）压：校长要针对不同学科教研组的特点、根据特定时间段的教学目标，有目的地给教研组长压担子，鼓励他们勇挑重担，促使教研组长不断进步。

（5）推：当教研组长工作产生惰性时及时推一把。如遇教研组长在工作中骄傲自满、不思进取，或畏惧困难、缩头缩尾时，校长要及时推一把，促使他们甩掉包袱，继续前进。

（6）诚：校长要领导教导处与教研组长精诚团结，分工合作，对于成绩出色的教研组长要加大奖励力度，同时充分落实工作、生活待遇，如优先选派进修等。

【注意事项】

1. 处理好教研组与年级组的关系。教研组与年级组职责和功能不同，两者既不能冲突，也不能相互取代，只能共生共融才能和谐发展。

2. 处理好教研组与外校教研组的关系。"他山之玉，可以攻玉"，相互学习，取长补短，实现共赢。

3. 处理好教研组与教导处（教科研室）的关系。教导处应为教研组做好服务，尊重教研组开展教研活动的自主权，不能横加干涉；教研组要从大局出发，自觉服从教导处领导，取得教导处的支持和帮助。

以上三组关系对于学校、师生的发展都有很大影响，在教育工作中也是彼此紧密联系，相互影响的，所以务必妥善处理好。

【案例】

××小学教研组长聘任方案

教研组长队伍是学校教师的骨干群体。教研组长不仅是学校学科教学的引领者、学科研究的先行者，同时还是教研业务的管理者、教师成长的培养者、学校决策的执行者。选拔具有开拓创新精神、奉献合作意识的组长，是推进新课程改革、确保学校在更高平台进一步发展的一项重要工作。为确保我校组长队伍建设顺利进行，特制定本方案。

一、基本原则

1. 公开。坚持聘任方案、岗位设置、聘任条件、聘任程序、聘任结果"五公开"原则。

2. 择优。坚持德才兼备、任人唯贤的用人原则，选用政治素质高、业务能力强、团结同志好的优秀教师担任组长。

3. 协商。坚持学校工作需求与个人工作意愿相结合的原则。

二、基本条件

1. 组织观念强。认真执行党的教育方针和教育行政部门各项政策法规，坚决执行学校教育决策。

2. 群众基础好。在一定范围内有较高威望和组织能力，有较强凝聚力和执行力；能广泛听取、梳理群众意见，为学校决策提供依据；能以身作则、顾全大局，有公信力。

3. 业务能力强。近三年内任教过高段毕业班，教学效果好，学生素质好、能力强。

4. 责任感强。具有较强沟通能力、协调能力和组织能力，有较强的主人翁精神，乐于做学校管理工作。

5. 身体健康。精力充沛，有吃苦耐劳精神，能胜任繁杂事务工作。

三、岗位设置

语文、数学、英语科教研组长各 1 人，总计 3 人。

岗位描述：教研组长是教学分管领导开展教学、教研管理工作的得力助手，在学校教学、教研管理工作中起指导、督促作用。教研组长对外代表本学科最高水平，在校内对本学科教学、研究起引领示范作用。

岗位职责：（略）

四、聘任工作安排

依据《××小学教师绩效工资分配方案》，"年级组长、教研组长不再担任班主任，备课组长原则上不担任班主任"。考虑 2012 年起基本实现教研组长、备课组长竞聘上岗等因素，本次聘任工作安排如下：

（一）教研组长竞聘工作安排

新聘教研组长通过竞聘方式产生，具体程序如下：

1. 宣传动员工作。召开全体教职工大会，宣讲竞聘实施方案，做好宣传动员，统一思想工作。

2. 公布竞聘方案。在学校公示栏和校园网上公布《××小学教研组长竞聘实施方案》。

3. 候选人员确定。教研组长候选人的产生采用个人自荐和学校聘任领导小组初审的方式产生。

（1）自愿申报：凡符合方案规定的竞聘条件，愿意竞聘教研组长的老师，及时在网上下载申报表，并按规定填好后于 6 月 21 日上午 12：00 之前交教导处。

（2）推选候选人：根据自愿申报的情况，结合申报人的工作表现和学校实际，聘任领导小组确定候选人，并通知本人。

4. 民主测评：在分管学科行政主持下，对组长候选人进行民主测评（每位候选人准备 3 分钟以内的竞聘演讲）。

5. 人选确定：学校聘任领导小组根据民主测评结果，结合候选人平时工作表现和学校工作需要，确定并公布聘任人选。

（二）正式聘任：校长正式聘任教研组长，并颁发聘书，参加相关培训。

五、任期、待遇及考核

1. 任期：教研组长任期均为 1 年。

2. 待遇：教研组长在任期内待遇由岗位津贴和绩效奖两部分构成，绩效奖由学校相关部门根据考核结果确定。

3. 考评：学校每学期组织相关部门对教研组长进行考核。

六、聘任领导小组（略）

本方案解释权在校竞聘工作领导小组。

××市××小学

2013 年×月×日

【分析】

1. 选人用材须严肃认真。选聘教研组长是学校教育教学管理的重要一环，方案里充分阐述了该岗位的重要性，"骨干群体""引领者""先行者""管理者"等等表述，既为报名人员鼓了劲，又为聘任人定了调。

2. 在教研组长的教学领导能力中，教育教学能力和专业研究能力是重要的基础，也是教研组长树立"学术权威"的立足点。其次，如今的教学研究活动中，教研组长与其他教师（包括上级）之间是一种新型的"伙伴共生"关系，因此良好的沟通交流及协调能力是教研组长必不可少的能力。

3. 从选聘教研组长的方案看出：第一，教研组长的成长有其基本规律；第二，教研组长除了学科专业素养，主要还需要具备较高综合素养；第三，制度性的教研组长工作要求与个体化的教研组长工作的思路有机结合，才能构建有效的教研组长培养机制。

4. 教研组长需要由"德能勤绩"等方面都出类拔萃的教师担当。校长要重视教研组长的选择与培养，使其快速发展、成熟起来，早日成为教研活动中的中流砥柱。要落实教研组长的相关待遇。

第二节　怎样制订教研计划

【指导教研组制订教研计划的意义】

教研组工作计划是根据国家颁发的学科教学大纲的要求和学校教学工作计划，结合本组教学具体情况制订的计划。它是学校教学工作计划在教研组的具体化。教研组工作计划应围绕加强本组教师队伍建设，开展教学研究，提高教育质量，由教研组长负责，在全组教师集体研究讨论的基础上制订，经主管校长或教导主任批准后执行。一经通过、批准或认定，就有了约束作用，无论是教研组集体还是个人都必须按计划的内容开展工作和活动，不能违背和拖延以及随意更改。教研组工作的好坏在很大程度上与计划拟定的有效与否密切相关。所以，指导教研组长拟定一份切实有效又富有创意的教研组教研计划就十分必要。

学校教研计划主要包括以下几项内容：指导思想、活动目的、教研主题、研究方式（阶段成果体现）、活动安排。有了计划，工作就有了明确的目标和具体的步骤，就可以协调大家的行动，增强工作的主动性，减少盲目性。同时，计划本身又是对工作进度和质量的考核标准。一份恰如其分的计划，能激发团队的斗志，振奋团队的精神，挖掘团队的最大潜能，凝聚团队的所有智慧，使团队工作做得精致有效。

【主要工作】

1. 明确方向

教学校长要指导教导主任及教研组长深刻领会党和国家有关教育、课程的方针、政策、法律法规，以及上级行政部门和教研部门的近期活动或要求，还要指导学习课程改革精神和先进的教育思想，明确学校办学理念和育人目标，明了学校的远期规划和近期目标，学习学校工作计划，了解校历以及人、财、物的客观条件。

2．计划初稿

制定教研计划时，应当引导教师在学校的教学工作计划框架下，思考教研活动应有什么主题和内容、用什么方式等，让教师拥有制定计划的主动权和选择权，激发他们的主动性和积极性。校长要指导教研组长召集骨干教师或者全组教师，共同分析组内教师的教学风格、个性特点以及学生的学习现状和不足，剖析上一阶段教研组工作中存在的问题及原因，提出本期工作目标，即今年做什么，怎么做等，再由教研组长制定出计划草案。

3．组内讨论

计划草案形成以后，还要让教师讨论计划的可行性、实施过程中可能会出现的问题与解决方案，让教师感受到这些主题来自迫切需要解决的教学实际问题。

4．计划终稿

教研主题是在教师的参与下共同确定的，教师们对教研计划的来龙去脉都有所了解，主体地位得到了尊重，积极性也易于发挥出来。最终由教研组长形成计划终稿。计划须直奔主题，具体详细，分工明确，勿空话套话，勿繁冗赘述。

【主要方法】

1．分析基本情况

校长应掌握各教研组师资结构。了解本组教师基本情况（教师人数、专业构成、年龄学历、骨干能手、教师职称、工作量等），可列表简略说明。同时，还应检视本组以往教研情况，如研究经验、目前存在问题等。

下面是一所小学四年级语文教研组的分析：

表 3-1 组员概况

姓名	教龄	职务	职称	特长
张××	14	教研组长	一级	教学活动的设计与组织
黄××	5	教师	二级	朗读
李××	21	科研主任	一级	科研、论文撰写
王××	20	教师	一级	教学活动的设计与组织
周××	3	教师	二级	写作
苏××	实习期	教师		讲故事、演讲

四年级语文教研组共有6名成员组成（见表3-1），均是大专以上学历，除一名新教师外，其余教师均有一定的工作经历。其中三位成员分别是区级教学骨干及科研主任，因此，该组是一个专业能力较强的团队。

上学年，该组重点研究专题是"什么是优质有效的课堂教学活动"，采用"自主组合式""小组擂台式""问卷式""合作共享式"等丰富多样的教研活动形式，激活了教师的思维，调动了他们参加教研活动的积极性，获得了一些成绩，也存在一些问题。如：组员之间存在着较大的能力差异，教研活动中一言堂或冷场现象还时有发生；对"目标的预设与生成"的研究比较肤浅，实践中仍存在目标大而空的现象。

2. 制定指导思想

指导思想是指一个管理组织在一定时期内，为实现一定目标，管理活动发展的指导方针或管理活动中必须把握的基本原则。教研组工作计划的指导思想要根据学校工作计划的要求制定。

如：本学期，数学组将结合学校教学计划，加强教研组工作，继续以课堂教学研究为载体，在理解优质教学、有效教学的基础上，学习如何正确把握教材，如何提高课堂教学效益，以教研促进教学，提高教师设计、实施教学活动的能力，并且将观课议课作为教研的重要内容与形式，鼓励教师各抒己见，分享智慧，促进教师专业发展。

3. 明确教研目标

教研目标的定位和教研专题的确立要有针对性。如：

（1）针对小学教育教学重点工作确立专题研究项目；

（2）针对教师教育教学过程中具有共性的困惑；

（3）针对前期教研中存在的问题；

（4）针对新课程实施过程中关键问题。

教研目标的陈述应简洁明了，清晰地表达教研的目的和预期效果，切忌大而空或照搬指南。尽量不要有如下的空洞表述，如加强理论学习、提升教师教育教学能力，研究校本课程、积累校本课程实施素材，"教""研"结合、加大课题研究的力度等等。

4. 拟定内容与措施

拟定内容与措施时应注意以下几点：

（1）研究内容紧紧围绕目标展开，解决教师实践中的困惑问题，关注教师的"最近发展区"，内容不宜过多，一学期1—2个问题即可；

（2）活动形式可多样化，如案例分析、说课、听课评课、现场诊断、参与式讨论、辨析式讨论、微课分析、理论学习等，注重教师的参与；

（3）有的研究专题并非一两次相关活动就能完成，可以反复研究和深化研究。

5. 做好具体安排

一个学期一般安排9—10次活动，在作安排时注意做到"四个落实"，即时间、内容、形式、责任人。可以制定下表（表3-2）。

表3-2　××教研组××学期教研活动计划

月份	周次	内容	形式	拟解决的问题	责任人	备注

在订计划时还应注意给计划调整留有空间，以应对学期当中一些临时活动的影响。

【注意事项】

1. 学校各个教研组的任务就是深化本校教育教学改革，深入推进素质教育，大力实践教育创新，以学科或课程教育为载体，全面提升学校教育品牌的影响力。所以在制定教研组工作计划时，就要考虑到上述诸多因素，做到有具体要求，具体措施，解决具体的思想问题和实际问题。

2. 教研组的工作计划是学校整个工作计划的一个重要组成部分，它必须与学校的整体思路、办学目标相整合，要与学校的教学、科研安排相结合。

3. 制定教研计划不是教研组长一个人的事，组长要善于发动组员积极参与，发挥好全组教师的主观能动性。

4. 制定教研组工作计划时要做到五明确：明确工作目标及要求，明确工作进程，明确检查时间，明确以往的成绩与存在的问题，明确改进措施等，这样才有利于计划落到实处。同时，对教研组工作中每月的主要教学活动、主要工作要分月列出，尽量细化，让老师一目了然。

5. 教研组计划也有可变化性。社会在不断发展，情况在不断变化，事先制订的教研组计划在实施过程中很难一成不变地执行。因此，如果在计划执行过程中，客观情况发生了变化，就要适时地予以修订。

【案例】

××年 ×学期数学教研组教研计划

一、指导思想

整合学术力量和行政力量，全面推进教育教学改革。进一步加强教研组建设，将"基于案例的学习"作为教研活动的主要形式，以提高教师的教学设计、教学实施、教学反思能力为重点，努力实现"每个教师都是高水平的教师、每节课都是优质课"的目标，打造全面优良的××学校教师团队和全面优质的学科课堂教学。

二、基本概况

本组共有教师14人。29—40岁教师有6人，40—57岁教师3人，29岁以下有5人（毕业1—2年的有2人）。其中1位是教导处主任，骨干教师2人，约有50%的优秀数学教师分布在6个年级组。本组为6位青年教师配备了专业能力强的师傅，这是我们开展各项工作的基石，也是本组最突出的优势。

通过对校本教研情况及需要解决的问题调研，结合数学教研组的实际情况，以及"你希望教研组下学期帮助自己解决教学中什么问题"的专题讨论，我组拟将"如何才能让教学设计有厚度"作为教研主题。即目前数学组教师对把握教材、挖掘数学本质方面有所欠缺，是下段教研工作的一项重点。

三、工作目标及具体措施

（一）落实常规管理

做到全面落实课程计划不走样，全程落实课程标准不走样，认真落实"五认真"不走样。

1. 备课。学习《数学课程标准》，正确把握《课程标准》规定的小学阶段数学教学目标和年段教学目标。结合学生实际情况，制订学期教学计划，目标明确，内容具体，教学措施切实可行。

学期末将本学期的集体备课思想及优质课件进行整理，备课组长安排教师整理一份资料，上交教务处。

2. 上课。教师要按教学进度授课，不能随意调整教学进度。面向全体学生，正视差异，因材施教，对每个学生负责。

以"减负增效"为中心，优化课堂教学过程，向四十分钟要效率。采用先进的教学手段，直观、形象生动地进行教学。提高学生兴趣，开阔学生视野，优质高效地完成课堂教学任务。

3. 听课。每位教师本学期听课不少于 20 节（公开课除外），并撰写评价分析。听完公开课、展示课等优秀课例后，积极撰写学习心得。

4. 作业。以备课组为单位，针对学生差异，精心选择和设计作业，探索分层作业和个性化作业，增强学生对作业的兴趣感和能动性。

以讲评试卷和作业为契机，指导学生分析错因的能力，构建学生积极与作业对话交流的反馈体系，让作业成为学生自主学习的鲜活载体。

5. 辅导。深入了解学生的学习思想状况，分析学生现状，制定培优补差计划。针对不同层次学生，实施分层次教学，分层次辅导，不断改进教学方法，使全体学生在原有基础上有所提高。

6. 考试。对备课组长进行试卷命制专项培训，保证每次的单元试题真正达到检验教学过程的作用。

（二）追求内涵发展

本学期教研目标：让教学设计更有厚度。围绕本项目标采取如下措施：

1. 完善教研组织机构，形成校本教研立体化

（1）理论学习。组织教师学习《小学数学教学策略》和《小学数学本质》两本书，组织一次读后交流，聘请专家指导。要求每位教师针对一本书中印象最深刻的内容，写成读书感想，并且制作 ppt。

（2）做好教研组引领作用。将"基于案例的学习"作为教研活动的主要形式，以提高教师的教学设计能力。帮助教师解决"如何分析教材""如何学生调研及分析""目标的制定"这三个问题。

（3）发挥备课组长的作用。这是三年来一直没解决好的问题，本学期重新调整工作思路。围绕教研组的工作重点做好各备课组的研究工作，以组内展示为主要形式，本学期有"学生调研及分析"教师比赛、"教学设计"比赛、"教材梳理"比赛、"备课组教研成果展"，从而促进备课组的内涵发展。

（4）发挥骨干教师的辐射作用。骨干教师组内示范课，指导年轻教师每学期不少于 2 节。

（5）进一步加大年轻教师的培养和使用力度。

2. 提高研究意识，大力开展以研促教

以"让学习发生"为核心科研课题，鼓励备课组自主创新，开发子课题。

（1）做好"目标落实"的课堂观察。根据课前学生调研→课堂中观察→课后学生调研→反思教学目标的过程，引导每位教师从课题的角度思考教学问题。

（2）以课堂用语研究为突破口，以文本教学研究为载体。形成条块互动，相得益彰。

（3）课题沙龙：每个学段定期在教研组内汇报交流感想，依托学区课题研究和校级课题研究锤炼队伍，培养骨干教师。

（4）资源共享。建立数学组课题活动过程记录文件夹，记录每次活动的收获、困惑，并能自觉地运用到教学工作中。

（三）做好教材衔接工作

1．版本衔接

针对四本教材（人教版上、下册和北师版上、下册）做好对比，找出内容的差别，补充知识空缺，做好教材顺利衔接工作。

2．参加教材培训

假期参加教材培训的教师开学初要做好培训精神传达工作。

3．课标默写

收假的第一天默写课标。

4．命制单元卷

以每位教师出 6 套试卷（小单元可以合并）为载体，督促教师落实每节课的目标。

（四）重点工作措施

1．学科带头人、骨干教师、教学新秀认证课

要求：授课内容按照计划要求；授课教师必须进行学生调研；授课内容应录像，并制成光盘，附上教学设计；教研组长负责将录像传给各备课组，并有备课组长安排观看，组织教师研讨。

2．学生前测调研分析研究

要求：每位教师对自己的授课调研作情况分析。

3．教师读书月工作

要求：每位教师认真读一本专业书籍，并撰写一篇读后感，并在月末进行阅读心得交流(5 分钟)。

4．每位教师自己录一节录像课

要求：每位教师开始准备一节 30 分钟的录像课，并在备课组内交流，由备课组推出一节到教研组内交流；每位授课教师认真撰写一篇教学反思；学部或教研组对录像课和反思进行评比。

5．师生数学竞赛

要求：教师的试题由教务或教研组长拟制，学生试题由备课组长拟制，试题交由教研组长汇总；测试时间 60 分钟；由教务统一测试时间；考务工作由年级组长统一协调安排。

6．课题研究课

要求："低年级学生的课堂学习能力研究"教学课题组承担两次的课题研究活动；全体数学教师集体评议；从操作层面上撰写课题小结，每人一篇。

7．课件制作比赛

要求：教师自己制作一个教学课件，可以与研究课、家长开放课等活动有机结合，按要求于 1 月份上交比赛作品。

四、具体工作安排

【2月份】

1. 理论学习（两本书）；

2. 背诵课标；

3. 读书心得交流；

4. 试卷命制。

【3月份】

1. 备课组试题命题交流；

2. 学生调研交流；

3. 备课组活动展示（二年级）；

4. 学生调研比赛。

【4月份】

1. 备课组活动展示（三年级）；

2. 教材梳理；

3. 备课组活动展示（四年级）；

4. 教材梳理比赛。

【5月份】

1. 备课组活动展示（六年级）；

2. 课题沙龙；

3. 备课组活动展示（五年级）。

【6月份】

1. 备课组活动展示（一年级）；

2. 备课组研究成果展示；

3. 科研成果收集。

【7月份】

1. 备课组活动展示（二年级）；

2. 备课组研究成果展示；

3. 科研成果收集。

公开课安排表（样表）

周次	时间	内容	地点	参加对象

【分析】

1. 这个案例充分体现了教研组教研计划的整体性和系统性。

2. 计划在学校教研整体工作要求之下，对本组教研工作做出了整体系统的设计和构想。

围绕"如何才能让教学设计有厚度"提出本期教研活动开展的诸多策略，具有可操作性。"计划"把比较抽象的教学、教研理论中最核心的部分用简化的形式反映出来，形成一个比较形象具体的教研行为框架，便于管理者和参与者理解、把握和运用，并在工作中有章可循，有法可依。

3. 教研计划描绘着全组美好未来，成为全体组员一段时间内的成长手册、学科建设指南。当全体组员为着一个共同的目标奋斗时，教研组就会成为教师乐此不疲、和谐相处、共建共享的精神家园。

4. 教研计划科学、全面、合理、可行。以共同愿景统领成员个人愿景，以其宏伟蓝图成就所有成员梦想，以其有效活动展示成员才华；以其多层面平台和全方位互助构建可持续发展的学科队伍。

5. 制订教研计划的过程就是全体组员凝心聚力、统一思想、把握方向、目标明确的过程，是全体组员理想、信念、价值观再统一、再升华的过程。其中，教研组文化建设是教研组发展规划的核心，团队建设、教师成长目标、课题研究等是规划的重点。当然，教研组的发展规划必须服从于学校的发展大规划。

第三节　怎样推动教研工作

【推动教研组开展活动的意义】

教研组是学校教学工作和校本研修的基本单位，与全校性的校本研修相比，教研组活动更具时间上的灵活性，学段、学科的针对性，与课堂教学结合的紧密性，因而在提升教学质量，提高教师专业素养上更具有效性。

过去，以"自上而下"的集权式管理模式下的学校教学，教研组只是一个执行单位，教研组活动一般集中在排进度、出试卷等事务性内容，其工作绩效就是看是否完成上级布置的要求。在新形势下，从传统的事务型教研组向学习型组织的转变，需要校长的引领和推动。一个好校长应该能带出一批好教研组。校长充分重视教研组的建设，学校才可能涌现出一大批教研骨干和教学能手。

【主要工作】

1. 完善教研制度

学校要建立完善一系列合理有用的教研制度。教研制度是教研组成员日常活动的规则，具体包括：教研组常规活动制度、读书交流制度、备课主讲制度、听评课制度、专题研讨制度、师徒结对制度、教研组研究课制度等等。

例如，教研组常规活动制度，规定教研组活动要做到"四定"、定时间、定地点、定主题、定主讲人。定时间保证教研活动有规律地开展；地点是条件保障；定主题避免开"无轨电车"，提高实效性和针对性；定主讲人保证活动有序进行，同时培养锻炼骨干教师。

2. 指导校本教研

校长对校本教研活动的指导可以从三个方面进行：一是决策引领。校长的教育观、教学观决定着学校校本教研的深度和高度。因此校长既要立足校情，又要高瞻远瞩，为校本教研定基调、明方向、站高度；二是实践指导。校长要深入一线，与教师们共同探究教学问题，探索课堂教学革新之道，探讨教育教学理论与实践结合的途径。校长的指导不仅使教师在教学研究上受益，而且能带给教师直接的激励和动力，同时校长也从中收获一线教学活动的珍贵教学资源，提升教学指导水平，形成校长与教师的教研互动交流的好局面；三是做好服务。校长要善于指导校本教研，但教研的主体应该是教师，校长应从时间、资金、资源、设施等方面，为教研活动的开展创造良好的条件，努力为教师提供必要的服务，为教师的专业成长搭建平台。

3. 指导集体备课

集体备课是在同学科同年级的教师中进行，是教研组开展活动最常见的方式。通过集体备课，能够集思广益，汇聚教师的集体智慧，实现优质资源的共享，为教师开展个性化教学提供坚实的基础。那么如何根据教学中存在的问题确定备课主题？采取何种形式开展集体备课？需要达成怎样的目标？在学校集体备课氛围尚未形成，或者教研组长缺乏经验等情况下，这些都需要富有经验的校长对教研组进行指导。校长要求组长首先确定主备教师，由主备教师讲上课思路、重点、难点、教学策略等，再由组内教师查漏补缺，发表意见。定稿之后组长要安排分工：整理教案、拟定作业、制作课件，需要的话还要安排研究课等。校长对于教研活动过程的指导遵循"从扶到放"的原则，指导一段时间后，应让已能有效组织教研活动的教研组长担纲。

4. 参与教研活动

通常，校长也是一名任课教师，担任一个学科的教学。所以，校长本身也是某一个教研组的组员。校长以普通教师的身份参与教研组活动，是自身专业成长的需要，同时，以自己的专业素养提升教研质量，以积极参与教研的热情影响全组乃至全校教师，以身垂范，平等交流，分享提高，利己利人。

5. 实施发展评价

校长应高度重视教研组活动的质量，科学评价，以激发教研热情，提高教研水平。学校应建立教研组评价制度，每学年进行考核，对于优秀教研组实行奖励，为优秀教研组的成功经验提供交流分享的平台，促使整个学校的教研质量不断提高。

6. 营造教研文化

教研组活动应是一种学术活动。学校教研活动需要营造出一种学术气氛。浓厚的学术氛围能促进和激发教师教研的兴趣和动力。学术氛围的营造需要学者型的领导、专业型的教师、严谨的教风和学风。校长通过健全完善科学的教研制度，激励性的评价，去行政化的平等参与，丰富活泼的教研形式，尊重发挥教师在教研过程中的主观能动性等方式，致力于形成一种教研文化。好的教研文化的基本特点是："和谐、竞争、合作"。这样，教研活动发挥和融合了集体的智慧，大家共同来解决问题，教学实践就会更科学有效，更切合学生。

【主要方法】

校长把各类教研活动的方法和形式介绍给教研组，指导教研组根据需要选择合适的形式开展活动，做到"自主、合作、创新"，提高教研实效。

1．理论学习

教师教育理念的更新是教学改革的关键。专业理论学习是教研组活动的基本内容之一。校长必须站在教改的前沿，对于学习的内容提建议，做指导，内容包括通识培训、专业知识、教学理论等。形式上可以将集中学习和分散学习结合起来。例如，成立教师读书社，每周一个下午用学生放学后一个小时在教师阅览室进行集中读书。可以指定优秀的教育理论书籍共读一本书，也可以自由阅读，还可以营造轻松愉悦的氛围进行读书交流，或者邀请教育专家、作家、名特优教师为读书社开讲座。固定的阅读时间使教师从繁忙的工作中"挤"出时间充电，而教研组在读书社中自然转化为一个个读书小组，成为学习、交流的基本单位。

2．集体备课

"集体备课"是教研组活动的基本内容，分学科分年级集体备课，是发挥集体智慧，保证课堂教学质量的重要环节。校长需要给集体备课规定基本流程，防止其流于低效率的"漫谈"，或缺乏合作的"一言堂"。其流程可以是：（1）备课组长交代本次集体备课活动的内容、要求和主备人。（2）主备人陈述教学设计：解读教材（含目标设计和重难点的确定）——阐述教学设计理念——简述教学流程——阐述突破重难点的方法——指出教学过程中可能出现的问题及对策——板书设计——需要向其他老师请教的问题等。（3）备课组集体研讨，包括：1．讲——不同的观点和做法；2．评——对主备人和其他教师的设计、观点进行客观的、中肯的评价；3．议——展示困惑和问题，展开互动讨论。这个过程中，备课组长必须有问题引领，对教师提出的问题当场研究，逐一解决。教师在初备的教学设计上要作好研讨记录，为教案定稿做好准备。（4）备课组长小结：把大家的观点、意见归纳起来，提供给全组教师改进教学设计。

校长应积极参与到集体备课中，在集体备课后可以跟踪听课，帮助教师反思集体备课中对学情的预估是否准确，采取的手段是否合理等等，发现问题进行再研讨。

3．听课评课

教研组围绕实际教学问题，上研究课，采取"合作"的办法，落实"研究"二字，进行听评课活动，这是非常重要而有效的基本教研方法。教研组的听评课容易犯的毛病是，听课凭感觉，评课随意谈，缺乏科学方法。这就需要校长指导教研组确定每一个阶段听课研究的主题，根据主题设计一系列的观察量表，在观察记录的基础上评价。例如研究"课堂追问的有效性"，就可能需要从跟踪追问、逆向追问、因果追问、发散追问、无意义追问、不恰当追问等方面进行观察、统计，从而对某个课例做出分析、评价。

在听评课中，同课异构模式非常适合教研组进行研究时使用。对同一课程同一教学内容，分别由两个（或两个以上）教师执教。由于教师的教学风格、对教材的解读、班级学情、授课环境条件等的不同，导致课堂进程、结构、师生活动、授课效果等方面都可能存在差异。于是通过对比评课，教师更容易发现更加优化的教学手段，更具实效的教学策略，得到更好的研究效果。同课异构也开辟了多样教学风格的展示空间。

4. 沙龙研讨

近年有教学研究沙龙活动的提法，其本意是创造一种更加宽松、愉悦的教学研究环境。一般由组长或骨干教师充当沙龙的主持人，围绕一个研究话题，组内成员围坐在一起，围绕话题各抒己见，畅所欲言，不求达成共识，追求的是思维碰撞，智慧分享，激发更深层次的思考和实践。沙龙研讨体现"互动与生成"，有精彩的讨论、交流，发言时不拘顺序，比较自由，可以多次发言，包括有礼貌的插话。沙龙研讨以教研组为单位进行，校长在参与讨论中发现高品质的研讨，可以组织其他教研组进行观摩学习。

5. 课程开发

新课程的三级课程管理制度赋予了教师开发校本课程的重要使命，但是校本课程开发的主体不仅是单个教师，更多的则是教师小组，这样的教师小组主要就是教研组。校本课程的开发是一项重大的工程，需要具备两个条件，一是集体的智慧，二是大量的研究工作。而教研组恰好具备了这样的条件。课程开发总的课程标准、纲要、计划、框架一般是由学校校长带领教导处、教科室设计制定，但是教研组是学校课程资源开发与经验积累的基本主体。教师从课堂教学第一线把感受和经验带回来分享、讨论、研究，具体实施课程开发的各项工作，形成"从课改中来，到课改中去"的良性循环，不断推动课程改革的深入进行。

6. 创意活动

教师是教研活动的主体，除了常规的教研形态，校长也可以开源挖潜，鼓励教研组教师创新教研形式，提高教研效益，开展特色教研活动，包括主题研讨、热点辩论、问题解剖、课例分析等，组间观摩，碰撞提高，以自主、丰富、创新的教研形态激发教师的研究热情和创造能力。

比如，某校英语组"合作教学"，由四位老师对同一篇课文进行研究，设计教学方案，分工完成这节课的导入、新授、巩固和反馈四部分教学，上一节展现自身特色，充满合作意识的英语课。体育组"备课答辩会"，四位体育教师研究同一个"跳跃"主题在不同年级的教学。在答辩会中四位教师阐述备课思路，由答辩委员会进行针对性的质疑提问，备课教师现场作答。这是对不同学段教学要求的深入研究。语文组"美文诵读比赛"，采用现场随机抽签的方式比赛，全组语文教师参赛。设必读篇目和选读篇目，现场设点评嘉宾和大众评委。这是语文教师专业素养的历练和展示。数学组"辩论比赛"，围绕"小学数学课是否需要课前预习"展开正反方的激烈论辩。这样的教研活动有思考，有交流，有乐趣，有收获，因为自主合作而充满活力，教师的参与热情更高。

另外，还可以以教研组为单位，组织学生的学科活动：古诗考级、我的生活和数学、英语嘉年华、诗歌诵读竞赛、趣味运动会、纸飞机竞赛、电脑作品展示、综合实践小报制作等，寓教于乐。

7. 网络教研

为提高时间的利用率，实现教研活动效益最大化，校长还需要把一些新兴的基于网络的教研模式推荐给教研组老师。

利用区县教育网站和学校网站的教育博客，开展省时高效的教学研究。例如，围绕新课标实施，开展系列主题研究活动，组织教师每月撰写教学随笔，主题如"从讲堂到学堂""同课异构研究心得""推荐一篇教育时文""这一年，我的课堂"等，在博客上发表，教研组或全校教师都可以跟帖交流讨论。

QQ群的形式则更加具有即时性。一般约定一个教研时间，确定一个研讨主题，在群中七嘴八舌，头脑风暴，有时间短，信息量大，互动好，发言机会平等的优势，甚至可以远程互动，与兄弟学校的教研组共同合作交流。在网络平台上交流分享教育教学实践中的反思与收获，拓宽了教研活动的时间和空间，使教师学习更多，互动更多，收获更多。

混合式研修是一种新型研修模式，对接教师们的实际教学，对接各校各教研组的校本研修，利用开发的视频和网络学习资源，实现远程研修。例如某课例研究的流程：（1）专题引领，专家讲课，指导老师用正确的方式学习后面的专题。（2）学习课例研究5个专题。5个专题指向学科不同的教学内容，但都是以课例为载体，以问题为导向。老师们要跟进每个专题名师群组的课例研究过程，展开课例研究的行动导向学习。（3）分组集体磨一节课。

【注意事项】

校长在推动教研组开展教研活动的过程中，一方面要避免放任自流无管理，使得教研活动名存实亡，教师忙于教学工作无心研究，"砍柴误了磨刀工"；另一方面也要避免越俎代庖，过多干预，伤害教研组和组长的主观能动性。校长在保证教研制度有效实施的情况下，选拔培养出一批有能力有水平的教研组长，带领组内教师进行研究，方能事半功倍。

【案例】

指导教研组开展特色教研活动

某校为鼓励教研组创新教研形式,激活教师投入教研的热情,在学期初召开的教研组长会议上,校长要求各教研组开动脑筋,群策群力,自主研发特色教研活动,并提供了包括主题研讨、热点辩论、问题解剖、课例分析、同课异构等范式供参考。校长还要求各组活动对全校公开,教研组间互相观摩学习。

因为学校骨干教师少,教研力量弱,所以在各组上报、教导处审定的活动时间安排上,把校长本人所在的语文组作为第一个开展活动的教研组。校长、教导主任和语文组组长共同策划本次教研活动。活动简述如下:

活动名称:"激情点燃智慧语文"主题辩论赛

第一步:教研组内票选辩论主题。备选主题为:1. 书不读熟不开讲对不对? 2. 当下的小学语文教学应更重工具性还是更重人文性? 3. 是否没有教不好的学生,只有教不好的老师? 4. 是否应该把考试成绩作为语文教学成败的标准?最终选定主题为"当下的小学语文教师应更重工具性还是更重人文性"。同时票选产生辩手8名和主持人1名。

第二步:校园张贴宣传海报,诚邀全校各教研组教师光临指导;辩手准备资料,讨论比赛分工和辩论策略。

第三步:举行辩论赛。正反双方就"当下的小学语文教学应更重工具性还是更重人文性"展开了唇枪舌战。辩手们各自引经据典,妙语连珠,阐明各自的立场。经过立论、攻辩、自由辩论、总结和回答观众提问等各环节的激烈角逐,所有在场观众教师以无记名投票的方式裁定正方获胜,并公选出2名最佳辩手,颁奖。

第四步,校长现场点评,阐释自主、合作、高效、创新的教研要求。

之后,综合实践组以"舌尖上的豆腐"实践活动研究综合实践课的课程内容开发,数学组举行学生数学学习习惯研究的专题讲座,英语组"合作教学"展示课,体育组"备课答辩会",美术组"月文化"赏析。学校的自主特色教研充满活力地开展起来。

【分析】

1. 教研活动必须与时俱进,校长有责任带头进行制度创新。首先在学期初提出一项新的教学研究制度:自主教研,创新形式。然后针对学校教研力量薄弱的现状,校长亲自参与到语文组的活动策划中,以自己的教研能力和管理技巧指导这个组具有示范意义的活动,是领导,是专家,也是成员,以多重身份与教师交流,自然亲切,融合度好。

2. 示范活动选择辩论赛这种教研形式,活泼有吸引力。选择一个左右为难的"片面性"话题,极具激发深刻思考的可能,既有趣又有益,自然能激发教师参与活动的主动性。

3. 示范教研活动后校长的点评,是一种过程性评价,有利于改进提高。校长的点评有总结、激励、引领的作用,引导启发各个教研组活动紧扣主题,拓展思路。

4. 重视了尊重教师和鼓励教师。在整个语文教研活动过程中,从选择辩题、辩手、主持人,到裁定获胜方,评选最佳辩手,始终尊重教研组每个教师选择的权利,激发参与的热情,给足研究的时间,悉心指教而又充分自主,加上宣传海报等手段,在全校范围营造了一种愉悦、宽松、和谐的学术氛围。所以之后全校的特色教研就顺利地蓬蓬勃勃地开展起来。

第四节　怎样评价教研工作

【评价教研组工作的意义】

搞好教研组建设，能够推动教学研究与课程改革的深化，推进校本教研进程，促进教师专业发展，全面、持续提高教育质量。因此，学校要对教研组建设情况建立评价激励机制，弘扬教研之风，配合督促指导，使教师群体产生凝聚力，投身研究，密切合作。

实行教研组评价制度有利于建设品牌教研组。通过评比，发现先进元素，组织经验交流，打造品牌教研组。以典型引路，促进学校各教研组整体建设，可以进一步提高教研活力，提高教师参与教研的积极性和水平，提高课程改革研究与实验的水平，促进学校在团队合作中不断快速发展。

【主要工作】

1. 拟定评价标准

学校首先需要制定出一套教研组考核评价的标准。标准的制定可以由校长和教研组长、教师代表共同商讨完成。标准要获得全体教师的认可。评价的权重的确定应该与学校的现状、发展结合，力求把握科组发展方向。指标和权重都应不断修订，不断完善。人们对教育规律的认识和掌握是不断深入的，指标和权重的合理性是相对的，会因时因地发生变化。因此，在保持评价指标和权重相对稳定的前提下，应当每隔一段时间对教研组评价的指标和权重进行修订，使评价更符合实际，发挥积极的促进作用。

2. 实施定期考核

一般可以以学期或学年为单位进行考核。对教研组的集体备课、研究课、教研会议等项目有计划地定期开展考核，对教研组教师取得的教学业绩则以学年为单位进行统计。考核可以由教导处牵头，聘请骨干教师组成评委小组。把教研组自评、组间评价和教导处评价结合起来。

3. 评选优秀团队

各教研组对照评选条件进行自评，条件优秀的教研组可以向学校申报"优秀教研团队"。在各教研组提交相关材料，学校进行考核的基础上，评选出一定比例的优秀教研组和备课组予以表彰。该评比结果应纳入教师绩效考核中，对先进的教研（备课）组和教研（备课）组长给予物质奖励。

4. 建立交流平台

考核和评比的过程应该也是一个组与组之间交流的平台。召开评比交流会，各组组长说工作，说特色，说亮点，说思路，本身便提供了扬长补短、互相借鉴的机会。对于评选出的先进教研组、备课组，校长应该创设舞台让他们在全校甚至更大范围内进行专门的教研展示、经验推广，发挥辐射作用，带动全校共同提高。

【主要方法】

1. 定量评价与定性评价

科学评价教研组建设情况，应采取定量评价和定性评价相结合的方法。两种方法各有所长，优势互补。校长应根据学校具体情况，设定两种评价方式的权重，科学评价。

定量评价是指用评分形式以及数学统计方法反映被评价对象的特性的精确评价。这需要反复考量指标和权重，重点评价教研组的"能、勤、绩"和团结协作的表现，包括定期进行理论学习、开设教研课、完成教学"五认真"情况、教研出勤情况、优课率等，都可以用定量的方法评价。尤其是组内教师教研实绩，用分值可以很好地体现教学研究的参与度和能力。

下表是某校对教师参加校级以上赛课、论文获奖，以及课题研究情况的评分表（表 3 - 3）。

表 3 - 3　教研实绩评分标准

项目	赛课			论文			课题	
级别	一等奖	二等奖	三等奖	一等奖	二等奖	三等奖	主持	参与
校	9	6	3	6	4	2	3	2
区	18	15	12	12	10	8	6	5
市	27	24	21	18	16	14	9	8
省	36	33	30	24	22	20	12	11
全国	45	42	39	30	28	26	15	14

注：各级公开课观摩课同该等级一等奖评分。

赛课、论文、课题三项指标能较好地表现教师的教研成绩，组内教师所有个人得分相加，按人数算出平均分，可以体现该组的教研实力。

定性评价是根据评价者对评价对象平时的表现和状态的观察和分析，直接对评价对象做出定性的价值判断。教研组定性评价，可以是评等级、写评语、无记名投票等方法，侧重考察教研热情、团队合作、教研文化、发展势态等难以量化的方面。

某校在教研组评比交流时，各组进行教研组建设情况介绍。然后学校以教导处评、教研组间互评、教研组自评等方式实行定性评价。学校教导处对教研组的评价分为"非常满意""满意""较满意""一般"和"不满意"五个等级，收集到评价票后进行统计，每个等级的分值分别是 10 分、8 分、6 分、4 分、2 分。不同教研组间的评价为"很佩服""佩服""一般""不欣赏"四个等级，等级分值分别是 10 分、8 分、6 分、4 分。教研组教师对本教研组的自我评价，为"很好""好""一般"和"不好"，等级分值也是 10 分、8 分、6 分、4 分。以上三项的总分进行合计，计算出各教研组的成绩。把定性评价分数和定量评价分数相加起来的总分，就是教研组总成绩。

2. 横向评价与纵向评价

所谓横向评价，是指某个教研组在本校与其他教研组、跨校际与其他教研组之间的横向对比。在对比中很容易发现优势，发现差距，发现特色。表 3-4 是某校教研组横向评比的细则。

比如，在本校与其他教研组对比。虽然不同的学科教研组有自己的特点，学科内容和知识背景不同，但作为教研组，许多共性的东西，如学科建设、教师队伍建设等方面的工作就可以对比。一个教研组在学校若干个教研组中排什么位置，这就是标准。

再如，跨校际与其他学校教研组的对比。一个教研组可能在本校名列前茅，但与同级别同学科的学校教研组相比，有哪些长处和差距，也是值得研究的。有的教研组在本校做得不错，但在全区（县）、全市可能排不上名次，于是横向评价就为教研组呈现了努力的方向，激发了进步的欲望。

表 3-4　某校教研组横向评比细则

一级指标 （权重）	二级指标 （权重）	评价内容 （本栏目内容为 A 等标准）	评价等等				得分
			A	B	C	D	
A 组织管理 （30%）	A1 教学计划 （10%）	严格执行国家课程标准，结合本校实际和学科特点制定教学计划，确定教学起点、进度和要求。	10	8	6	4	
	A2 校本教研计划 （10%）	教研组、备课组工作有制度，活动有计划，有重点，有措施，有实效，有记录。	10	8	6	4	
	A3 队伍建设 （10%）	有队伍建设校本教研培训计划，能够联系教改实际，有计划地学习现代教育教学理论，把握新课程改革的精神；重视师德培养，加强教学基本训练；"传帮带"有实效；进修比例达 30%；学历合格率 90% 以上。	10	8	6	4	

一级指标（权重）	二级指标（权重）	评价内容（本栏目内容为 A 等标准）	评价等等				得分
			A	B	C	D	
学科教学	B1 教学思想（10%）	立足学科，联系实际，探索创新；面向全体，尊重个性，全面提高；发展为本，因材施教。	10	8	6	4	
	B2 课堂教学（10%）	课前准备充分；教学设计科学，目标定位得当；教法选择合理，点拨到位，学生主体地位突出，体现师生互动；媒体运用恰当；教学内容选择合理；作业布置精当，检测难易适度，注重过程评价，及时讲评反馈；及时教学反思，写出教学回顾笔记；课堂教学效果好，优秀率达 25% 以上。	10	8	6	4	
	B3 综合实践（10%）	研究性学习与社会实践等活动正常，效果显著，学校社团和学科兴趣小组活动正常，学生参与率达 10% 以上。					
	B4 教学质量（20%）	学科成绩提高幅度大，分层推进率高，合格率、优秀率均高于同类学校，低分率不超过 5%；参与国家、省、市组织的学科竞赛获奖率高于同类学校。	20	16	12	8	
C 教学研究（20%）	C1 课程教材教法（8%）	熟悉课程标准，明了教材体系，钻研教学方法，掌握现代媒体，关于教学评价；教研组每学期活动不少于 10 次，每学期每人上公开课一节，且有教研组评课记录；听、评课 15 节以上；每位教师积极参加市、区（县）教研活动，主动关注并收集整合教改信息，并能够将其信息建成电子信息资源库，有校本教材建设。	8	6	4	2	
	C2 专题研究（6%）	教研组有研究专题，每人有自己的研究课题（或子课题）；课题研究扎实有效，有推广价值。	6	4	2	1	
	C3 研究成果（6%）	教研组、教师个人都要有学年教学研究总结、报告或论文。	6	4	2	1	

纵向评价是指教研组在自身发展历史上的状态变化。有的组横向对比可能处于相对有利的位置，但同本组的历史状态相比，则可能处于发展停滞或发展缓慢的位置。

比如某语文教研组在历史上曾经名师辈出，在全国语文教育界有广泛的影响，而当前的语文组虽然在横向对比中仍有一定优势，在纵向对比中却出现了后继无人的现象。这就说明组内的梯队建设有所不足，骨干教师的示范辐射作用没有很好地发挥，应当戒骄戒躁，做好师徒结对等工作。

如果说历史的评价是向后看，那么确定未来的发展目标就是向前看。经过横向、纵向的定位，明确了教研组目前的状况，就应该为教研组的未来发展确定长远目标。确定发展目标有一个从宏观到具体的过程，首先要从全校发展的需要出发，加强对本学科发展动态的研究，做到高瞻远瞩，总揽全局。在此基础上，根据本组实际情况、主客观条件和发展的前景来确定具体目标，以开拓和开放的心态，为发展的各阶段制定步骤。

3. 自评与他评

评价主体的多元化，对于实现以评价促发展这个目的来说很有意义。一般来说，学校可以采取教研组自评、组间互评、行政部门评价的程序来操作。

首先是教研组根据评价标准进行自我评价。教研组在一个阶段做了哪些工作，取得了哪些成绩，还有什么不足，今后有什么打算，教研组成员对这些内容最清楚。全组教师一起坐下来进行自评，是一个回顾的过程，是一次反思的机会，对于加强团结协作精神也是非常有益的。

之后是不同教研组之间展开互评。这种形式通常在学期或学年结束时，由主管教学的校长或教务主任主持，在教研总结会上进行。与会者都是教研组长，各组的自我评价受到其他学科教研组长的监督。互评能够评出教研组的共性特点，也容易看到横向的差距。须要注意的是，因为不同教研组之间存在的学科差异，有时对专业特色的评价不够准确，校长要让教研组长有充分的自我表述的机会，这就提供了打破学科界限，深入交流的可能。

最后是学校校长、教导处对教研组的评价。作为教育管理者掌握全校教研组的情况，因此能够从全局着眼，评价比较客观。因为教育管理者的评价具有行政效果，可能产生以行政管理评价取代业务评价的倾向，应该引起教育管理者的注意。如果校长、主任平时不能经常深入教研组，仅仅通过教研组长的汇报和材料来评价，就可能出现以偏概全的误评，挫伤教师的积极性。建议通过电子档案管理形成"教研组成长记录袋"，对教研组作跟踪调查，形成过程性评价，避免因出现材料虚假、浮夸现象影响评价的公正性和科学性。

【注意事项】

1. 教研制度建设要随学校的发展不断完善，评价标准和评价导向也要不断更新。教研评价制度不可多年不变，固定僵化，要做到重发展，重过程，重教师整体，坚持激励性原则，把教师的专业发展、教研组的团队合作、在原有基础上付出的努力和取得的进步用评价的方式体现出来。

2. 要控制好定量评价的权重。要避免出现因为有的教研组本来拥有较多骨干教师，由于单个教师自身的优秀，即使教研组没有做出积极的努力，也可以始终获得高分的情况。这样，将可能打击教师基础薄弱但教研热情高的小组的积极性。同时，定性评价的评价主体不可过于单一，如果只有行政参与，就会变成"领导说谁好就是谁好"，失去了民主氛围，就会削弱教师参与教研评价的积极性。

3. 关注差异性标准。教研组评价的目的是促进教研水平的提高，教学效率的提升。因此，要避免因为不当评比造成情绪低落、自暴自弃情况的发生。关注差异性标准，就是要注意不同教研组的具体情况，制定相对弹性的评价标准，使教研组成员在评比中既感到努力奋斗带来的喜悦，又受到"天外有天"的触动，产生持续发展的动力。

【案例】

××市学校先进教研组评选条件

1. 教研队伍：全组教师热爱学生，乐于奉献，具有良好的教师职业道德；团队和谐，协作意识强，组里研讨氛围浓厚，对青年教师的培养工作实在到位，教师成长环境良好；教研组长工作务实、创新，在本组内威信高。

2. 常规工作：教研组、备课组期初有计划，期末有总结，计划目标明确，有针对性和可行性，完成程度较高，总结有一定深度、有启发性；各项教学常规工作规范、到位；注重学科教学资料的积累，教研活动记载及时，档案齐全。

3. 校本教研：注重集体备课，实现教学资源共享；注重理论学习和集体研讨，能基于教育教学问题开展教研活动，且主题明确，形式多样，有针对性，努力探求科学、有效的教育教学模式；教师个人（备课组）有教研教改专题（课题），专题研究有计划，有记录，有总结；定期开设研讨课、观摩课等，同时，开展其他富有特色的教研活动，不断提高优课率和学科教学特色；善于反思总结和提炼，组内教师能积极撰写课后反思、教学案例与教科研论文，并进行交流、发表；积极参与国家、省、市级课题研究，认真开展教育教学研究，促进组内教师的专业发展；积极并有计划地进行校本课程的开发、实施工作。

4. 承担任务：认真参加各级教研和培训活动；组内教师能积极承担区级（含）以上范围的公开课、讲座、经验介绍、教学资源开发与应用等任务，发挥较好作用，受到好评。

5. 教学水平：组内教师有较为先进的教育教学理念，课堂教学整体水平较高，学生满意度高；组内教师在各种教学活动（教学检查、评比、验收等）中优课率较高；全组能踏实开展兴趣小组或研究性学习活动，培养有特长的学生并取得较好成绩；组内教师积极参加各项教学竞赛、评比活动，并获得较好成绩。

【分析】

这是一个市级先进教研组的评选条件，可以作为学校教研组评价的参考范本。该评选条件坚持激励性原则，充分发挥评选的促进作用，客观、公正地评价学校教研组建设工作，考察教研组在原有基础上的进步与发展，有效地引导学校重视教研组的建设。在评价过程中，采取过程性评价与终结性评价、定性评价与定量评价、自主评价与检查评估相结合等方式进行评价，突出了评价的整体性与综合性。

第四章
制定和落实教学常规

教学常规是学校整个教育教学活动的基础,是学校和教师在整个教学过程中应该遵循的规范和要求。它关系到学校教学秩序的正常运行,教师的教学行为基本规范。建立和实施教学常规管理,不仅有助于提升学校教学管理水平,带动学校教学常规管理工作走向科学化、规范化、精细化,而且对提升教师的教学业务素质和能力,提高教学效益,推动学校可持续发展也具有重大而深远的意义。

本章包括怎样制定教学常规和怎样贯彻实施教学常规两方面内容。

第一节 怎样制定教学常规

【制定教学常规的意义】

教学常规,顾名思义就是指学校教学工作的基本规范。它是一系列教育教学规范中经常起作用的规章制度、工作规程以及保证这些规章制度正常运行的机制,是维持学校正常的教学秩序、提高教育教学效率的重要举措。

现代教学及管理活动无论以何种方式展开,总有一些相对稳定的元素,如同"基因"一样发挥着有形无形的影响。一所学校如果失去了教师备课、上课、辅导、考试、教科研等一整套工作流程,那么其教学质量就无法保证。校长负有对学校教学常规制定与实施监督的责任,应协同教导处、教研组、备课组建立稳定的教学秩序,推行有效的教学活动,实施监督和评价教学的制度和方法。

【主要工作】

校长在教学管理方面的首要职责,是制定具有可操作性的规章制度,建立规范的运行程序,培育学校教师自主自律的工作行为。

1. 抓备课常规的制定

备课是提高教学质量的关键。校长要指导教导处制定备课常规，要加强对备课常规工作的指导。学校要对备课的各个环节提出明确要求，健全备课制度，做到个人备课与集体备课相结合。要适时抽查教师的备课情况，一方面杜绝出现教师不备课就进课堂，或者不认真备课就进课堂的现象，另一方面避免经验不足的教师备课质量不高的现象。

2. 抓课堂教学常规的制定

课堂教学常规是对课堂教学行为的规范。它对教师在课堂上的教学行为提出具体而明确的基本要求。校长要指导教导处制定适合本校校情的教学常规，以作为全体教师共同遵守的课堂教学基本准则。

3. 抓学生作业布置和批改常规的制定

作业布置和批改常规内容包括：作业要精心设计、作业布置要适当、作业批改反馈要及时等。校长要指导教导处根据不同学科和年级的特点制定学生作业布置和批改常规。

4. 抓课外辅导常规的制定

课外辅导是贯彻因材施教原则的重要措施。课外辅导常规内容包括：规范辅导要求、强化分类推进、重视个别辅导等。课外辅导是培养优秀生和帮扶学困生的有效途径。校长应帮助教师正确认识课外辅导的作用，制定课外辅导常规，规范课外辅导行为。

5. 抓考试（测验）常规的制定

考试（测验）是教学控制系统中的重要环节，是对教师教学活动的有效性和学生知识能力发展状况的综合评价。考试（测验）常规内容包括科学组织考试、改进考评方法、认真进行命题、严格监考要求、强化质量分析等。考试（测验）常规的制定是检查教学效果，进一步改进教学工作的重要措施，校长务必要重视这一环节的管理。

6. 抓实验常规和教学研究常规的制定

实验可以帮助学生形成正确的概念，验证所学的理论，理解和巩固所学的知识，形成必备的技能技巧。实验常规要求教师做到精心准备，科学演示，手脑并用，总结方法，注重实效。实验常规内容包括科学安排试验、课前研究试验、课堂落实实验、开发探究实验等。

教学研究是教学过程的重要内容，是推进教学改革，提高教学质量，促进教师专业化发展的重要途径。教学研究常规内容包括关注教学问题、强化教学设计、立足教学行动、重视教学反思、优化成果表达等。

校长要抓好实验常规和教学研究常规的制定，力求学校的实验教学和教学研究等工作走向规范化。

【主要方法】

校长要善于在工作中总结实施教学常规的有效方法和手段，并对教师在备课、课堂教学和作业等环节的教学行为现状进行剖析，不断修订完善教学常规。

1. 制定备课常规：关注备课要求

在制定备课常规时，要充分发挥年级组、教研组的作用，允许各学科根据本学科特点制定备课常规，同时又要求符合学校总体的备课常规要求。总体上要求各教研组采取集体备课与个人备课相结合的方法，可以因人而异，分层要求。

2. 制定课堂教学常规：关注过程管理

要结合本校情况制定课堂教学常规，规范教师的课堂教学过程，还要重视对教学过程的管理。比如，某校在课堂常规管理方面建立两级制度。一是建立教学调研制度，促进课堂教学常规的落实，保证课堂教学改进，提高课堂教学的有效性。具体做法为：学校成立"教学调研组"，由校长、教务主任、教研组长和骨干教师组成。通过巡课督查、听随堂课、一日视导等形式进行调研，每次活动后要形成报告，并向相应学科组反馈。二是建立科学的评教评学制度：针对教师课堂教学常规的实施情况，定期召开学生、家长座谈会进行教学满意度问卷调查，并将调查结果及时反馈给教师。

3. 制定作业布置和批改常规：关注作业设计方法

作业是教师教学活动和学生学习活动的一个重要环节，是教师贯彻教学思想、落实课程目标的重要载体。校长要为师生作业活动的多元化和个别化创造条件，在制定有关作业常规时既有统一要求，又有个性化空间。

【注意事项】

教学常规的制定中要关注"四不"：

1. 条目不宜过多。过多的规矩，可能异化成束缚教师个性化教学的枷锁，教师的自主性一旦被扼杀，学生的自主性难以保障。

2. 要求不宜强求统一。教学常规要因"师"而异，因"班"而异，切忌一刀切、整齐划一。

3. 要求不是越高越好。一些过于笼统、抽象的不切合实际的高要求，往往让人不知道如何操作。

4. 不是量化越细越好。教学是一种非常复杂的现象，不是任何环节都可以量化的，可以在量化的内容上进行合理选择。

校长在学校教学运行过程中，要了解教学常规实施的基本状况，获得教学信息的及时反馈，鼓励有效教学的行为，纠正教学上的偏差，根据本校师生的实际情况，及时调整和完善教学常规内容。

【案例】
××小学教学常规细则（节选）

1. 备 课

备课是进行教学的基础，也是提高教育教学质量的关键，教师必须认真备课。学校实行个人备课和集体备课相结合的制度。由教导处确定两个单元为集体备课内容，剩余单元为个人备课。

（1）个人备课：教师应在认真学习课程标准、钻研教材、了解学生学习现状的基础上，制定本学期教学计划。要结合学生实际确定课时目标，课时目标要从知识与技能、过程与方法、情感态度与价值观等方面去确立，重点要突出，定位要合理。

（2）集体备课：其程序一般按照"分工主备→集体研讨→形成共案"进行。

"分工主备"的要求是：依据个人自愿和组织分配相结合的原则，择优分配主备任务。"集体研讨"包括主备说课和互动研讨两个环节。主备说课：即说课标要求、说内容特点、说学情分析、说目标确定、说教学过程、说教法学法等。研讨互动环节，学校领导和骨干教师要充分发表意见，一般教师的意见也要充分考虑，对重点问题的讨论要达成共识。"形成共案"的要求是：主备教师和集体备课组长认真记录，综合集体研讨达成共识的观点，对主备教案进行补改，形成新的教案，作为同学科教师共享教案。

（3）个人二次备课：在集体备课基础上，教师根据学情特点和个性教学风格进行修改，使之成为具有较强针对性和实效性的教案。

（4）实行分层备课：10年教龄以下（含10年）的青年教师要求备详案，10年教龄以上的教师可以每单元重点撰写一课详案，其余写简案。

2. 作业布置与批改

作业是教学工作的重要组成部分，是课堂教学的延续，是巩固和检查教学效果的重要手段。

（1）作业原则上应该"有发必收，有收必改，有改必讲，有错必纠"。作业的布置和批改要有针对性，做到精心布置，细心批改，反馈及时，方法有效。

（2）教师备课必须备作业，年级组必须研讨作业设计，教学时间分布必须安排学生课内作业时间。课堂作业应完成教材规定的内容，难易适度，分量恰当。

（3）注意减轻学生负担，班主任要经常与科任老师联系，协调各科作业，课外作业一日总量：一年级不留书面作业，二、三年级不超过30分钟，四年级不超过45分钟，五、六年级不超过一小时。（家长要求则可适当考虑）

【分析】

从以上节选案例中可看出，学校的教学常规内容具体，可操作性强，具有一定的示范性，具体归纳为以下两点：

1. 备课常规注重合作共进。将个人备课与集体备课相结合，不仅能实现教师之间的优势互补，资源共享，而且能节约时间，减轻教师的工作负担，提高工作效率。更重要的是通过共同研究、共同分享的形式，提升教师的专业发展水平，创造和谐的教育教学研究氛围。

2. 教学常规的制定上体现人性化。学校在制定教学常规时能因人而异，分层要求。无论是备课中实行分层备课还是教师备课必须备作业的要求，都是学校结合自身情况、教师特点而制定的教学常规，不仅能得到全体教师的正确理解和认同，更能激发教师自觉执行教学常规的积极性。

第二节 怎样落实教学常规

【贯彻和实施教学常规的意义】

教学工作是学校的中心工作，教学常规管理是学校教学工作规范有序、顺利开展的保证，是全面提高教育教学质量的基础。学校建立了教学常规，不等于教学秩序就有了保证，教学质量就一定能够提升，十分重要的是全校教师认真贯彻落实教学常规，把规范的教学要求落实到每一个课堂中去。因此校长应重视建立、维持正常教学秩序，做好教学常规管理工作，以提高教学质量。

【主要工作】

1. 抓教学常规的学习和宣传

学校的教学常规是学校教学正常运行的基本规则，要做到全校教师人人知晓，个个清楚。每学期都应组织教师学习学校的教学管理常规，抓好对教师的教学常规的宣传教育，使各教研组、每一位教师熟知教学常规，把认真执行教学常规放在重要位置。

2. 利用各种教学活动推进教学常规的落实

要开展多种教学活动，在具体的教学活动中体现教学常规的严肃性，推介执行教学常规的典例，通过教学活动强化教师遵守教学常规的意识。

3. 加强教学常规落实情况的检查

利用检查与评比手段，可以有效促进教学常规的落实，同时也有利于校长了解把握本校教学常规执行的情况，为不断改进教学工作提供参考。

【主要方法】

第一方面：大力开展教学常规的学习和宣传活动。

1. 在学期开始时，校长应在全校组织教师对教学常规进行再学习，要求教师熟知教学常规并把遵守教学常规作为自己的自觉行为。

2. 校长应在多种场合宣传教学常规，对认真执行教学常规的人和事进行大力表扬，对违反教学常规的人和事及时提出批评。要努力在全校形成遵守教学常规为荣，违反教学常规为耻的风尚。

第二方面：以"六认真"为抓手，促进落实教学常规。

认真落实教学常规"六认真"制度（备课、上课、作业、批改、辅导、考核），促进教师形成遵守教学常规的教风。

1. 抓实备课。倡导集体备课。可以从最初的学科、年级试点，到最后全校的全面推开和实施；可以自主研读自备，集体交流修改，个性化调整使用，课后反思改进。这样可以将老师们从繁重、简单、重复的教案抄写中解放出来，腾出更多的时间、精力来研读教材，了解学生，查找、收集课外资源，把工夫用在刀刃上。这样有充足的备课时间作前提，有精心的准备作保证，有集体的协作交流作补充，有课后反思再改进，就保证了集体备课教案的质量。

2. 抓活课堂。"活"不仅在于教学手段运用，课堂气氛活跃，更在于知识呈现方式的灵活，师生互动的多样，思维的深刻，学生最大限度的参与，最终让每个学生都有不同程度的收获。

3. 抓勤辅导。关注学生学习情绪和困惑，教师要及时对学生作情绪疏导和学业指导。确保学生能明确当天和近期学习要求，较好地完成作业，使疑问及时得到解决。

4. 抓精练习。每天各科作业除了量的要求适度外，特别应注重质的要求，强调出题的规范化、针对性和分层要求。定期搞错题过关，精心组织每次检测。

5. 抓细分析。每次单元测试后老师均应作学科学情分析。精细分析考试质量，分析到每门学科、每个学生、每种题型、每个知识点。每次考试后，开好质量分析会、进行横向、纵向、对比分析，重在揭示问题，查找原因，提出改进措施。

第三方面：以课堂教学活动为示范，促进落实教学常规。

1. 组织新老师上合格课。学校每年都可以组织新老师上见面课、合格课。各年级学科组群策群力，辅导帮助新教师选课、设计教学活动，并在年级上试讲、调整，帮助新教师了解和遵循教学常规。

2. 落实好校内赛课活动。学校通过多种方式为教师搭建课堂教学交流研讨的平台，促进教师在教学交流中理解和把握教学常规。

3. 扎实开展观课、议课活动。观课、议课是促进教师专业发展的有效途径，学校应将组织观课、议课作为教研常态活动，以这个活动为平台强化教学常规的推广落实。

4. 实行行政人员随堂听课活动。为了更好地了解教师在执行教学常规方面的情况，学校应组织行政人员下年级听随堂课，以此促进教学常规的深入落实。

5. 开展骨干教师教学示范活动，发挥优秀教师的示范作用。组织学校骨干教师上示范课，作教学经验交流，充分发挥优秀教师在执行教学常规方面的示范引领作用。

第四方面：加强检查，落实教学常规。

1. 制定教学过程量化评价细则，认真落实教学常规"三查"工作。

组长周查：每学期开始，组长牵头，指导教导处按相关要求确定检查内容，制定相关检查表格下发到各年级组长，由年级组长对照相关检查项目，对本年级组教师教学常规实施周检查，做好记录并及时与组内教师进行沟通、交流。

教导处月查：由教导处组织人员每月对所有教师的备、教、批、辅、测、研等进行集中检查、评比，集中汇集检查结果，做好记录，并评选出本月优秀教案在全校教师会上交流展示。各种形式检查结果每月汇总一次，在校园网或 QQ 群上反馈、公布，实现教学常规检查透明化。

学校总查：学校和教导处定期进行一次大型综合检查，每期不得少于两次。

2. 不定时进行课堂常规巡视、检查，发现问题及时反馈到教研组、当事人，并要求及时纠正，引以为戒。

【案例】

由管理者转变为参与者

某学校开展课堂教学改革，用一个多月的时间，组织教师进行了课改方案的学习、培训、研讨。学校为顺利推进课改，制定了一系列的课改要求和考核办法，把它列入学校的教学常规，要求每一位教师落实在课堂教学中。

但是，一个学期实践的结果却是：看起来教师已经按照学校确定的"六环四式教学模式"在上课，而实际上大多数教师并未投入研究和积极的探索实践。虽然校领导看课、检查、考核忙得晕头转向，但教师往往还是老模样，没有真正按照学校的教学常规去做。发现这个问题以后，学校及时调整了工作思路：领导深入教研组，同教师一起去研究课改问题，同教师一起去"做事"，由过去的单纯课改管理者转变为课改参与者。后来的实践表明，学校领导在参与的过程中获得了知识，积累了管理经验，教师也因为领导成为他们的合作者和伙伴而更加配合学校的工作，自觉地按照学校要求的教学常规进行教学，努力实践课堂教学改革，收到了较好的效果。

【分析】

1. 统一思想，转变观念是落实教学常规的前提。改变一个人的行为难，改变他的思想更难。在这个案例中，学校对教师提出的课改教学常规要求，之前并未统一教师的认识，未得到教师的完全认同，他们对执行这种教学常规的结果持怀疑态度。当学校认识到这一问题，改变为先统一认识并且转变工作方法，校长深入教研组和教师们一道研究和实践，效果则大不一样了。

2. 领导班子强大的决心是落实好教学常规的保证。虽然学校把进行课改列入教学常规，刚开始时很多教师却持观望的态度，他们在等着学校领导知难而退，这样又可以像过去一样上课，轻车熟路，轻松自在。所以，学校领导首先要坚定信心，从一开始就应该通过各种会议、培训统一教师认识，稳步推进。教师们认识到了学校前进的步伐不可逆转，就会按照教学要求去做。

3. 适时调整工作思路使被动变为主动。在案例中，教师出现了应付课改的问题，如果校长还是在考虑怎样去进一步地管教师，可能教师就会怨声载道。因此，校长及时调整思路：学校领导由管理者转变为参与者，"咱们一起研究""咱们一起做"，这样就消除了教师的逆反心理，效果就不一样了。校长还要善于把学校的教学常规要求内化为教师的自觉行动。

第五章
组织开展校本研修

第一节　怎样组织教师学习

《中小学校长专业标准》中明确提出：校长负有引领教师专业成长和建设教师队伍的主要责任。组织教师学习，引领教师专业成长是校长应尽的职责。

【组织教师学习的意义】

在日新月异、瞬息万变的新时代，学生的学习方式越来越多样，学习渠道越来越广泛，认知水平也有了更高的起点。在新的形势下，教师只有通过连贯的、持续的学习来提高自己的专业素养，才能不断强化自己的探究与创新精神，不断提升自己的专业实践能力和职业道德水平，对教育教学工作有足够的胜任力。教师的学习既需要个人主导的学习，也需要学校组织安排的学习。学校组织安排的学习往往与教师做好教育教学工作和综合素养与专业水平密切相关。所以校长组织好教师学习对加强教师队伍建设，提升学校管理水平，加快学校发展有重要的意义。

【主要工作】

1．营造学习氛围

《中小学校长专业标准》中明确提出：校长应当培育促进教师学习的文化氛围。校长要在校园内建立教师学习的组织，营造教师学习的氛围，为教师提供安静的学习环境、舒适的场地、合适的时间、充足的学习资料以及学习交流的平台。

2．建立健全学习制度

校长应该根据学校的实际情况，制定有效的学习制度，保护教师学习积极性，激发教师学习的内在动力，激励教师不断学习。如：某校专门拟定制度，允许在校教师每月可请一天"阅读"假。这一天可以由其他教师代其上课，而教师本人则在学校图书馆阅读学习一天，并在校园网的学习交流区粘贴出学习心得一篇。

3. 指导制定学习计划

校长应该指导教师的学习组织及教师个人制定具体的学习计划。确定学习目标和主题，选择学习内容和方式、建立交流和评价方式，以把握学习的方向，实现有针对性和有效的学习。

4. 指导学习过程

校长必须关注教师的学习过程，指导组织者开展学习活动。例如：对学习主题作系列安排，在大主题下有若干个分主题，每次学习围绕一个分主题。在主题学习后开展讨论，应确定中心发言人引发学习话题；应规定好交流时间，以便老师们合理安排工作与生活，腾出时间参与交流。

作为一名校长，应当带头学习。校长参与到学习中，可以更好地了解学习活动的整体情况，把握学习活动的过程及成效。

5. 组织交流反馈与评价

要重视学习效果的交流反馈与评价，发挥它对教师学习的激励作用。校长指导学习组织者，制定学习评价制度，并持之以恒地督促执行。校长应了解教师交流反馈的内容，以便及时把握学习效果。

【主要方法】

1. 将集中学习和分层学习相结合

集中学习是将学校所有教师集中起来，统一学习。适用于统一思想大方向的学习、意识形态方面的学习，例如学校文化建设、学校发展规划、新教学方法、信息技术的使用、师德师风建设等。在集中学习时，还可安排参加校外培训学习归来的教师向全校教职员工汇报学习收获、心得体会。

分层学习的针对性和实效性往往更强，校长可以关注每一位教师，指导教师根据自身特点追求专业发展。在学校内可采用分学科团队学习、分年级团队学习、分年龄阶段学习。例如：分学科团队学习——组织教师学习本学科相关动态、专业知识的更新、专业教学法的讨论等等；分年级团队学习——组织本年级不同学科教师学习，可进行学生情况分析、年段教育目标拟定等等；分年龄段学习——如果针对新教师，可组成新教师训练营，在信息技术的应用、班主任工作经验、教师基本功、教学技术等方面请老教师授课指导。

2. 灵活运用多种学习方式

组织教师开展学习，可以根据不同内容和不同学习材料采用不同的学习方式。

（1）讲座法。

（2）观摩法。教师可以通过校内观摩、校外参观考察学到许多实用的东西。

（3）行为研究法。组织教师通过研究同伴行为，学习直接和间接的经验与教训。

（4）实践课例法。教师亲身参与教学实践，在教学实践过程中展开研究与思考。

用实践课例的方式更容易促进教师的反思和学习。观摩法和实践课例法可综合使用。例如：外出听课教师带回教学实录，教研组长随即组织教师观摩学习，然后开展与专家的同课异构或是模仿教学的实践，制成课例，让学科老师再研究，找问题，再学习。

3. 运用现代信息技术展开网络"微"学习

近年流行的微课程、微信具有信息量大、操作简便，学习快捷等优势。校长应该充分发挥现代信息技术的作用，指导教师开展网络"微"学习。

"微课"原本是指按照新课程标准及教学实践要求，以视频为主要载体，记录教师在课堂内外教育教学过程中围绕某个知识点（重点、难点、疑点）或教学环节而开展的教与学活动过程。它具有容量小、时间短、聚集准、易学习的特点。它原本的学习对象是学生，但当人们在运用的过程中发现其卓越的实用性后，随即将"微"理念引入到各个学习领域。例如：某校组织以"沟通"为主题的学习活动，事先录制了具有针对性的"微课"，用于学习过程中的讨论，提高活动实效性。

微信学习，是指校长可以组织开设教师微信平台，发布相关教育教学信息，便于教师随时随地学习，使学习成为生活中触手可及之事。例如：某校开设了学校微信平台，设置了家校沟通为主题的主题板块。由教师轮流负责该板块信息的收集、整理和发送，一周一换。收集整理的过程是学习，老师们随时阅读也是学习。

4. 重视交流反馈

校长应组织教师进行学习交流，并进行评价与奖励。例如可开展读书日记评比、读书心得评比等，也可组织教师与专家同课异构后进行讨论交流等，还可通过学习沙龙，搭建学习资源平台和学习交流平台。如：每周一次的校本教研活动中，确定一名发言人分享自己本周所学的新知识、新感悟，针对学习心得，教师们再作议论交流。时间虽然不长，但效果甚佳。

【注意事项】

1. 注意结合两个"需求"

当学习成为教师自身的需要，教师才能对自己的学习感兴趣，负责任，学习才会有意义。因此，校长可以通过学习前的调研，了解教师的学习需求和想要了解的问题，按需安排学习。

在组织教师学习的过程中，校长还要紧密结合学校的发展需求。要有目的地把教师发展的需求与学校的发展需求紧密联系在一起，组织教师参与学习。

2. 发动教师搜集学习资料

《中小学校长专业标准》提到：校长需要为教师提供继续学习的资源，也就是解决教师"学什么"的问题。学校应根据教师学习需求安排人员分层分工收集学习资料。在收集学习资料的过程中，应积极发动行政团队的作用，激发教师自身的潜能，征集案例，收集资料，查看视频等。人人参与的过程，本身就是学习的过程。接着，梳理资料，从中筛选最贴近主题的内容，整理成系统学习资料。然后，根据学习内容的安排，思考学习资料呈现形式，如口述、视频播放、PPT

演示，阅读材料等。最后完成学习资料的准备。

3．充分关注学习方式

校长应注意指导教师们在学习中选择正确的学习方式。在组织学习活动的过程中，校长可将前面列举的多种方法单独使用，也可以综合使用。学习的方式应与学习的目的、内容和形式和学习的对象特点相适应。因此在选择方法时，校长应对上述问题认真考虑，努力使教师的学习真正有所收获。

在组织教师学习过程中还应关注自主探究与合作交流的有机整合。这有利于形成促进教师专业发展的互助合作机制，这也是《中小学校长专业标准》对校长的要求。所以，沙龙式的学习也是校长组织开展学习活动时可以考虑的很好方式。

【案例】

记××学校的教师"教学案例撰写"学习活动

1．活动背景

在教学工作中，案例写作能帮助教师积累经验，梳理教育教学思路，提升理论水平。但是仍有很多老师不清楚案例应该如何撰写，往往把案例、教案、课堂实录等文稿混为一谈。结合学校开展的"智慧课堂"建设活动以及市内开展的"创新教育"案例评选活动。某校组织全体教师开展了"教学案例撰写"的学习活动。

2．活动过程

活动前，教学副校长就此次活动的背景、目的、意义向校长做了详尽汇报，与校长共同商讨了活动的具体安排，确定学校教科室主任为此次学习活动的中心发言人。随后，安排学校教学主任广泛收集学校一线教师撰写案例的难点与困惑，梳理案例撰写存在的主要问题和普遍性问题。同时，安排中心发言人参与区县组织的案例撰写培训活动，学习案例撰写的新理论、新知识。然后，将梳理好的问题交由中心发言人。中心发言人与教学副校长一起根据教师们的问题整理学习提纲，准备学习材料，设计学习活动形式和交流反馈方式，形成学习活动方案，交由行政会讨论通过。

活动开始后，教科室主任首先向全体教师介绍什么是案例，案例在教学中的重要作用。接着进入最为重要的案例撰写方法的指导。在这一环节中，中心发言人列举出三个文本，分别是课堂实录、教案、教学案例，然后请老师们分成小组，阅读文本，梳理三者间的相同与不同，并作交流汇报。很快，在同伴互助下，各小组完成任务。中心发言人根据各小组汇报，梳理出教学案例的特点、撰写的基本环节。对其中的重点部分和容易混淆部分作了强调，并再一次出示多篇教学案例，进行解析。在第三环节中，中心发言人依据此次案例评选活动要求，结合学校正在开展的"智慧课堂"建设活动，对本校教师案例撰写的大方向进行了指导。第四环节中，教师们按学科团队分组，商讨本学科如何结合此次案例评选要求和学习课堂文化建设，找准案例切入点，撰写本学科教学案例。教师们填写"学科案例关注点"讨论表格。

活动交流反馈形式，每位教师在校园网挂出教学案例一篇供大家交流，并参加学校"智慧课堂"案例评选，优胜者获得奖励，并被推荐参加市级案例评比。

3．活动结果

这是一次非常有效的教师集体学习活动。活动结束后，学校的20名教师参与市教学案例评比，均获一、二、三等奖。其中一等奖4名，二等奖13名，三等奖3名。更重要的是，教师们理清了教学案例与教案、课堂实录的区别，了解了教学案例的实用性，把握了撰写教学案例的方法。

【分析】

一次有效的学习活动，离不开成功的组织。这次学习活动的组织成功主要是因为采用了下面几点做法：

1. 准确找到提升点

要使学习活动有效，一定要充分了解学习对象的学情，才能对症下药，药到病除。在本次学习活动前，管理者安排教学主任广泛了解教师们撰写案例的难点和困惑，并且梳理了案例撰写存在的主要问题和普遍性问题，组织者事先把握好教师应有的提升点，把它作为学习活动的着力点。

2. 合理选择学什么

确定学习内容，源于对学习对象的调查了解，对学习对象存在的问题的把握。组织教师学习，是要解决教师在教育教学工作中的问题。案例中，学校明确教师撰写案例存在的问题，并根据这些问题合理选择学习内容。校领导和中心发言人共同商定，将指导教学案例撰写方法确定为此次学习活动的重点学习内容。这样的学习是有效的。

3. 智慧安排怎么学

从心理学的角度而言，调动所有感官的学习，才是最有效的。因此，在整个学习过程中，学校采用了多种形式。在组织形式上有集中学习、分层学习；在操作方式上有专家引领，同伴互助，使老师们在讨论中、在动笔实践的过程中了解理论，理清思路，掌握方法。

4. 有效评价反馈

对于此次学习活动的评价，学校采用了撰写案例交流反馈方式，并辅以评比、层层推送的激励机制，激发了教师们的写作激情。在学习的过程中，教师们了解了案例撰写的好处，掌握了撰写案例的方法，再加上集体梳理了本学科可以用来撰写案例的着眼点，感到容易下笔，乐于撰写。因此，他们愿意在学习后小试牛刀，小试牛刀的结果又可以参与评比。一举多得的评价方式，自然受到教师们的热烈响应。

综上所述，组织学习活动的校长不能随意随兴，信手安排，而应有目的、有计划、有策略地思考，这样才能组织出有效的学习活动。

第二节　怎样开展校本研修

新课程改革改变着学生的学习方式，也改变着教师的教育教学行为。随着改革的深入，新的教育教学问题很多，需要教师研究与思考。解决这些问题最有效的途径是搞好校本研修。

【组织开展校本研修的意义】

校本研修是校长推进学校教学研究，提升教师的教育教学能力，加速教师专业成长的重要途径。校本研修不能放任自流，也不能靠搞场面式的大活动，只有精心组织，认真实施才可能达到预期效果。计划周密、实施到位的校本研修带给教师的是专业发展的动力和方向，是教学质量提升的助推器。无组织、低水平的校本研修活动只能是耗费教师的时间，牵制教师的精力，对提高教育教学质量有害无益。

【主要工作】

1. 确立研修主题

校长要立足于学校校情，兼顾到上学年的教学研究情况和一线教师的教学现状，站在课改前沿，经过教学中心组或者学科组骨干教师反复研讨，在学期初确立本学期校本研修的主题。

2. 制定研修计划

研修主题确定后，校长要作整体设计和系统安排，避免校本研修安排中的"临时拍脑袋"现象。计划中要明确一学期校本研修活动的目标、要求、次数，每次活动的专题，活动的形式和流程、责任人，活动的考核等等。

3. 开展课堂教学研究

校本研修的重点内容之一便是开展教学研究，包括以下几个方面内容：

⑴丰富教学理念的内涵：每所学校都有自己的教育教学理念（也可能是学校研究主课题）。作为教学校长就是要能多角度解读学校教育教学理念、教研和科研的衔接点，让学校的教育理念能够"落地"到平时的教学研究过程，真正实现教研科研一体，从而进一步丰盈学校教学理念的内涵。

⑵建构课堂教学范式：对于一线教师而言，常常关注课堂教学"我该怎么做？"所以，让老师们共同探讨建立科学高效的课堂教学范式更有实践价值。

⑶解决课堂现实困惑：要解决教师在教学过程中遇到的实际问题，探寻课堂教学改进之道，通过校本研修促进教师的教学水平提升。

4. 建构校本课程体系

没有课程的变革就没有彻底的课堂教学变革。学校应该进行课程体系顶层设计，利用校本研修平台进行具有校本特色的课程开发和研究，最终形成自己的课程体系。

【主要方法】

1. 主题讲坛

指围绕一个主题，多人准备，最后论坛集中展示。可以让教师逐个进行，也可以按年级、分学科进行，还可以由某几位老师组成团队进行。

2. 观课议课

这是校本研修最常用的形式之一。观课议课前，教学校长要结合研究主题，选择典型课例，精心安排磨课过程，有时甚至要亲自参与磨课。观课前要告知观课者关注要点，明确活动主题和议课要求，有时可以结合主题研制出观课的观测表，这样便于课后的研讨。

3. 沙龙研讨

沙龙研讨是在一个话题下，教师自愿参加的可以自由发言的讨论会。在民主和谐的氛围下，教师不拘形式地探讨教学中的问题与困惑。通过辨析、争论，各种观点互相碰撞，教师提高认识，也促进教师不断地进行探索，从而提高教师水平。在这漫谈式的研讨碰撞中，主持人要能机智而合理地捕捉、归纳、挖掘、引领各方观点。

4. 集体叙事

是指围绕一项大型活动或者一个富有内涵的主题，为了说明一个道理或问题，多个人或团体叙述自己的研究历程、研究趣事、研究成果等。

5. 网络教研

网络教研是校本研修的新型模式。以信息技术为依托，骨干教师带动学科教师积极参加网络研修活动，交流的问题要有针对性、科学性、实效性，注重解决教学中的实际问题。

6. 实地考察

围绕学校的研究，学习典范和样本，组织教师走进实地进行深入学习和考察，总结成功经验和做法。例如，在学生成长评估方面，校长发现某班从环境布置到学生学习过程的评估做得很有特色和成效，就可以组织教师们到该班进行实地考察，让该班班主任及任课教师做相关介绍，其他教师谈参观感受和收获。

【主要方法】

不管用怎样的方法开展校本研修，校长都要发挥好教导处、年级组、教研组的作用。

1. 定人：学校结合研究主题、教师实际情况以及校本研修活动范围，合理选择校本研修中心发言人、执教者、论坛发言人等。承担人员以教学骨干、培养对象为主，同时注意学科分配，教师年龄层次、学术层次分配，也注意调动全体教师参与的积极性。

2. 选课题或话题：所选的课题或话题要能尽量反映活动主题，要有典型意义。如果课题或话题不止一个，要兼顾到学科、年段、教学内容、课型等。

3. 选择时间：校本研修时间应该选择在绝大多数教师无课堂教学任务之时，确保全员参与。每次活动时间不宜太长，一般控制在 1.5—2 小时。

4. 设计校本研修流程：要计划好校本研修活动的具体流程，如，第一步先全组集中学习，第二步分备课组讨论，等等。活动开始前力求让每一位教师明确研修主题，作好准备。

5. 反思、总结和推广工作：认真总结校本研修的成功经验和不足之处，推广优秀的校本研修活动典型，带动全校校本研修整体发展。

【注意事项】

1. 取得全体教师的支持

教学校长切忌校本研修计划和安排一把抓、"一言堂"到处指派的现象。要注意走群众路线。从大的研究主题的确立和每一次的研修安排都要征得"一把手"校长的认同和支持，同时要注意和教导处、教科室以及学科骨干教师、年轻教师、学校资深的老教师研究和商讨。每一次研修活动后还可以通过问询或问卷形式征集老师们的反馈意见。

2．研究切口小而聚焦

校本研修切忌泛泛而谈，每一次研修主题切口一定要小，要来源于现实课堂教学中的鲜活的案例或问题。活动内容安排一定要聚焦于一点，力争一次活动解决一个问题，这样可以增加校本研修的针对性和实效性。

3．充分释放每一名参研者能量

教学校长要带头参加校本研修，倾听老师的发言，注意营造宽松和谐平等求真的研修氛围，广开言路，让教师知无不言，言无不尽。

4．建立评价机制

建立教师参加校本研修的评价机制，从教师承担研修任务情况、出勤情况、发言情况、上交材料情况等对教师进行评价。树立典型，激励先进，以营造积极向上的研修氛围。

【案例】

某小学校本研修安排简表

周　次	内容及承担人
第1周	教学工作研讨会 教导处承担
第2周	期初培训： 1．宣讲新学期教学计划：立足乐韵课堂　践行幸福小班　促进健康成长 2．校本备课培训 教学校长承担
第4周	行政人员"按需乐学"课堂教学示范研讨课（一） 语文：××老师　数学：××老师　承担
第6周	教学中心组成员"按需乐学"课堂教学示范研讨课（二） 语文学科××老师　数学学科××老师 英语学科××老师　综合学科××老师　承担
第8周	年级组展示：乐乐娃成长袋经验介绍及实地参观
第12周	骨干教师"按需乐学"课堂教学示范研讨课（三） 语文学科××老师　数学学科××老师 英语学科××老师　综合学科××老师　承担
第14周	试卷讲评课如何实施按需乐学 ××老师　承担
第16周	制定复习计划 各备课组　承担

【分析】

这是一所普通的小班化学校制定的一学期校本研修活动整体安排。从表中不难发现，该学校校本研修主题鲜明——按需乐学。时间主要集中在课堂，第4、6、12、14周均以课堂教学示范研讨课的形式展开校本研修；形式有集中（如第 4、14 周），有分组分学科（如第 6 周）；承担研修的老师起到了行政人员的示范引领作用，遵循着先行政，接着是教学中心组，最后骨干教师的顺序；培训策略方面，第一周注意发挥一线教师的培训主体作用，在充分的研讨基础上制定出学期研修计划，再通过第二周的集中学习培训，让全体教师明确本学期的教学研究相关内容和要求。活动次数上，一学期大的活动安排了 6 次，即第 2、4、6、8、12、14 周。其间避开第 10 周期中考试，具有一定可操作性。

某小学某次校本研修活动安排

按需乐学·我的教学梦

——校本研修系列活动

研修主题：作业讲评练习课中的"按需乐学"一般操作流程

背景资料：按需乐学内涵（略）

研讨看点：微观察→分类品→个追踪

微观察：体现在教师对学生学习效果的观察。

分类品：结合双基训练，把错误相同的放到一起集中研讨错误原因，教师及时跟进。

个追踪：学生知道错误原因并更正后，还需要及时的个追踪。试卷上共性的错误要再次当堂反馈，然后再观察，再追踪。个性错误要个别追踪关照。

个追踪是实现教学精致化的主要体现，是面向每一个的重要保证。有三个基本要求：

"抓得准"——依赖于对每一个的全程微观察记录，不让会的学生陪练，不出现优等生低层次的消耗现象；

"讲在点"——分类别辅导，就错讲错，帮助学生找到错误根源，精讲精练；

"追到底"—— 不要强调我讲了多少遍，而要看学生做了多少遍，学生暂时会不代表真的会，教师要善于抓反复，反复抓。

个追踪对教师的耐性是个考验。微学习倡导的就是始终给每一名学生以安全的心理空间。教师需要等待，需要耐心等待，等待每一朵花开的时候。

"按需乐学"是一种基于儿童原生态的学习，一种顺应儿童天性发展方向的个性化学习。崇尚自然而然、春风化雨、润物无痕的教学意境。仿佛处处充盈着自然的生发、生机，看起来就像小溪春水那样润泽流畅，轻松惬意，充满着生命的灵气。课堂看似轻松，教师戮力于心。

某小学乐韵课堂"按需乐学"主题研究课堂观察表

时间：　　　　执教班级：　　　课题：　　　执教者：　　　观察者：

项目	课堂观察		我的思考
按需	"需"的体现		
乐学	"乐"的体现		
操作	微细观察		
流程	分类品鉴		
	个别追踪		

【分析】

1. 研修的主题——作业讲评练习课中的"按需乐学"一般操作流程，源于老师们教学中的困惑，因而接地气，能帮助老师们解决实践问题，这样引导教师喜爱研修。同时把作业（包括试卷）讲评课与"按需乐学"结合在一起，让研修活动具有一定的高度。

2. 背景资料的提供有助于全体教师对学期初学校提出的"按需乐学"研究主题加深理解，同时也让参加研修的专家、领导们能够了解学校的研究进展情况。

3. 研讨看点在研修活动前就让所有参研者明确，再结合课堂观察表，让老师们在活动中有的放矢地记录、观察和思考，使整个研修活动聚焦，提高校本研修的针对性和实效性。

第三节　校长怎样听课、评课

听评课是一种校长对课堂进行仔细观察的活动，它对于了解和认识课堂有着极其重要的作用。"没水平的校长抓门房，有水平的校长抓课堂。"苏霍姆林斯基说："经验使我深信，听课和分析课——这是校长最重要的工作，经常听课的校长才真正了解学校的情况。"教学校长只有走进课堂，才能走近教师，走近学生，走进班级管理，才可以掌握到学校教学的真实情况。

【校长听评课的意义】

课堂是教育方针、教学要求等最终落实的地方，教师的课堂教学是各方面要求的最终、最直接的体现。学校的教育教学常规执行得如何，教育教学管理是否到位，课程标准、课时计划执行得如何，新课程改革的精神和要求等是否贯彻落实……通过听评课，校长都可以得到基本的了解，从而把握指导教学工作的主动权。

听评课是一种最直接、最具体、最经常也是最有效的研究提高课堂教学质量的方法和手段，是校长管理教学工作的基本功。听课是校长的任务，评课则体现出校长指导教学的能力和水平。其中最主要的是"临床指导"。所谓"临床指导"是指学校领导深入到教室中去，诊断教师教学中的毛病，评估教师，帮助教师改进教学的一种具体技术。这里的"床"是指教室，"临床"是指深入到教室中去。"临床指导"的操作技术包括观察前活动、课堂观察、观察后材料分析与交谈等三个阶段。听评课就有"临床指导"的性质。为了查清教师教学中存在的问题，有针对性地去听课，在评课时，对课做出综合分析。分析过程中，在肯定优点的基础上，重点分析问题。要对教师钻研教材、处理教材、了解学生、选择教法、教学程序设计等诸多方面进行一一透视，分析产生问题的原因。最后提出具体改进的意见。这是一个"诊——断——治"的过程。

听评课过程，既是学校对一线教师课堂教学的一种监控和检查，更是校长和教师互相学习、切磋教艺、研究教学的重要措施。在倡导大力开展校本教学研究的今天，大力开展听课、评课活动、研究并改进教学中存在的问题显得尤其重要。

【主要内容】

1. 听课的内容

（1）教师的语言、教态和板书：教师的语言是否完整、准确、精炼，富有感染力，教态是否自然亲切，板书是否工整，突出重点，具有启发性、概括性。

（2）教学流程：记录下教师教学的主要流程，如怎样突出教学重点，突破教学难点等等。

（3）教学理念：从教师的教学流程设计及教学中的细节之处洞察执教者的教学思想和教学理念。

（4）学生的学习状态：教学内容、所选教学素材以及教师开展的学习活动学生是否感兴趣，学生参与度如何，每一层次的学生反应如何，学习中有哪些精彩生成等。

（5）教师的应对：教师组织教学如何，课堂及时评价做得怎样，面对学生各种生成资源，教师如何取舍，有无层次性、艺术性，教师的教学机智如何等。

2. 评课的内容

（1）教学目的：符合大纲要求，符合学生实际，文字表达准确具体。

（2）教学内容：内容科学恰当，知识条理清晰，重难点突出。

（3）能力培养：注重培养学生的智力和能力。

（4）教学方法：符合学生的心理特征和认识规律，应用启发式教学，双边活动开展流畅。

（5）教学手段：充分运用与教材内容相符合的图像、图表、实物等教具，现代化电教手段的应用等。

（6）思想教育：据教材内容对学生进行思想教育等。

（7）教学能力：教学语言准确流畅，生动形象，逻辑性强，吐字、语音、语调具有美感，板书工整、布局合理，教态自然大方、亲切、富有感染力，有效组织教学、应变能力强等。

（8）教学效果：整个教学过程基本按照计划进行，完成教学计划中规定的各项目标要求，学生掌握知识的效果良好等。

（9）其他：教师的教学基本功扎实，教学某些环节突出特色，教材分析独到，教法设计创新，有自己设计的教具等。

【主要方法】

1. 听课的三个步骤

（1）作好听课前准备

听课前，校长应做准备工作。事先向相关教师询问教学内容，并作预习，不妨思考假如自己去教这样的内容，准备怎样教，以便听课时心中有数。

（2）认真观察和记录

听课要集中注意力，全身心投入。一方面看教师的教，看教者对教材的钻研，重点的处理，难点的突破，教法学法的设计，教学基本功的展示。要仔细捕捉讲课者的语言、表情和动作，记录教学环节和教学方法。另一方面看学生的学，看学生的课堂表现，看学生参与的情绪，学习表现甚至学习习惯。总而言之，要看教师主导作用和学生主体地位是否较好体现。有时校长听课也可根据授课者的特点确定听课的目的有所侧重。一般说来，对熟悉的教师，由于对其班级情况有所了解，可着重就其课堂上对学生学习习惯的培养做跟踪式的动态分析；对一般的研究课，就着重看其在研究方向上的达成度；对于骨干教师的课，宜着重发掘其教学风格及其相应的学术思想在课堂的体现。听课应详尽记录课堂的教学过程，也记下自己的主观感受和零星评析。

（3）听课后要思考和整理

校长听完课后不能一走了之，应对听课记录作整理，经反复琢磨后与教师交流。可以分析对比互相联系的课，分析教学方法的优缺点。校长如果坚持撰写听课心得，可以更快提升自己的专业素养。

2. 校长如何评课

（1）分析教学目标

教学目标是教学的出发点和归宿，它的制定和达成情况是评课的重要尺度。所以校长分析课首先要分析教学目标，关注两个方面：首先，教学目标制定要全面、具体、合理。全面指能从知识、能力、思想情感等几个方面来确定；具体指知识目标要有量化要求，能力、思想情感目标要有明确要求，体现学科特点；适宜指确定的教学目标，能以大纲为指导，体现年段、年级、单元教材特点，符合学生年龄实际和认识规律，难易适度。其次，目标达成方面，教学目标要明确地体现在每一教学环节中，教学手段紧密地围绕目标，为实现目标服务。课堂上能尽快地接触重点内容，重点内容的教学时间能得到保证，重点知识和技能能得到巩固和强化。

（2）分析教材处理

要看教者对教材的组织和处理。既要看教师知识教授的准确科学，更要注意教师教材处理和教法选择上是否突出重点，突破难点，抓住关键。

（3）分析教学程序

要看教师教学程序的设计和操作。教学程序评析包括以下几个主要方面。

第一，教学思路设计。

教学思路是教师上课的脉络和主线，它是根据教学内容和学生水平两个方面的实际情况设计出来的。它反映一系列教学措施编排组合，衔接过渡，安排详略，安排讲练等。教师课堂上的教学思路设计是多种多样的。为此，评析教学思路，一是要分析教学思路设计符不符合教学内容实际，符不符合学生实际；二是要看教学思路的设计是不是有一定的独创性,给学生以新鲜感;三是判断教学思路的层次、脉络否清晰;四是看教师在课堂上教学思路产生的实际效果。

第二,课堂结构安排。

教学思路与课堂结构既有区别又有联系,教学思路侧重教材处理,反映教师课堂教学纵向教学脉络,而课堂结构侧重教法设计,反映教学横向的层次和环节。它是指一节课的教学过程各部分的确立,以及它们之间的联系、顺序和时间分配。课堂结构也称为教学环节或步骤。一节好课的结构是结构严谨,环环相扣,过渡自然,时间分配合理,密度适中。

课堂教学时间安排可以从以下几个方面把握:①授课时间设计包括教学环节的时间分配与衔接。计算教学环节的时间分配和衔接是否恰当,看有无前松后紧或前紧后松现象,看讲与练时间搭配是否合理等。②计算教师活动与学生活动时间分配。看是否与教学目的和要求一致,有无教师占用时间过多,学生活动时间过少现象。③计算学生的个人活动时间与学生集体活动时间的分配。看学生个人活动、小组活动和全班活动时间分配是否合理,有无集体活动过多,学生个人自学、独立思考、独立完成作业时间太少的现象。④计算各类学生的活动时间。看不同层次学生的活动时间分配是否合理。有无优等生占用时间过多,学困生占用时间太少的现象。⑤计算非教学时间。看教师在课堂上有无脱离教学内容、浪费课堂教学时间的现象。

（4）从教学方法和手段上分析

第一,量体裁衣,优选活用。教学有法,但无定法,贵在得法。教学方法的选择要量体裁衣,灵活运用,适合学生。第二,教学方法的多样化。要看教师能否根据教学内容和学生情况在教学方法上体现多样性,使课堂教学富有变化。第三,教学方法的改革与创新。要看教学方法有无体现创新思想,要看教师在方法上的创新和对学生创新能力的培养。第四,现代化教学手段的运用。要看教师能否适时、适当使用多媒体等现代化教学手段。

（5）从教师教学基本功上分析。

第一,板书:要做到设计科学合理,依纲扣本;言简意赅,有艺术性;条理性强,字迹工整美观,板画娴熟。第二,教态:据心理学研究表明:人的表达靠55％的面部表情＋38％的声音＋7％的言词。教师课堂上的教态应该是明朗,快活,庄重,富有感染力,仪表端庄,举止从容,态度热情,师生情感交融。第三,语言:使用普通话,表达清楚,准确简炼,生动形象,有启发性;教学语言的语调要高低适宜,快慢适度,抑扬顿挫,富于变化。第四,操作:看教师运用教具,操作投影仪、录音机、微机等熟练程度。

（6）从教学效果上分析

巴班斯基说:"分析一节课,既要分析教学过程和教学方法方面,又要分析教学结果方面。"看课堂教学效果是评价课堂教学的重要依据。课堂效果评析包括以下几个方面：一是教学效率高，学生思维活跃，气氛热烈。二是学生受益面大，不同程度的学生在原有基础上都有进步。知识、能力、思想情操目标达成。三是有效利用课堂时间，学生学得轻松愉快，积极性高，当堂问题当堂解决，学生负担合理。课堂效果的评析，有时也可以借助于测试手段。上完课，评课者出题对学生的知识掌握情况当场测试，而后通过统计分析来对课堂效果做出评价。对一堂课的综合分析还包括从教师教学个性上分析、从教学思想上分析等。有时限于与教师交流的时间，对一堂课的评析不一定要完整包括上述七个方面，与教师交换看法时，侧重主要几个方面就可以。

【注意事项】

听课注意事项：

1. 听教师的课应按计划、有组织地进行，有目的、有重点地听课。推门听课最好事先与老师进行适当预约和沟通。

2. 听课之前应仔细研究教材。

3. 听课时要注意选择好位置，不要随意走动。

4. 听课过程中不要交头接耳，不要当学生的面评头品足，随便议论。切忌指手画脚，影响师生上课的情绪。

5. 听课时边看，边听，边记，边分析，边归纳，记重点、要点，不要记成流水账或只言片语。

评课注意事项：

1. 不过于追求课堂教学的完美

教学永远是一门遗憾的艺术，一位教师不管教学能力怎么强，课堂总会有缺憾的地方，所以评课时对教师存在的明显问题，应当提出改进要求和建议，但不宜求全责备。

2. 兼顾整体，不要以偏概全

评价一位教师的教学好与坏，既要看当前所听的课，还要看平时的课；既要看上课，还要看教学成绩；要避免看两节课就给教师教学水平下结论的片面做法；要做到全面分析，整体评价。

3. 实事求是，坦率诚恳

校长在与教师交流中发表看法时，应客观公正，不夹感情因素，不分厚薄亲疏，通用一把尺子，一个衡量标准。

4. 尊重差异，区别指导

对已经初步形成自己教学特点的"尖子"，教师要求要高一些，可侧重于对他们教学中的擅长之处及独到见解做一些比较鲜明的、突出的分析和概括，并加以提炼和升华，鼓励他们进一步发挥自己的特长，形成自己的风格和特色。对那些能够胜任的教师，应侧重在改革课堂教学结构、改革教法上多做评议。对一般教师，应根据教学的基本功要求全面评议，力求让他们逐步达到要求，并针对他们某一方面或几方面的薄弱之处，有侧重地加以点拨、指导。对任教有困难的教师，评课时的侧重点则应放在教学目的是否明确，集中，重点、难点是否把握，讲解是否清楚，正确，有条理，讲练是否结合等主要方面加以指导。

5．避免空谈，有理有据

校长评课最忌讳云里雾里夸夸其谈。评课时要以平等的视角，商讨式的语气，帮助老师看到成绩和不足，分析原因，更重要的是要提出改进建议，让教师心悦诚服，真诚接受。

【案例】

刘校长的听课评课

今天，刘校长听了张老师一节一年级数学课。听课时，刘校长特别关注了下面这一片断。这是认识整时数教学，发生在学生认识了钟面，了解了顺时针、逆时针之后新授部分，教师开展了如下几个活动环节：

▲说一说

师：你知道这是几时？（7时）

师：你怎么看出是7时的？（第一个学生无语，第二个学生：针指在了7上面就是7点）

师：你说的是时针指向7吧？那分针呢？（分针指向12）

师：哦！时针指向7，分针指向12，这时就是7时。谁能像这样再说一说（在小组内互相说一说）

▲认一认

师：小朋友们，你们还想认识钟面吗？

出示三个钟面：1时、4时、11时

问：三个同样的问题，你是怎么看出的？

▲比一比

观察上面三个钟面，有何共同点？（分针指向12）

师接学生话往下说：分针指向12，时针指向1就是1时；

分针指向12，时针指向4就是4时；分针指向12，时针指向11就是11时。也就是说：分针指向12，时针指向几就是几时！

▲画一画

给学生没有指针的钟面，让学生画出4时、5时。实物展示台展示，并提醒学生针的长短问题。

▲拨一拨

每生一个学具钟：拨出3时、9时、12时，6时

刘校长把这一段的过程详细记下，课后和张老师约了下午两节课后交换意见。

在交换意见时，刘校长先指出本节课的优点：

1．你的基本功扎实。板书字迹美观、工整，富有启发性和概括性。教态自然大方，亲切，非常符合低年级儿童特点。

2．本节课条理比较清楚，整节课脉络清晰。

3．讲练结合，你非常注意适时跟进，"补标"意识很强。

4．学生学习活动开展有条不紊，小组合作常规机制建立训练有素。

5. 你的教学态度认真，课前准备充分。我看了你的备课笔记，一次备课详实，二次备课字迹工工整整。

6. 学生学习习惯较好。一年级学生写字姿势正确，坐姿端正。作业时能够安安静静。反映出学生平时训练有素。

接着，刘校长说，就课堂教学来看，"教"的痕迹还很明显，仍然存在教师教、学生学的现象：这方面有三点解决得不好：①把学生当成白纸，未兼顾学生已有认知和生活经验。听完课，我现场问了六名学生，有五名学生上课前都认识整点数，而你无视这一点，把学生当白纸，一板一眼地教和学，没有用好学生资源，所以教学无层次；②学习方式单一的模仿记忆，少了体验感悟。好多老师都是打着"规范数学语言"的旗号，可是不自觉地最后都走上模仿记忆之路。这节课也不例外。模仿记忆的结果就是少了深层次的理解感悟体验，答案都是大一统的答案，所以没有思维碰撞；③点对点现象过多，没给学生充分的生成空间，无生成。那么这些问题怎样解决呢？你可以按下面的方法改进……

听到此时，张老师的头脑已经一片空白，刘校长后面说的话几乎一句也没有听进去。

【分析】

对这个案例中刘校长的做法，我们作如下讨论：

1. 刘校长能够认真听课，认真思考。刘校长在听课过程中作了认真的记录，并且对课堂教学过程作了认真的分析思考，形成了自己较有见地的评课意见。

2. 刘校长能够及时约谈张老师，把听课意见反馈给张老师，做到了趁热打铁，及时交流，有利于帮助教师改进教学。

3. 刘校长对张老师课的评价意见能够从多方面考虑，对张老师有较全面的指导。

4. 值得刘校长改进的是，刘校长与张老师沟通交流的语言过于直白，过于生硬。刘校长在交流中用的词语如"把学生当成白纸""无视"等否定的语气较重，让张老师听来有些受不了，容易引起抵触和反感。所以，刘校长应该注意调整自己的语言，当然首先应该更加注意尊重教师，尊重他们的自尊心，尊重他们的劳动，对他们在教学中的缺点既要帮助校正，又要注意方法和效果，要让自己的善意准确无误地被对方感知和接受，追求最好的指导效果。

第六章
组织开展教学检查

　　教学检查是加强教学管理、提高教学质量的重要环节，通过对教学工作各阶段各环节的检查，及时获取教学反馈信息，全面研究分析教学情况，总结经验，并针对存在的问题提出改进措施，以保证教学质量的稳步提高。教学检查还为教师的评优、提职、晋级提供参考依据。教学检查是教学管理的重头戏，它需要细化的目标、具体的操作过程、可控的观念方法技巧。本章着重讨论如何对学生学业状况、教师课堂教学等方面实施教学检查。

第一节　怎样检查课堂教学

【课堂教学检查的意义】

　　课堂教学是学校教育的基本方式，学校的一切基本工作都是为教学而开展的。课堂教学是教师和学生的共同舞台，课堂教学的质量与教师、学生的生命质量息息相关。一堂好课，能够在实现课堂教学的最基本功能——传授知识的同时，促进人的发展、生命的完善。无论是先进的教育理念还是优秀的教学内容，最终都要落实到课堂上，体现在教师教学行为和学生学习行为上。

　　课堂最能体现教师的教学水平与学校教学的管理水平。每位教师都希望自己的教学水平能够不断提升，课堂教学质量能够不断提高。作为教学管理者，应该通过观察、比较、思考、研究，帮助教师改进课堂教学策略。只有深入常态课堂，多听课，才能了解到学校教学工作的有用信息，包括教师的教育教学观念、教学方法与技巧，学生的学习习惯与方法，教学目标的课堂落实情况与师生的课堂状态。根据教学目标的达成与当今的课堂教学要求进行课堂评价，从中发现优秀的教师与先进的观念和方法，帮助教师发现并形成自己的教学风格与特色，在适当的环境中进行提升或推广；从中发现落实教育方针、执行课堂改革、完成教学目标中存在的偏差与问题，进行调整与改进。教师个别的问题可单独交流，普遍的问题就需要调整管理思路了。把握住了课堂，也就把握住了教学管理的关键。

【主要工作】

在小学教学管理工作中，课堂教学检查主要可以分为课堂常规检查和课堂教学质量督查两部分。

1. 课堂常规检查。内容包括：教师出勤情况（迟到、早退、请假、调课、旷课）、学生出勤情况、课表执行情况、教学进度执行情况、课堂教学资料（教材、教案、多媒体课件、课堂考勤等）使用情况、教学语言使用情况、教学设备使用情况等。

2. 课堂教学质量督查。课堂教学督查应该被视为一种过程检查，主要针对教师的教和学生的学进行观察、反思、研究，其中包括备课情况、教师的课堂教学情况（教学理念、教学态度、教学效果、教学秩序、作业管理、课外拓展、培优辅差）、学生的学习状况（学习兴趣、学习习惯、学习方式、学生负担）以及提高课堂教学质量的措施及落实情况、教学内容及教学方法的探究情况、以往教学检查中出现问题的解决落实情况等。

在教学质量检查中，校长还可了解学生的学业状况。通过学生回答问题、作业情况、学习活动的参与度、阶段测试等分析学生在知识点掌握、学科技能、学习效率等方面的得失，并将其反馈给教师，帮助教师发现学生学习中存在的问题，找到科学的解决办法，提高教学质量。

【主要方法】

1. 课堂教学常规检查

课堂教学常规检查主要是检查课堂基本情况，一般采用定时巡查和不定期检查。

教学校长与教学教研管理人员应尽可能地熟悉各学科的课程标准与学科教学的特点，以便走近课堂，透视课堂，分析课堂。

（1）定时巡查。即每天都要例行的教学检查，可在固定的时间段进行，由学校的值班行政人员或是教导处的教导主任担任巡查。课间，巡查者可以走进教室了解学生的课前准备情况，了解教师的教学准备情况。特别是在上课预备铃响了以后，看看学生返回教室的情况和教师按时进课堂的情况。在上课期间，巡查者一般不进入教室，主要通过对教室内情况的观察和向办公室老师询问，了解教师的出勤情况、课表的执行情况。如果发现该堂课的教师没有按时到达教室，一定要及时联络，了解教师情况，做出合理安排，确保教室里学生的安全和有效地学习。如果发现教师没有按课表上课，要及时了解原因。

巡查过程中，巡查者要及时发现教学设备存在的问题，帮助教师联系技术人员，维护好设备，保证教学使用。当然，也要观察教师使用设备的方法，提醒教师正确使用教学设备，延长教学设备的使用寿命。

巡查者还要关注教师在课堂教学中表现出的师德问题，是否采用放羊式教学、是否使用普通话教学、是否坐着上课、是否体罚或变相体罚学生等，通过巡查维护正常的教学秩序，促进课堂教学的有效进行。

定时巡查的每一项内容都要做好记录。学校教导处要制作相应的记录表，巡查者应逐项认真填写，以备查询。遇到重要情况、紧急情况一定要及时与校长沟通，形成处理意见，妥善解决问题。校长一定要关注教学常规情况，把握学校教学管理中的问题，不断完善教学常规管理制度。

（2）不定时检查。检查时间不固定，一般针对近段时间出现的或是长时间被忽略的违反教学常规的现象，由教导处组织行政人员、教研组长等进行专项检查。不定时检查一方面可以引起任课教师对教学常规的重视，另一方面可以让管理层了解教学常规的落实情况，共同为提高学校的育人质量出谋划策。

不定时检查要有计划。检查的组织者一定要确定检查的关注点，提出明确的检查要求。例如：针对某些语数学科老师不让个别学困生参加其他学科学习，将其留在教室、办公室补作业或是背书的现象，针对教师二次备课不落实的状况，针对学生作业量过大、教师批改作业不认真、不及时等情况，教导处都可以组织专项检查。通过检查，了解现象的严重程度，了解教师、学生的真实想法，针对问题，分析原因，找出解决的办法。

不定时专项检查的目的不是为了批评教师、惩罚教师。检查者要树立正确的观念，在检查中尊重教师和学生，充分了解情况，不可武断，不可以简单粗暴地面对问题。检查之后一定要汇总各方面情况，讨论分析，给出合情合理的处理意见；一定要与相关的老师交流谈心，让老师明白教学常规的重要性和强制性。

课堂教学常规检查的方法还有很多。学校领导可以组织教师进行自查，年级间、学科间进行互查。对于中、高年级学生，可以采用问卷调查和座谈访问的形式了解课堂常规情况。一般情况下，学生能够通过正确的判断，对课堂教学进行客观评价，能够反应课堂的真实情况。调查问卷的制作和访谈的形式要考究，要让学生尊重各学科知识，要保护学生对各门学科的学习兴趣。

2. 课堂教学质量督查

这里的"质量"不是指教学的结果，而是课堂教学实施过程的优劣。课堂教学质量督查主要以走进课堂听课的方式进行，通过检查，深入了解教和学的有效性。

在检查前，最好提前告知教师。检查中，要留意常规要求是否得到遵守，更重要的是关注教学过程是否有效，学生是否学有收获。检查后，要及时与执教老师沟通、研讨，督促教师反思课堂，改进提高。

在课堂教学质量的督查中，校长要善于观察和分析。要能够以学生的"学"为根本出发点和落脚点，考量教师的教学理念、教学方法，评价学生的学习方式和收获，还要关注"减负提质"措施在课堂教学中的落实情况。在检查中，要做好详细的记录，在关键环节应该有点评、批注，以供后来参考。

课堂教学质量督查一般有学科课堂检查和班级课堂检查两种视角。学科课堂检查是选择一个时间段，对某个学科的大部分甚至全部课堂教学实施过程进行专门的检查。主要针对该学科课堂教学查找问题，分析状况，为深入的教学研究提供素材，打下基础。而班级课堂教学检查则是以某班级为目标，选择一个时间段，细致观察在该班级进行的所有学科课堂教学实施的情况。目的是为了掌握该班级学生的学习兴趣、学习习惯、学习能力、学习效果以及班风班貌等情况。两种视角就是两种教学管理的思路，校长要善于根据研究的主题转换思考的角度，把握住问题的本质。

必须提出的是，校长要不断学习，提高教学理论水平，丰富课堂教学经验，把握教改的脉搏，才能在课堂教学质量的督查中保持正确的方向，引导老师和学生获得更好发展。

【注意事项】

1．课堂教学检查组织过程中的注意事项

（1）目标明确

一次课堂教学检查，通常难以面面俱到。校长在事前要明确检查目标与内容，使教学检查具有针对性、侧重点，选择最需要了解和掌握的问题进行检查，既不能随便看看，又不能什么都查。检查有了针对性，才能有的放矢，才能达到促进课堂教学的目的。

（2）安排合理

进行课堂教学检查安排要合理。课堂教学检查是教学管理中的一项重要工作，但不是教学工作的全部。课堂教学检查不能冲击日常教学工作，并且要在检查中合理安排时间、人员、物资等，控制教学管理成本。

（3）尊重课堂

在对课堂教学进行检查时，校长要注意尊重教师，尊重学生，尊重课堂。在检查过程中严禁影响教师教学、学生学习的言行。

2．课堂教学检查评价过程中的注意事项

（1）实事求是

课堂教学检查是为了促进教学，不是为了好听、好看或是为了整人。因此，评价课堂应坚持实事求是的原则，一切从实际出发，实际情况怎样就怎样，既不要掩饰，又不必夸大其词。要以理服人，既要使老师精神受到震动，受到教育，又不能伤害老师的积极性和责任心。

　　（2）关注问题

　　在对课堂教学进行评价时，不要一味只说好话，只讲优点，做老好人。要针对课堂教学中的不足提出问题，进行反思和研讨。要关注主要问题，不要东拉西扯，把注意力用在关键问题的研究上。

　　（3）及时反馈

　　对课堂教学检查的结果不要不了了之，更不要只落实到对老师的奖惩上。反馈一定要及时。可以在检查过程中及时和任课老师沟通，肯定其优点，找出不足，并指明努力方向；可以是集中反馈，对共性问题进行汇总，以书面形式下发给老师；还可以是通报反馈，通报检查情况，综合评价结果，提出今后工作要求。对于问题的整改，教学管理者还要继续跟踪复查。

【案例】

学校行政人员集体视导教学活动

　　某小学近期开展了一次行政人员集体视导课堂教学的活动。在集体视导的前一天，教导处主管语文的谢主任按照校长的布置，在放学后通知了六年级的张老师和钟老师，告诉她们，明天学校将对她们任教的语文学科和班级进行课堂教学督查。

　　第二天上午的第一节课和第二节课，学校三位校长以及分管教学、德育、工会、后勤、督导室工作的中层干部按照教导处安排的听课顺序，来到两位老师的教室，对两位老师所在的班级进行观察，认真聆听了两位老师执教的语文课，并做好记录。随后，利用第三、四节课的时间，学校行政一班人与两位老师进行了评课议课，听取了老师对课堂教学的反思，及时向两位老师反馈了课堂教学督查的结果。在评课议课过程中，学校行政人员积极与老师互动，不但阐述了自己对课堂教学的认识，还询问并了解了学生的学习状况、班级文化的建设情况、教学设施设备的使用情况等，老师反映的问题也得到了及时的答复和解决。

　　在随后的讨论中，参加这次检查活动的校领导及中层干部们都认为这样的集体视导方式很有效，决定每周进行一次，并对教导处的组织工作提出了更规范的要求。

【分析】

　　在课堂教学质量督查工作中，学校行政集体视导制这种形式有诸多好处，值得借鉴。

　　1. 参与面广。学校所有行政人员在某一天，对某几位老师、某几个学科或某几个班级开展集体听课、议课活动，参加活动的人员较多，体现了管好教学人人有责，也让行政人员都增加对课堂的关注和了解。为此教导处要统筹安排，事先确定学科、教师、班级等。

　　2. 互动性强。在议课环节，行政人员与执教老师可以开展深入的交流互动，教师可以借此提高课堂教学水平，行政人员则可以提高评课议课水平。

　　3. 协同促教。行政集体视导不但可以让行政人员全面了解教师队伍、学科建设、班级环境、设备使用等情况，更重要的是，可以通过教学、德育、工会、后勤等部门的协同督查，帮助老师对教育教学工作进行全方位的反思和完善。

第二节　怎样检查学业状况

【学业状况检查的意义】

学业内涵丰富，包括：学生的知识与技能，情感、态度和价值观等方面的发展情况。学业检查是促进学生全面发展的一种评价手段，不仅要关注学生的学业成绩，而且要发现和发展学生多方面的潜能，了解学生在发展中的需求，达到发挥评价的教育功能，帮助学生认识自我，建立自信，促进学生在原有水平上发展的目的。学业检查应该遵循以下原则：开放空间、满足需求、建立自信、促进发展。

【主要工作】

1.　对学业状况进行日常检查

日常检查主要包括以下三项。

（1）作业检查。课内、课外作业最能真实地反馈教学效果。一方面能反映教师教学设计的合理性和教师的教学态度，另一方面也能反映学生对学习内容的接受状况和学习态度。开展作业检查还有利于培养良好的学风和教风。

（2）问卷调查。问卷是一种运用很广泛的书面调查工具，不受时间、空间的限制。既可以在短时间内获得较多的信息，又可以对一些比较复杂的问题诸如态度、自我意识等获得初步的线索。

（3）个别访谈。即与学生个别访问、谈话。通过与被访学生的口头交流，访问者把谈话中表现出来的各种有用信息记录下来，作为评价学生学业成绩的参考。

2.　对学业状况进行阶段检查

在学期进行到一定阶段，应该对学生的学业情况进行检查了解，以便把握各年级、各学科教学的状况和成效。可以用以下形式来进行。

（1）单元练习。单元练习以各学科《课程标准》为依据，紧扣单元学习涉及到的重要知识点、教学目标，全体学生在集中的时间内完成单元练习题，以此检查学生对该单元的学习情况，练习形式可开卷也可闭卷，对于语文、数学、英语学科较为适用。

（2）半期练习。这是对学生半个学期学习的检测，有利于学生更系统地对自己的学习情况进行检验，从而认识自身的学习水平。有利于教师及时了解学生各方面知识技能的掌握情况，发现学习的漏洞，以便及时地做出调整，对后半期的教与学起到促进作用。

（3）活动汇报。学校组织学生参与活动，在一个阶段进行汇报，如阅读分享会、口算竞赛、美术作品展、音乐演奏会等，既是学习过程的折射，也是学习结果的反馈。

3. 对学业状况进行总结性检查

学校组织考试不是检查学生学业状况的唯一方式,更不是课程评价的全部,但考试特别是书面考试仍然是对学生学习情况和发展情况进行评价的重要方式。

(1)期末考试。期末考试的主要功能是了解学生一学期的学业情况和学科教学情况,有利于改进学校的教学。期末考试属于发展性考试。

(2)质量监测。质量监测是对期末考试(考查)的一个补充。它由学校统一制定方案、统一确定监测学科、统一评价,不对班级和师生进行排名和优劣鉴定,重在收集学业信息,跟踪教学目标的达成,它是校长进行教学质量管理的一种手段。

(3)毕业考试。毕业考试检测学生是否具有小学毕业的水平,它主要是由一个区域统一组织的考试,属于水平性考试。

【主要方法】

1. 对学业状况进行日常检查

(1)作业检查

检查作业从五方面来看:一是要检查教师布置的作业量,课内作业控制在5—10分钟,课外作业做到一、二年级不布置书面家庭作业,三、四年级不超过40分钟,五、六年级不超过60分钟;二是要检查教师的作业设计是否根据学生的差异有分层要求;三是检查教师的作业批改是否符合规范,除了有对错、等级的记录外,是否还有文字的批注;四是检查学生作业中出现的错误是否得到及时的订正;五是检查教师在教学中是否回应和有效解决了学生作业中反映出的共性问题

为了方便作业检查的记载和评价,可以用如下的表格统计:

表6-1　××小学学生作业检查情况记载表

检查人:_____　检查时间:_____

班级	学科	数量(本)	作业类别	作业设计	作业量	作业书写	作业效果	作业批改	典型情况记载

使用说明:

① 作业设计看作业内容是否符合课程标准、教材要求、学生的学情,用A、B、C、D等级评价。

② 作业量、作业书写、作业效果、作业批改用A、B、C、D等级评价。

③ 典型情况记载是学生作业的典型案例或反映教师教学行为、方式的典型情况。

作业检查采用周查、月汇总的方式,由教学校长负责召集检查,检查结果可以纳入月评估。检查后还要依据分析结果,对好的做法及时表扬、推广。对于存在的问题,是属于教师个体行为的,教学校长需要单独与教师沟通,正面指出问

题，给出建议；具有普遍性的，教学校长应该召集分管主任、教研组长有针对性地设计研究专题，召开教师进行集体教研活动，找症结，寻措施，指导教研组改进工作。

（2）问卷调查

学习是一种复杂的活动，学生的思维能力、教师的教学方法、学生的学习习惯或是学生的情感、态度、价值观都是影响学习状况的因素，可通过问卷调查来作进一步了解。对问卷结果应认真统计分析，从中找到有典型意义的特征信息。如××小学设计的问卷：

××小学××年级学生学习情况调查问卷

亲爱的同学：

你好！

以下涉及的是有关你学习问题的调查。对问题的答案选择，我们希望你能根据自己的实际情况作真实的表达，我们会为你保守秘密的。谢谢合作！

1. 你喜欢学习吗？（　　）

A. 非常喜欢　　　　　B. 喜欢　　　　　C. 不喜欢　　　　　D. 有时候喜欢

2. 你认为学习重要吗？（　　）

A. 非常重要　　　　　B. 有些重要　　　　　C. 不重要

3. 学习新内容前我会（　　）

A. 主动预习　　　　　B. 在老师的要求下预习　　　　　C. 不预习

4. 听课时，我（　　）

A. 认真听讲，积极思考，大胆发言　　　　　B. 听老师讲，按老师的方法去做练习

C. 听一会儿，就不专心了　　　　　D. 不喜欢上课，根本没听

5. 课堂上我（　　）

A. 经常独立思考，大胆发言　　　　　B. 有时能积极思考举手发言

C. 有思考，但不会主动举手发言　　　　　D. 只听听，没作出认真思考

6. 写作业时，你能做到独立思考、灵活运用知识吗？（　　）

A. 能　　　　　B. 有时候可以　　　　　C. 不能

7. 课堂上，很快完成老师布置的作业后，我（　　）

A. 什么也不想干　　　　　B. 认真把做过的题检查一下

C. 自己想再找一些题做　　　　　D. 自己认真地把书看一下

8. 我（　　）独立完成家庭作业。

A. 能　　　　　B. 不能　　　　　C. 在家长的陪伴下完成

9. 在学习上，有不懂的地方，我喜欢（　　）

A. 从书本上找答案　　　　　B. 问老师

C. 问同学　　　　　D. 谁也不问，随它去

10. 学过的内容，我能（　　）

A. 总是及时复习　　　　　B. 经常及时复习

C. 很少及时复习　　　　　　　　D. 从没及时复习

11. 学习过程中，小组合作，我（　　）

A. 每次都能和同学配合好完成操作任务

B. 有时配合得好有时配合得不好

C. 大多情况下配合不好，我喜欢自己完成

12. 学习过程中我（　　）

A. 经常向老师或家长提出自己不懂的问题

B. 有时向老师或家长提出自己不懂的问题

C. 我自己很少提问题

13. 你做学习上的自我检查和自我评价吗？（　　）

A. 经常　　　　　　B. 有时　　　　　　C. 从没有

14. 根据自己的实际情况，你是否制定各学期期中和期末应达到的目标？（　　）

A. 经常有　　　　　　B. 有时有　　　　　　C. 很少有

15. 在学习方面你对自己的信心是（　　）

A. 充满信心　　　　　　　　　　B. 比较有把握

C. 感觉需要再努力　　　　　　　D. 信心不足

（3）个别访谈

访谈是和问卷调查相辅相成的一种检查、评价工具。它的优点在于访谈者和被访谈者直接见面，便于沟通。访问者可以根据现场情景灵活安排访谈的内容、节奏和氛围。访谈的过程中可以收集到一些不能用语言、文字来表达的信息。为了了解学生个体的学习状况，促进学生的持续发展，提升教学质量，教学校长不妨深入到学生中围绕以下问题访谈。

① 这段时间你认为哪部分的内容你学得最得心应手，有那些收获？

② 学习遇到困难了吗？你认为造成困难的主要原因是什么？

③ 你希望老师能给你提供怎样的帮助？

④ 你希望学校能给你提供怎样的学习环境……

2. 对学业状况进行阶段检查

（1）单元练习

每学期放假前，需要由教学校长统筹，由教导处召集学科教研组长明确下一学期单元练习的设计目标、题目类型、人员分工；随后各司其职，在开学初完成设计、排版、印制工作。教学校长需要给老师们强调，单元练习后应该有评讲、梳理错因、订正、巩固环节，以促进学生把不清晰的知识在进入下一个单元前解决掉，尽量不带着遗憾学习新知识，防止困难越积越多。

（2）半期练习

半期时，有必要由学校出面组织，以年级为单位，统一命题，统一时间，统一评分标准，统一批改，检查学生的学业。命题时，以基础性为核心。知识与技

能、过程与方法、能力、情感与态度、价值观都是学生发展的基础。半期练习后，学校应组织各年级组教师进行质量分析，要找准症结所在。

（3）活动展示

对一些学科如音乐、美术、体育、科学、综合实践等，检测学生的学业可以采用活动展示的形式，通过合唱展示、器乐展示、绘画作品展示、科技作品展示、广播操展示、厨艺展示等检验教师的教学水平、学生的学科素养状况。活动展示可以以班级为单位，或以年级为单位，或以学校为单位，为学生搭建人人参与的平台而非精英表演。对活动展示的评价是开放的。在人人参与的展示中，评价的是学生敢不敢参与，是否掌握基本的技能，得到了文化的熏陶；在竞赛活动中则评价的是学生的技艺水平的高低，为打造有特长的学生创造条件。

3. 对学业状况进行总结性检查

（1）期末考试

学校一般在学期或学年都会进行期末考试，这是对学生的学期或学年的学习情况进行综合性检查，是一种注重学生自我发展的评价，一般由期末试卷检查和实践检查两部分构成。期末试卷检查的内容主要有以下一些：基础知识，运用所学知识解决简单问题的能力，综合运用所学知识解决较复杂的问题的能力，运用所学知识和方法探求新知识的能力，解决问题策略的发散性和求异性，想象力丰富程度。试卷的难易程度通常为 70％基础题，20％综合题，10％提高题。实践检查，主要体现在学生的动手操作、语言表达、信息分析、平时的学习表现上，力求切合学生实际。建议期末考试得分＝期末试卷分数×80％＋实践检测分数×20％。

期末试卷检查一般有两种情况，一是使用上级教研部门统一印制的考题，二是学校自命题。学校自命题需要教学校长带领教导处制定检测方案，先交由学科教师提出关于考试方式与命题内容的设计方案，随后由学科教研组长汇总并组织研讨，形成一份试卷及相应的评分标准，报学校教导处审核、校长室批准，进行考核。

期末考试要有严肃的考场纪律和有序的组织。每班安排两名教师监考，考试采用年级内交叉监考或年级之间交换监考的方式，一年级可由教师读题。考试后一个年级考卷要打乱密封装订，阅卷采用流水批改的方式，一到三年级可以组内批改，四到六年级相互交换阅卷。阅卷后需复核检查再登记总分，如遇到复核出问题需更改的，由教研组长提请教导处，复核修改后加盖校正章。最后拆卷登分，拆卷后不能再更改分数。

考试、阅卷结束后，学校统一发放质量分析表（任课教师填写），定时间、定主题、定负责人和参与人，进行年级（学科）团队的质量分析总结会，做到有记录，有反馈，有评价。

（2）质量抽测

除了语文、数学、英语，其他学科在学期末或学年末一般采用考查的形式，学校给予了教师较大的自主检查空间。但由于科任学科较多，学校对这些学科的教育教学质量的检查可以给出各科检测的方向，采用抽测的方式。一般情况下，各种检测方式占分比例可以是：音乐：书面检测占 60 分，包括读谱知识、音乐常识、欣赏常识；面试 40 分，包括节奏认读、视唱、歌唱能力、器乐演奏能力。美术：书面检测占 30 分，包括美术基础知识、欣赏作品作者画种及作品的基本描述；实际操作占 70 分，包括运用形、色、肌理和空间创意设计，运用工具表现以及手工制作等。科学：卷面 70 分，考查教材本期内容；实验操作：30 分，主要为本期教材内容的学生实验。综合实践：主要是运用本期综合实践活动教材内容进行计算机操作，100 分。体育：体能 30 分，知识与技能 50 分、学习方式与能力 10 分，情意与态度 10 分，共计 100 分。

抽测时，各学科在一个年级一个班中按学号抽测约 10 名学生，如：音乐抽测学号尾号是 0、9 的学生，美术抽测学号尾号是 1、8 的学生……各科不重复。学生的成绩用分值量化后，综合为等级制。90—100 分为 A 等，80—89 分为 B 等，60—79 分为 C 等，60 分以下为 D 等。

（3）毕业考试

毕业考试检验小学毕业生是否德智体美劳全面发展，是否达到合格，属于水平性考试。组织毕业考试的时候需要由教学校长担任负责人，全年级一起编制考号，30 人一个考室，尾考室的人数不能超过 35 人，考前对监考老师进行培训，学生需看考场，学习《小学生毕业考试规则》，监考老师、阅卷老师和其他工作人员有子女或直系亲属子女考试的要遵守回避制度。

【注意事项】

1．注意把握学业检查的时机

学生的学习需要经历知道、理解、掌握的过程，学生有被认识、肯定、欣赏的愿望。检查的落脚点是了解学生学习的需求，指导他们明确学习的方向。所以，抓准学生渴望了解自己的学习情况，愿意主动接受检查，与老师共同梳理学习过程得失的心理，接受检查是积极主动的，这一时机选择很重要。

2．注意把握学业检查的次数

学业检查的目的是了解教与学的情况，改进教学和促进师生发展。所以，日常检查应该贯穿学习过程的始终。但是阶段检查次数不宜过多，以不增加学生和教师负担为原则，总结性检查一学期一次。

3．注意把握学业检查的难易程度

在小学阶段，学业检查更多的是体现发展性和水平性的功能，不作"甄别"要求。所以，以检查基础知识和基础技能是否掌握为主，适当体现一定的综合性和灵活性，避免试卷过难，打击学生的自信心和后续学习的积极性。

【案例】

教学是做"立竿见影"的事吗？

某校一直执行着"推门"听课和集体视导听课相结合的制度。这天正好是集体视导听课时间。教学校长和教导处及其他行政一起来到了四年级一班听数学课，内容是《乘法分配律》。分管主任说，这一内容是重点，贯穿于中高段的简算学习。借听课的机会，一边了解老师的教学情况，一边摸清学生的学习效果。于是，分管主任出了几道题准备在课堂教学结束后进行"教学后测"。课堂上师生的交流很精彩，学生当堂"做一做"也过关了。可是，后测的结果显示，没有完全达到"能正确运用定律简算的教学目标"，练习正确率仅 64%。执教老师有了几分失落。

看到这样的情形，教学校长建议不用忙着下结论，不妨深入分析学生的错题。通过梳理，老师发现学生的错误主要集中在"$75×36+24×36+36$"和"$41×25$"这两道题上，学生是在变式题上出现了困难。教导主任带领组内的老师一起讨论家庭作业的设计如何夯实对乘法分配律的理解，讨论第二课时（练习课）如何通过对比、辨析让学生化解难点，灵活运用定律。经过前后 3 个课时的学习，教导处又做了一次检查，学生的练习正确率达到了 95%。

【分析】

这个案例充分说明，教学校长对学业检查的正确认识是教学研究与提升的"助推器"。教育本身是一个长周期的过程，如果希望教学效果立竿见影，追求"短时效应"，这种急功近利的想法不符合孩子的成长规律。我们应该允许学生有出错的权利，教师要有把错误当成教学资源的智慧。无论是教学校长还是教师都是"守望者"，当学生经历了研究、反省的过程，我们会看到"顿悟"后的力量与努力后的成果。

第七章
学生的课外辅助活动

　　在课堂教学中，教师要面向全体学生，引导全体学生掌握学习内容，有时难免顾此失彼。如，有些基础好的学生可能"吃不饱"，有些基础差的学生可能"吃不下"等。在集体教学的情况下，教师往往通过"齐步走"的方式实现教学目标，一定程度上会抑制学生学习自主性的发挥，也难以满足学生多元化的学习需求。因此，学校可以通过开展学生课外辅助活动，弥补集体教学留下的缺陷。

　　课外辅助活动是指学校利用课余时间，对学生实施的各种有目的、有计划、有组织的教育教学活动。开展课外辅助活动，有利于因材施教；有利于形成学生健全的人格；有利于拓宽学生的知识面，扩大学生的视野；有利于发挥学生的特长，满足学生的兴趣和爱好；有利于发现人才和培养人才。本章重点介绍怎样抓好课程辅助活动和学困生转化工作。

第一节　怎样抓好课程辅助活动

【课程辅助活动的意义】

　　教育是一个面向未来的事业，学校必须面向学生发展的未来。在推进基础教育课程多样化、个性化和弹性化的过程中，如何实施科学合理、适用有效的课程？如何让学生通过学校教育健康快乐地全面发展？这是教学校长必须思考、有待攻克的重大课题。

　　在学校的课程体系中，课程辅助活动与社团、兴趣小组、社会综合实践、校本课程等性质相似，学校为学生开展的课外活动，它们扮演着促进学生整体发展的关键角色。这些活动通常致力于学生的人格培养和核心价值观的培育，培养学生的领导精神，为学生提供健康的休闲，辅助学生个人发展，加强学生自律及树立学生信心等。它们与国家课程相辅相成，促进学生全面而有个性地发展，达到理想的教育效果。教学校长一定要有全面育人的思想，要清楚认识课程辅助活动的重要意义，在教学管理工作中抓好观念转变，系统规划，有效组织，合理评价，让课程辅助活动真正帮助学生追求兴趣爱好，展现天赋才华，塑造优良品格。

【主要工作】

要抓好小学课程辅助活动，必须落实以下几方面工作：

1. 积极创设条件，将课程辅助活动纳入课程计划，制定实施方案，确保课程辅助活动规范有效。

2. 课程辅助活动必须面向全体，学校教师、学生全员参加。

3. 结合学校的实际，落实课程辅助活动时间，专时专用。既要有固定的时间安排，也可以有灵活的时间作为补充。

4. 充分挖掘教育资源，可以结合本地、本校实际不断创新和丰富课程辅助活动内容，形成特色鲜明的课程辅助活动课程体系。

5. 根据学生发展需要，创新课程辅助活动的形式。可以采取学生自主选课、走班、校内外相结合、集中和分散相结合等多种形式开展课程辅助活动。

6. 重视课程辅助活动质量，开展观摩、研讨等教学研究活动，随时调整课程辅助活动中的偏差，不断总结、推广课程辅助活动成果。

7. 建立课程辅助活动的评价机制。学校教学管理部门要就课程辅助活动的开展情况进行过程督查，加强对课程辅助活动的指导、管理与评价，对教师参加课程辅助活动的工作绩效进行考评奖惩。

【主要方法】

1. 成立组织机构

为保障课程辅助活动的顺利开展，首先，学校要成立以校长为首的课程辅助活动领导小组。领导小组要健全各项工作制度，针对学校的实际情况对课程辅助活动做出决策，把握课程辅助活动的目标方向，实现对课程辅助活动推进的督导。小组成员可以包括副校长、教导主任、德育主任、骨干教师代表等。其次，学校要为各项课程辅助活动成立教研小组，选派教研组长，便于教师在课程实施过程中开展教学研究活动。第三，学校要成立校外的专家支援团队，确保课程辅助活动的高水平、高质量。

2. 开展学习培训

学校开展课程辅助活动，教师的学习培训必不可少，并且要贯穿始终。前期，主要对教师进行观念教育，使其思想转变，真正认识课程辅助活动对学生全面发展的意义，让课程辅助活动不走过场。而后，主要为教师提供多渠道的学习机会，拓展教师视野，发掘教师潜能，开展以研促教活动，及时总结课程辅助活动经验，提高活动质量，确保课程辅助活动有趣有效。培训学习的方式可以有讲座、论坛、读书会、课例研究等，多种多样；培训学习的内容可以根据课程辅助活动的开设项目或者亟须解决的问题而定，有较强的针对性。培训学习的资源可以更加开放，校内的骨干、校外的专家，特别是丰富的网络资源，可以充分利用。

3. 做好宣传动员

课程辅助活动具有课外活动的性质，因此，针对社会、家长、学生搞好宣传、动员工作，非常关键。学校要通过各种方式向社会和家长、学生宣传课程辅助活动的重要意义，取得社会和家长的理解、支持和监督，形成合力。同时，更重要的是要建立机制，鼓励家长担任学校义工，充分发挥家长在课程辅助活动中的作用。

4. 合理设置课程

课程辅助活动必须排入课表，要把上课的时间确定下来。可以把二、三节课的时间集中起来安排，便于开展活动。要根据学校的师资情况、学生需求来确定课程内容，可以通过调查问卷、教师座谈、学生访谈等方式，充分了解本校教师的特长以及学生的爱好和发展需要，可以开展以球类、田径、体操、武术、韵律和舞蹈等为主要内容的阳光体育活动；以文艺欣赏、播音主持、琴、棋、书、画、歌、舞、剧训练和演出等为主要内容的文化艺术活动；以科技小制作、小发明、科普讲座、科学考察、科技竞赛等为主要内容的科技与手工活动；以社区服务、公益劳动、社会小调查及家务劳动等为主要内容的社会实践活动等。

5. 落实具体安排

确定课程辅助活动的项目内容和活动时间后，要对开展课程辅助活动作出具体安排。可以制作一份《课程辅助活动安排表》，其中主要包括：①师资安排。尽量安排专职教师，可以引进校外文体卫等单位的教师资源，根据实际需要，每个项目组可以安排2名教师，一主一辅。②活动场地安排。要根据项目性质，合理安排活动场地，有的体育项目组根据晴雨天的需要，应安排室内外两个活动场地。活动场地一旦确定，不要随意更改。③学生人数安排。学生人数的确定有两个原则，一是每个项目组的学生人数要合适，要与活动场地的大小匹配，要与指导教师的人数匹配；二是要保证每个孩子都能参加课程辅助活动的学习。④设施设备安排：课程辅助活动所需要的设备器材学校一定要尽力满足，要保障到位，每个活动项目组要有专人管理，设施设备维修保养不能影响课程辅助活动的正常开展，有的活动材料、学生服装等可以寻求社会、家长的支持。课程辅助活动安排必须做到学生、教师人人知晓，人人遵守。

6. 实现课程选择

小学生在选择课程辅助活动项目的时候，需要老师、家长的指导和帮助，但是一定要尊重学生的意愿。学生在选课上越自主，学习兴趣越浓。学校可以组织各个项目组的教师制作招生宣传海报，让学生明白项目学习的具体内容，吸引学生的注意，激发学生的兴趣。项目组教师也可以主动招收一部分具有某方面天赋的学生，为他们的持续发展提供空间。学校要为学生选择课程留出足够的时间，要求学生一旦确定项目就不要随意更改，至少坚持一学期。

7．规范过程管理

对教师来说，课程辅助活动的教学要求与国家课程的教学要求是一致的，教师要制定每学期的活动计划，每次活动之前要做好备课准备，指导学生要遵循教育规律，遵守教学常规要求等等。教学管理部门要建立日常的巡查制度，重心下移，各学科分管行政要坚持课程辅助活动的听课评课，对存在的问题及时指导、纠正，确保该课程活动有实效。

8．开展评价活动

每学期学校要通过各种活动对教师和学生进行评价，促进课程辅助活动的健康发展。对学生的评价由课程辅助活动的教师完成，学校提供时间进行考查与认定，并将结果记入学生成绩。教师的成绩和课时量认定由分管教学的副校长负责，教导处、德育处、学科教研组长具体实施，其考核成绩与绩效工资挂钩。总之，要体现学校的激励机制，多劳多得，优劳优酬，不断健全课程辅助活动考核机制。

9．不断更新完善

学校要及时了解课程辅助活动的推进情况，不断开发课程辅助活动的校内外资源，加强与街道社区、乡镇村社、单位团体的联系，充分利用社会实践基地和其他社会教育资源，组织学生走进农村、工厂、军营、博物馆、科技馆、高校实验室、科研院所，让学生在课程辅助活动中开阔视野，增长见识，提高能力。在保持学校课程辅助活动优势项目的基础上，不断丰富课程内容，创新课程形式，突出课程特色，创造性地开展课程辅助活动，形成本校课程辅助活动的特色。

【注意事项】

在课程辅助活动的规划环节、实施环节分别有几点须要特别强调。

1．课程辅助活动规划环节

（1）对课程辅助活动的规划应该是在对学校办学理念、学校文化、课程架构充分解读的背景下进行的。课程辅助活动践行的是学校秉持的主流价值观，是学校文化的一部分，是学校整体课程体系的有机构成。不论设置的项目多么庞杂，它始终追求的是学生个性发展需求与学校整体发展需求的统一。

（2）课程辅助活动规划的重心是技能与知识的学习，但它有更重大的意义。它必须为学生提供发展人格、获取团队精神、建立责任感、培育领导能力的机会。同时，为不同家庭和民族背景的学生提供从事相同活动并从而互相了解的通道，以此丰富学生的社会经验，使他们对社会有更好的了解。

（3）课程辅助活动项目的规划既要做到范围广泛，又要考虑提供专攻的机会。也就是说，既要设置一系列让学生有各种体验的项目，鼓励学生发展各种各样的兴趣，又要为在个别领域体现出特殊兴趣或才华的学生提供发挥潜能的机会。

（4）课程辅助活动一定要有专门的物质条件保障。学校应根据自身的场地、设施等物质条件考虑课程辅助活动项目，要有充裕的经费做支撑。

2．课程辅助活动实施环节

（1）在课程辅助活动实施过程中，学校不能挤占课程辅助活动时间，不能随意调课，教师不得将课程辅助活动安排为学科辅导课、作业课、自习课等，补课不是课程辅助活动的任务。

（2）开展课程辅助活动不能增加学生过重的课业负担，不能随意向学生家长收取费用，学校要争取家长的认同、支持，家长委员会要参与管理课程辅助活动经费。

（3）参加学校课程辅助活动是强制性的，教师必须重视学生的出勤率。要建立学生的个人成长档案，记录其参加课程辅助活动的出勤情况、学习成绩、活动表现及担任的职务等，完善考评系统。

（4）教师的参与和投入对课程辅助活动的成功起着关键作用。每位老师都要承担课程辅助活动的指导工作，然而每位老师的工作量是依其所负责的课程辅助活动的性质而定的，并不统一。学校在安排课程辅助活动任务时，应该考量教师的其他教学工作，以确保分配相对合理。

（5）课程辅助活动的实施强调与社会的相互作用，学校要推进务实的社会对接，鼓励学生义工，引导学生走向现实社会。

【案例】

新加坡政府公立中小学校园课程辅助活动

课程辅助活动在新加坡的教育系统中占有举足轻重的地位。它既是全面教育的一部分，也是学生福利的一个方面。新加坡从小学二年级开始推行课程辅助活动，每个孩子必须选一样课程辅助活动，一直持续到大学。新加坡的中小学（不包括初院，即中国的高中）基本上都是半天上课学习学科知识，剩下的半天则是开展各项课程辅助活动。

从上个世纪50年代起，新加坡学校就开始校园课外活动。最初只是校际体育竞技，后来逐渐扩大，发展成为一个完善的系统，包括体育竞技类、制服团体、音乐舞蹈类、俱乐部与社团，以及其他兴趣小组。2000年1月，新加坡教育部将"课外活动"（Extra Curriculum Activities）改名为"课程辅助活动"（Co—curriculum Activities），给予课外活动更高的地位，以加强各界对课外活动的重视。

新加坡公立中小学校园课程辅助活动系统一般分为四大类。

第一类：体育竞技类。包括羽毛球、篮球、足球、板球、曲棍球、无挡板篮球、英式橄榄球、垒球、壁球、乒乓球、网球、保龄球、排球、水球、皮划艇、野营、田径队、越野跑、体操、柔道、帆船驾驶、射击、射箭、击剑、游泳、武术、航模等。

第二类：制服团体类。有男女童子军、红十字、国家军官兵队、国家警官队、圣约翰救护车队等。

第三类：表演艺术类。具体有华族/马来族/印度族舞蹈团、现代舞蹈队、华乐团、交响乐团、小提琴乐团、口琴乐团、钢琴合奏组、吉他合奏组、戏剧社、合唱团、舞狮社等。

第四类：俱乐部和社团。包括华族/马来族/印度族/日本文化俱乐部、艺术俱乐部、天文俱乐部、围棋/国际象棋/中国象棋/桥牌社、电脑科学俱乐部、创意写作社、电脑游戏俱乐部、电子俱乐部、企业家联盟、摄影俱乐部、辩论社、集邮社、图书馆管理员、急救社、杂志社、生命科学/历史/书学/地理俱乐部等。

新加坡学生从小学就开始参加不同的课程辅助活动。根据新加坡教育部规定：学校应鼓励小学生参加校园课程辅助活动；中学生和初级学院在校生必须参加至少一项课外活动。每个课外活动有固定的活动时间和预先准备的活动内容。每年年底，负责老师会根据每个会员在一年里的出勤、获奖情况和在小组里的职位，进行总体评估计分，以供升学时使用。

学校也十分重视课程辅助活动。每年初，每所学校根据前一年各个课程辅助活动项目组呈交的财政预算进行审核、拨款，然后由学生和老师共同管理这笔经费。学校还会为其中一些学生活动，如学生团体出国学习、开展活动或提供社区服务等提供津贴。此外，学校将会根据不同课程辅助活动项目的需要，酌情提供相应的设施。

【分析】

新加坡政府公立中小学校园课程辅助活动是新加坡教育制度的一个鲜明特色，充实有益的活动使学校不再只是"一心只读圣贤书"的象牙塔，同时成为壮志满怀的年轻学子培养能力、挑战自我的舞台。新加坡公立中小学校园课程辅助活动对于我们实施有效的课程辅助活动具有借鉴价值。

1. 新加坡人对课程辅助活动的意义有充分的认识，课程辅助活动被看做综合素质教育不可或缺的一部分。第一，课程辅助活动能培养学生的组织、协作和领导能力。第二，在课程辅助活动中的不同经历，可以更好地塑造学生的品格。第三，课程辅助活动不但是一个让学生们展现才华的舞台，追求不同兴趣爱好的地方，同时也让学生们有机会从学习压力中放松出来，做一些有意义的事情，学会有用的技巧。第四，课程辅助活动还是一个结交好友的场所。

2. 新加坡课程辅助活动有专门的管理机构，教育部设立课程辅助活动处（简称CCA），统筹全国课程辅助活动的申办与开展；有专门的经费，每生每年由教育部提供储蓄基金，各小学还可以向教育部申请高达百万元的资金以发展自己的专长项目；有明确的培养目标，所有活动都强调与社会交流，培育学生核心价值观。

3. 新加坡课程辅助活动组织严谨，措施得当。为了使学生得到全面发展，教育部强制性规定所有学生必须参加四大类中的一项活动，学生若想参加学校所没有的课程辅助活动，可以征求校方同意后组织活动，也可以参加被校方认可的社区活动；新加坡每一位教师都得参加一项课程辅助活动的辅导，每项活动都要能让每位学生学习到基本的技能，并为表现较好的学生提供精进和发展才华的机会；CCA会协同国家武装部队及其他组织共同研究课程设置，制定活动项目和准则；有一套非常完善的考评系统，学生从小学到大学在校参加任何一项活动，都会在电脑管理系统里留下记录，其出席率和表现直接影响参加课程辅助活动所得到的分数。

4. 在重要考试来临之际，新加坡学校都会停止课外活动课程辅助活动，让学生专心复习。看得出，课程辅助活动并非百益而无一害，有些活动很耗费时间和精力，学生也要承受很大的心理压力。

总的来说，我国中小学的课程辅助活动不够全面，缺乏系统性。这需要各级政府、教育主管部门、学校、教师更新观念，改变以考试成绩作为绝对主导的评价方式，将课程辅助活动、社区服务纳入评价体系，与升学挂钩，健全保障机制，加大师资培训力度，确保落实和推进素质教育。

第二节　怎样抓好学困生转化工作

【抓好学困生转化工作的意义】

学生的个体差异是客观存在。因为学生学习态度、学习基础和学习能力等方面的差异，每一个班级都会出现学习状态相对落后的学困生。校长有责任采取科学有效的措施，结合整体教育教学工作，指导教师尊重学困生的个体差异，开展学困生转化工作，使每一个学生都得到健康发展，使每一个班级都能够不断进步。唯有如此，才能整体提升学校的办学质量。

【主要工作】

1. 帮助教师形成正确的学生观、教学观、业绩观

校长要帮助教师形成正确的学生观。教师应认识到学生的发展有规律，要了解、掌握并在实践中顺应这种规律。教师还应认识到，学困生形成的原因是多种多样的，有的是学习态度不端正，有的是一时贪玩，有的是家庭遭遇了某些困难，有的是老师或家长教育方法不当，也有的是没有养成良好的学习习惯或没有掌握正确的学习方法……，教师应尊重学困生的个体差异，以科学的态度分析每个学困生的成因，从而对症下药。教师还应正确对待学困生，对学困生不能有反感情绪，更不得有任何歧视。因为，每一个学生都有获得成功的愿望，都有巨大的潜能，只要教师因材施教找到合适的方法，每一个学生都能够进步。

校长要帮助教师形成正确的教学观。教师的教学应该激发学生的学习兴趣，为学生的自主学习提供帮助，搭建桥梁。根据教育理论中因材施教和量力性原则，教师应积极开展学科"分层教学"，为学困生提供行之有效的指导和帮助，帮助学困生体验成功的喜悦和学习的自信。

校长要帮助教师形成正确的业绩观。校长应建立起有效的教学绩效考核制度，引导教师把教学业绩的关注点放在孩子的健康发展上，把学生综合能力的提升作为自己的教学业绩。

2. 帮助教师提高转化学困生的能力

教师在转化学困生方面起着重要作用，但是不少教师还缺乏转化学困生的知识和经验。校长应围绕学法指导、学困生心理分析及辅导、思维训练方法与技巧、分层教学法等专题，定期开展有针对性的培训，指导教师提高转化学困生的

能力。同时，校长还可以组织召开各种类型的研讨会、交流会，围绕教师在转化工作中遇到的困难，开展研讨交流，实施专家引领，起到答疑解惑、指导培训的作用。

3．组织教师开展学困生转化工作

对学困生的关注应体现在学校日常教学管理中，教导处要明确目标，把学困生转化工作纳入日常的教研组、年级组工作，并督促教师分析学情，制订学困生转化计划，落实相关措施。重视转化工作的过程管理，要研究和改进学困生转化方法，建立学困生个人档案，不断分析学生学情变化，定期对学困生进行测试，实施跟踪问效，合理调整学困生转化方案，做到有耐心，有方案，有方法，有跟踪，有改进。

4．营造关爱学困生的校园氛围

（1）在教师中营造关爱学困生的氛围。教师转化一名学困生与培养一名优生同样光荣，校长应表扬奖励学困生转化工作取得明显效果的教师。要求教师把学困生放在心上。学校对教师的教学成绩评价应既关注学生成绩优分率的上升，也应关注学生成绩低分率的下降，鼓励教师在班级教学中充分关注"后10名"的进步。

（2）在班级中营造团结互助的氛围。倡导班级学生团结互助，组织一些有意义的活动，促进学生之间团结互助。如，要求各班组织学习互助小组，开展"一帮一"活动，对学习上有困难的学生给予帮助。如果学困生在家庭生活中遇到困难，学校应尽可能给予关爱，解除学生的后顾之忧。

5．开展有针对性的学困生心理辅导

有关研究表明，学困生存在多方面的心理障碍，例如神经心理障碍、学习心理障碍、社会性发展和心理健康不良等。针对各种不同的情况，校长应充分调动学校心理健康教育方面的力量，有针对性地开展学困生心理辅导，进行面对面的谈话交流，帮助学生正确认识自己，矫正心理偏差。同时，还应该通过专题讲座等形式，将学困生心理辅导的相关知识传递给教师和家长，形成教育合力，保证心理辅导的科学性、连贯性和有效性。

【主要方法】

1．建立学困生"帮带"制度

学校可建立学困生"帮带"制度。如，"师生一帮一"制度，即对一些情况特别的学困生，学校发动全体教师开展一帮一活动，请有条件的教师每人负责帮带一名学困生。教师明确帮带对象，排出帮带计划，定期与学生见面进行辅导和教育。又如"生生一帮一"制度，即挑选部分优秀学生每人帮助一名学困生，应制定相应的奖励措施，建立有效的激励机制。

2．做好学困生转化工作的过程管理

校长应要求教导处组织教师确认学困生名单，并经常检查、了解各年级学困生转化工作开展情况，了解转化工作存在的问题与面临的困难，有针对性地从时间安排、方法选择、教学策略等方面进行合理调整，保证学困生转化工作取得实效。

3. 推广学困生转化工作先进经验

要帮助教师端正对待学困生的态度，推广学困生转化工作的先进做法。学校可定期根据学困生进步情况评出学困生转化工作先进教师，召开经验交流会，交流转化学困生的典型经验，并开展表彰奖励，启发和带动全体教师把学困生转化工作做得更好。

4. 把学困生工作列入教师考核奖惩范围

学校应对教师的教学是否面向全体学生，是否做好学困生转化工作提出明确要求，把它列入教师考核范围。如，考核教师备课时有无分层教学要求，考核教师是否对学困生的作业予以特别关照，在评价学困生时有无体现耐心和热情等等。

5. 推进家校配合

学校应积极争取家长的配合，协同开展学困生转化工作。教师要建立良好的家校沟通渠道，通过家长的支持，摸清学困生在家学习的情况，及时与家长协商解决学困生出现的问题。

【注意事项】

1. 应明确学困生的科学界定

学困生也称学习困难的学生。对学困生的界定十分重要，学校应把握好标准，保证学困生界定的科学性。教育理论界对学困生学习结果的界定主要有三种观点：一是以一个特定群体的平均成绩为参照标准而明显低于平均成绩者；二是以学生个人的能力水平为参照标准而实际成绩低于其能力水平者；三是感官和智力都很正常而学习结果长期达不到国家规定的教学大纲要求的学生。基于以上观点，学校应当明确：第一，学困生是相对概念，是与同龄人、同集体（班级）中的其他成员相比较而言的；第二，学困生是个别的，即集体班级中的绝对少数；第三，学困生的学业成绩只是处于暂时落后状态。只有明确了学困生的科学界定，才能避免教师对学困生施加压力，对非学困生造成伤害。

2. 应加强对学困生的个案研究

学困生学习落后的原因是多方面的，既可能是学习方法、学习习惯问题，也可能是学习环境等问题，有的学生还存在学习障碍。校长应要求教师既关注学困生整体，又有意识地关注学困生个体，关注每个学困生的最近发展区，积极开展个案研究，对学困生进行个别化备课，根据每一类学生的具体情况确定目标和内容，与学困生共同预设辅导后应达成的不同目标，做到层次清楚，目标明确，这样才能够收到实效。

3. 应高度重视情感交流

校长要鼓励教师注重与学困生的情感交流，积极进行心理疏导，建立良好的师生关系。要做好学困生转化工作，教师必须走进学生心田，得到学生的接纳、尊敬和喜爱。这既是开展学困生工作的基础，又是贯穿始终的有益纽带。

【案例】

把学困生转化工作融入学校教育教学整体工作中

某小学从 1995 年开始近 20 年间，进行了三轮"小学生良好学习习惯的培养与学习潜能开发的研究"实验。第一轮实验从一年级选取了两个实验班，对这两个班连续进行了长达六年的能力训练。第二轮是在第一轮研究的基础上，在全校推广成果，在各学科全面展开，研究小学生良好学习习惯的培养。第三轮又回归到个体的研究，重点组织教师研究如何开展学困生转化工作，引导教师尊重学生的个体差异，采用科学手段，引导学困生阳光成长。

在开展研究初期，学校分别对四、五年级的 10 名学生及其家庭逐一分析，然后制定出有针对性的个性化培养方案。在设计培养方案的基础上，以 10 名学困生为重点，既开展个别辅导，又充分结合学校教育教学工作，实施了多种有效的转化策略。

（一）开展净心训练。针对学困生自信心不足的问题，教师对他们进行积极的心理暗示，发挥罗森塔尔效应，燃起学生自信的火种。教师还引导学生学会感恩身边的人和事，学会关爱自己，相信自己，喜欢自己，从选定目标开始，和自己竞争，为自己的每一点进步而开心，树立好好学习的坚定信念。

（二）开展生活习惯训练。学校认为学生的生活品质决定着其学习品质，一个没有良好生活习惯的学生自然也不会有良好的学习习惯。因此，学校开发了"日做 10 件事、养成 10 种好习惯"的课程，将学生自理能力的培养作为着力点，让学生坚持"自己的事情自己做，别人的事情帮着做，集体的事情争着做"，在其幼小的心灵产生一种积极的、正面的影响。

（三）营造平等交谈的氛围。学校认为，学生如果没有内在的学习动机，教师和家长的逼学只能造成学生的焦虑和不安，教师、家长和学生的关系直接影响到学生的学习动机。因此，学校努力通过各种方式，让学生敞开心扉，在生生间、师生间、学生与家长间进行真实的交流。学校师生共同举办《跳蚤的故事》《大黄蜂的故事》《年轻人和禅师的故事》等故事会，学生分享他们自己的故事，教师鼓励学生跌倒了要自己爬起来，面对困难要有勇气克服。学校还通过"访名人话成长""做孩子的人生导师"等活动，引导每个学生找到值得敬仰和崇拜的人。

（四）开展阅读习惯训练。学校阅读教育坚持了十几年，效果明显。在推广阅读教育的大背景下，学校根据学困生的理解能力，组织教师精心选择阅读材料，注重选取短而小的小小说、小故事、寓言、成语故事等；注重选取与课文相关的内容；注重选取字号大一点的文本……从 15 分钟师生共读、亲子共读开始，设定目标，坚持天天固定时间阅读，每个学困生都收获了从大声读、大胆读到大气读的可喜变化。同时，教师还有针对性地开展"自我提问"的阅读方法辅导，培养学困生的自主阅读能力，帮助学生提升阅读速度和效果，使学困生在阅读中体验成功的喜悦。

（五）开展注意力、观察力训练。教师运用许特尔图表、视觉训练、听觉训练等各种训练方法，有意识地提升学困生注意力的稳定性、持久性。

（六）开展思维导图训练。教师借鉴左右脑功能及多元智能等最新的脑科学研究成果，发现不少学困生的右脑功能强于左脑，并据此开展思维导图学习方法的训练，引导学生把相关知识绘制成一幅图刻在大脑中，从而提高学生的注意力、记忆力及创造力。教师还组织学困生进行发散思维训练，提升多角度、多层次思考问题的能力。

从学困生转化前后的《学习动机测验报告》对比可以看到，经过努力，每一个学生都在智力、心理、性格及成绩等方面得到了不同程度的提升，获得了健康、良好的发展。

【分析】

学校在 20 年的时间坚持开展了三轮《小学生良好学习习惯的培养与学习潜能开发的研究》实验，在教育科学研究的引领下，学校的学困生转化工作凸显了以下特点：

1. 课题引领，科学性强。学校没有急于全面开展学困生转化工作，而是在研究初期，选取了具有代表性的四年级 10 名学困生作为研究对象，开展学困生转化研究，有一定经验之后再逐步在学校推广实施，态度谨慎，方法得当。学校首先科学分析了 10 名学困生的情况，并制定出有针对性的个性化培养方案。在实施转化策略的过程中，善于运用罗森塔尔效应、许特尔图表、思维导图等各种教育科学理论和训练方法，保证了转化过程的科学性。

2. 重点突出，针对性强。学校针对学困生的实际，重点落脚在调动学生学习兴趣、养成良好的学习习惯和掌握科学的学习方法上。教师不是单纯地进行学科知识的再传授、查漏补缺，而是有的放矢地开展学习氛围营造、学习习惯培养和学法指导，充分调动了学生的自我发展效能感，推动了学生的自主发展。

3. 兼顾个体，协同发展。学校把学困生转化工作很好地融入到学校教育教学的整体工作中，积极统筹，分层实施。以开展阅读习惯训练为例，学校在整体推进的同时兼顾了学困生群体的实际需要，组织老师为学困生量身定制阅读材料，并适时开展阅读指导，使学困生在这项活动中同样收获了成功的体验，增强了自信心和自我认同感。

第八章
毕业年级教学管理工作

　　教学质量是学校的生命线，毕业年级是学校的窗口年级，毕业年级的教学质量，在学校教学质量评价中占有很高的比重，在某种程度上代表了这所学校的教育教学水平。因此，作为学校管理者必须高度重视毕业年级的教学工作，从人力、物力、财力等方面调集学校各种资源，确保毕业年级教学工作顺利开展。学校既要加强对毕业年级教学工作的管理与组织，也要加强对毕业年级教学工作的指导与帮助，为学生成长搭建平台，为学校发展奠定基础。

第一节　怎样组织毕业班教学

　　【组织毕业班教学的意义】小学六年级是承前启后的一年，是十分关键的一年。这一年，既要完成本年度的教学任务，还要对六年来的知识进行系统的整理和复习，将零散的知识形成一个完整的体系；既是对小学阶段的一个总结，又是为初中学习打下基础。毕业班教学工作是学校教学工作的重中之重，组织好毕业班教学，有利于规范办学行为的落实，有利于面向全体学生，为学生和谐发展和可持续发展营造良好的育人氛围。

　　【主要工作】

1. 研究学生特点，充分了解学情

　　六年级学生即将告别熟悉的小学生活，迈向他们感到陌生的中学校园。他们正一步一步地从童年期向青春期过渡，在生理和心理上都发生了较大的变化。教师要及时了解这些变化，更好地开展教学活动。面临小升初，学生会产生焦虑、紧张、害怕的心理，个别同学甚至睡不好觉，吃不下饭。对此，学校应注意帮助学生调整心态，端正学习态度，消除顾虑，促进他们健康成长。

六年级学生的学习能力、自我管理能力有所加强。校长应提倡教师在课堂上更多运用启发式、探究式、讨论式教学。要适时组织召开学生座谈会，了解学生心理活动和思想动态，了解学生对教师的教育教学的反映，听取学生的愿望和建议，鼓励他们以良好的精神状态面对毕业前的学习和生活。

2.　抓好毕业班教师的管理和培养

（1）召开毕业班教师研讨会。新学年开学后由教导处组织，召开本届毕业年级与上届毕业年级教师共同参与的教学工作研讨会，交流毕业班教学的成功经验，探讨教育教学中存在的问题和困惑。

（2）指导毕业班教师的教学过程。要求毕业班教师备课要"深"，上课要"实"，作业要"精"，教法要"活"，辅导要"细"，质量要"高"。促使毕业班教师尽量采用启发式、讨论式、探究式的教学方法，充分尊重学生，让学生有发表自己见解的机会，使师生之间、生生之间在平等、互爱、和谐的氛围中进行教与学的双边活动，共同进步，共同发展。坚持校内听课制度，为教师提供互相学习的平台。校长要深入课堂听课评课，指导工作，了解和发现毕业班师生教学、生活中存在的典型问题，及时解决。

（3）加强教学检查力度。学校领导定期或不定期组织教学常规检查，听取毕业年级教学情况汇报，召开毕业年级教师座谈会，与毕业年级教师交换意见，并形成视导意见，用以指导教学。

3.　加强集体备课，提高课堂教学效益

组织毕业班教师加强对《新课程标准》的学习研究和贯彻实施，切实把握《新课程标准》的理念、目标、内容和要求，减少教学的盲目性，提高教学的针对性。加强集体备课，把集体备课作为毕业年级教学资源共享的基础，建立"集体备课，资源共享，个人加减，课后反思"的备课制度，挖掘集体智慧，发挥团队效应，营造共赢氛围，培养合作精神。

4.　定期召开家长会，使家庭教育与学校教育融为一体

做好家校联系，定期召开毕业班家长会和座谈会，提高家长对家庭教育重要性的认识，指导家长进行家庭教育和家庭辅导，与家长共同探讨家庭教育，家校紧密结合，为孩子的健康成长而努力。同时，要求毕业年级教师加强与家长的联系，畅通信息沟通渠道，经常与家长互通情况，协商策略，统一认识，统一步调，共同促进孩子进步。

【主要方法】

1.　把握学情，摸准教情

校长要深入课堂，深入学生，及时了解学情。通过课堂观察、学生评教、座谈会等形式，了解学生学习过程中存在和可能遇到的问题，并提出解决方案，让教师真正成为学生学习的促进者、帮助者和引导者。

校长要深入六年级组，走进教师研究活动中，了解和把准教情，了解影响教师教学积极性和制约课堂教学效果的原因，引导教师转变教育观念，坚持赏识教育，坚持"抓两头促中间"。依据学情分析，通过优化教学方式，转变教学态度，不断提升教师的课堂教学实效。

2. 聚焦课堂教学，建立高效课堂

校长应该要求教师坚持以提高课堂教学的实效性为突破口，重视在课前对学生知识的掌握情况进行诊断，让学生明确学习目标；精心创设课堂教学情境，激发学生学习情趣；加强信息技术手段对教学的辅助作用，强化新授课知识的反馈与矫正。校长要从教学设计理论的角度，指导教师科学把握教学设计的每个环节，减少无关低效、费时耗力的诸多教学行为，建立一个民主高效的课堂。

3. 深化课堂复习，提高教学效率

校长可从以下几方面指导教师抓好毕业复习：

（1）归纳概括，梳理知识。复习课不是对所学知识再进行简单的罗列和机械的重复，而是在重温学过的知识的基础上，对知识的脉络和结构进一步归纳概括，达到熟练、透彻掌握的状态，使学生对所学知识在认识上有一个飞跃。

（2）分类指导，查漏补缺。小学知识循序渐进，各知识间的联系密切。在复习时，教师要抓住知识的内在联系，有的放矢地对学生进行分类指导，查漏补缺。具体地说，就是对所学的内容进行系统整理，并通过知识的串连性和连接点，将学生复习前零散无序、认识模糊的概念及题解纵横沟通，形成整体感知。

（3）讲练结合，开阔思维。讲和练是复习课不可缺少的内容，教师要精讲，学生要多练。教师要有计划、有目的、有指导地让学生多做综合性的练习题、复习题，以实现由学会到会学的转变。

4. 加强质量监控，规范作业环节

加强教学"随机视导"和学科调研，抓好阶段性教学的"问题会诊"，做好及时调整和措施跟进。要求教师提高学生作业布置和批阅的质量，把学生从过重的作业负担中解放出来。教师应认真设计或选编学生的作业、练习，根据学生实际分层次布置作业。做好对学生的跟踪与分析，尽可能缩小学生的分化面，力求做到"四精五必"，"四精"即精选练习、精编练习、精讲练习、精批练习，"五必"即有发必收、有收必改、有改必评、有错必究、有差必补。

5. 分层推进，分类指导

同一复习内容，对低层次学生，教师不仅要改进教法，还要指点学法，清除他们学习中的障碍，对学习重点难点进行详细讲解具体指导，即"牵着过河"；对高层次学生要启发诱导，进一步拓宽他们的知识面，使他们不停地向新知识领域迈进，即"指导过河"，以求在课堂有限时间内，使每个学生都有所长进。开展学科课外辅导和分层教学时，不仅关注学生的分类分层，"抓中间促两头"，更要加强备课组集体研讨，针对不同层次学生的学习特点和知识掌握情况，分层次确定教学内容，注意知识难度、深度的把握。教师在教学中要坚持"低起点、严要求、密台阶、多反馈"的原则，切实做到面向全体，关注学科均衡，关注学科发展的整体性与均衡性，引导学生不偏科，让每一个学生在学习过程中感受成功的喜悦，树立起学习的信心。

【注意事项】

1. 进一步强化目标意识，明确责任

毕业年级的教师、学生应该明确各自的奋斗目标。有目标才会有压力，有压力才会产生前进的动力，所以校长要帮助教师强化毕业班教学目标，明确责任；帮助学生强化学习目标，增强学习动力。

2. 进一步加强过程管理，注重实效

抓毕业年级教学，应注重过程管理，要采取有效措施，提高工作实效。

（1）毕业年级管理，讲究一个"细"字

定期召开教师会议，及时向教师通报年级工作方案和重点措施，了解教师们的思想动态，统一思想，提高认识。做好备课组、班级、科任教师之间的协调工作，帮助教师们树立全年级一盘棋的思想，力求打好整体仗。定期召开家长会，讲清形势，统一认识，指导家长配合学校做好毕业年级教育教学工作。

（2）对学生的学习要求，狠抓一个"实"字

要求学生每节课之前坚持预习，上课认真听讲，积极思考，课后作业及时巩固，认真完成；正确对待考试，考后认真纠正错误和总结经验，并做好错题笔记。

（3）对学科教学过程，强调一个"精"字

毕业年级教师要切实落实好"精讲、精练、精批、精评"的教学要求。复习课的教学过程要做到讲练结合，单元过关要解决好以讲代练问题。

【案例】

毕业年级教学一日视导案例

一、视导目的：加强教学的精细化管理，强化毕业班教学过程的检查、反馈，进一步了解毕业班教育教学的全面状况，优化教学秩序，规范教学行为，全面提高教学质量。

二、视导方法：学校领导2人一组，全天跟踪一个班，上午进行听课、学生访谈、查资料，下午进行学生大综合测试。

三、视导内容：听课、查备课笔记、学生作业、看班容班貌、学习习惯、学生的问卷调查。

四、视导反馈：

1. 课堂教学（共12位教师）：A课8节　B课4节

教师在课堂教学中能以引导者、服务者、学习参与者的身份出现，尊重学生，能充分体现学生的主体地位，以学定教。教师能引导学生自主发现问题，围绕问题探究交流。能充分利用网络资源和现代化教学手段辅助教学，直观又形象，提高了学生学习的趣味性，调动了积极性。

问题及建议：

（1）个别教师准备不充分，教材理解不深入，环节不清晰，课堂容量小，费时低效，教

学重难点不突出。希望认真研读教材，把握重难点，确定恰当的、切实可行的教学目标，有目的地设计教学活动，不能为活动而活动。

（2）对六年级学生扶得太多，放手不够。要充分做好初小衔接工作。例如要让学生养成整理、加工资料的好习惯。老师在布置调查、搜集资料任务的同时，就要求学生对搜集到的资料要深入的理解，交流时用简洁、流畅的语言表达出来。

（3）留给学生思考的时间太少。课堂上老师给学生创设了很好的学习情境，就要给学生留下充足的时间去体会、思考，不要怕冷场。

（4）评价要多元化，特别要注重生生之间的评价，要善于发现生生评价中的闪光点和生成问题，并给予积极指导。

2. 作业及批改：检查语数英作业本共计 505 本，书写认真、批改规范 487 本。

教师能精心设计作业，做到有发必收，有收必改，有改必讲，有错必究，作业适量。教师批改作业认真，能采用等级加评语评价作业。六（4）班开展"日记接力"的特色作业。教师积极向学生征集每个小组的名称及口号，每篇日记后面都有学生和老师的寄语，激发了学生写日记的兴趣和激情。

部分学生书写马虎，错误较多。要加强学生良好习惯的培养。在教学中注重细节，加强对学生的习惯养成教育，注重在教学中培养学生预习、听讲、书写、作业、复习等方面良好的习惯，把教书与育人有机地结合起来，使学生逐步形成认真做事，善于思考的良好习惯。

希望采取分层作业，让所有的学生都能有发展。结合六年级学生的年龄特点，可以尝试多元互动开放的作业评价形式，如学生自评、生生互评等，激发学生的学习兴趣，提升学习能力。

3. 备课笔记 12 本：A 级 9 本　B 级 3 本

教师备课时能认真钻研教材，把握全册教学目标，教学进度计划详细，具有指导性。能精心设计每个教学环节，教案层次清晰，条理分明。六（1）班语文教师备课时把学生的活动安排得非常详细，高度关注学生在课堂上的表现。六（3）班英语教师教学后记针对性强，不仅从所教内容方面进行反思，把在备课中未考虑到而在教学实际中出现的难点详尽地记录下来，还把学生的课堂表现、对知识的掌握程度以及由此产生的反思及时记录，针对性强，效果好。

问题及建议：对学情分析不准，二次备课不详实。个别教师缺少教后反思，有的反思流于形式，缺乏实质性内容。希望认真学习课程标准，精心设计每个教学环节，注重收集、借鉴对教学有帮助的各种资料，融会贯通。加强集体备课，发挥教师团队精神，集思广益，取长补短，充分发挥每个教师的长处，形成优势互补，达到共同进步、共同提高的目的。

4. 学生大综合调研：及格率 93% 优秀率 30%

大综合调研涉及六年级所有学科，其中语数英学科知识运用能力有待提高。学生对综合学科重视不够，音体美、科学、信息的知识点掌握不好，应知应会的没有掌握，学困生之间差距较大。希望综合学科教师重视学生学科知识的学习，人人过关，对学困生要有行之有效的帮扶措施。

希望教师关注学生思维，关注学生情感，关注学生学习状态，关注课堂训练达标情况。要进一步关注学情，以学生实际知识基础和生活经验开展教学。在用好教材的基础上，拓展教学资源。

【分析】

毕业年级教学一日视导是一次诊断性的视导。学校领导深入课堂，走到学生中间，在检查、访谈、测评中着力发现教师教育教学工作中的闪光点、缺憾点，对发现的优点推广学习，对发现的问题及时反馈并整改。教学视导是教师互相学习、互相交流、共同促进、相互提高的途径，通过多组数据的呈现、比对、分析，引发教师对自身教学行为、教学方法的思考。教学视导促进了年级组和教师队伍的建设，实现了整体优化，为进一步提高教育教学质量打下了基础。

教学一日视导对毕业年级下一阶段工作起了指导的作用，做好反馈后的跟进工作、跟踪研究，将进一步提升教师的教学力和学生的学习力。

第二节　怎样指导毕业班学生

【指导毕业班学生的意义】

1. 学生年龄特点的需要

六年级学生是一个特殊性的群体，他们处于十一二岁的年龄，又是小学的最高年级，具有自我意识显著增强、活动能力明显提升、情绪变化异常突出、辨别能力易受影响等特点。在学习上，知识容量的增加，难度的提升，《课标》对综合能力的新要求，使得学校对他们进行未来理想教育、学习方法指导、生活能力指导等变得更为重要。

2. 家校协作的需要

小学毕业生的年龄正处在少年的叛逆前期，由于部分家长教育方法不当、措施不力，导致学生对于家庭教育产生抵触情绪。在家庭教育中存在两个方面的倾向，一是家长关爱心切，操之过急，学生不愿接受，往往适得其反；二是家长不闻不问，学生自我管理，任由自生自灭。因此，学校需要对家长进行指导，告诉他们如何教育和引导孩子，如何帮助孩子在小学的最后一年取得更大进步。要搭建家校协作的平台，发挥家校共同教育的合力，引导学生健康成长与发展。

3. 学校管理的需要

毕业年级是学校教学质量的窗口，是评价学校办学质量与办学水平的重要指标。抓好毕业年级教学工作，事关学校的办学质量与办学水平，是学校管理的头等大事。因此，作为学校的管理者必须高度重视，周密计划，精心指导，严格实施，确保毕业年级教学质量的有效提升。

4. 提升学生培养质量的需要

毕业年级学生即将完成小学阶段的学习，对于小学阶段学习的知识、技能及综合应用的能力都应进一步提升。学校要从学习方法、知识梳理、技能提升、综合应用、社会实践等多方面加强对毕业班学生的指导，确保毕业班学生的培养质量的巩固与提高，从而达到把每名学生都培养成为一名合格小学毕业生的要求。对于即将毕业的学生，不仅要求他们很好掌握小学阶段的知识与技能，更要关注创新精神培育与综合实践能力提升，指导其打开眼界，拓展视野，丰富阅历，为今后的发展奠基。

【主要工作】

1. 加强对教师教学的指导

校长对毕业年级指导的重点要放在对教学工作的指导，要着重加强对青年教师及新任毕业年级教师的教学指导工作。具体要做的工作有：

（1）指导制定教学计划

指导毕业年级各学科制定相应的教学计划，组织教师认真研读小学各学科《新课标》的总要求及年段要求，结合学生实际，制定本学科毕业年级的教学计划。要把计划的重点放在总目标的明确上，制定可靠有效的措施与方法，强调实效性与可操作性。

（2）指导落实教学常规

加强过程指导，深入教学一线听课、查课，检查教学常规，规范备课、上课、作业批改、培优补差等教学常规工作，定期组织开展教学常规检查、教学常规评比活动。通过教学常规的落实，抓好学生的基本知识与基本技能过关，基本活动经验与基本思想方法的体验与领悟，防止教师"车轮战"，一张口讲到底，避免学生"题海战"，一支笔做到底。

（3）指导学科校本教研

抓好学科教研活动。坚持开展每周一次的学科教研活动，利用教研活动分析查找工作中出现的各种教学问题，以现实教学问题作为研究对象，群策群力，共同研究，寻找问题的有效解决办法，避免单纯靠体力，拼时间，低效、野蛮的教学。

（4）指导阶段质量监测

组织并指导开展阶段质量监测，一是有针对性地编制质量监测试题，二是合理安排时间进行质量监测，三是严格评卷及数据统计，四是科学进行监测质量分析。

（5）指导初小衔接教育

一是做好小学毕业班与初中教学衔接的安排，在课程课表的设置、教学内容的选取、教学方法的采用、教学效果的评价等多方面与初中教学适当衔接。二是加强与初中教学衔接的互动研究，与初中教师开展联合教研、观摩教学，相互探讨，共同研究初小衔接教育。三是开展体验式教学，组织学生参加观摩体验活动，让学生参观中学校园，体验中学生活。四是开展初小衔接的心理辅导教育，请专家、中学教师、中学生、家长等作讲座，让学生正确面对毕业升学，理性选择就读学校，友善处理与同学之间的关系。

2．强化对家校协作的指导

对毕业年级管理，需要争取家长的支持与配合，营造家校互动的平台。具体要做的工作是：

（1）建立健全教师与家长的通讯联系制度。利用电话、网络等建立起家长与教师联系交流机制，无论学生成绩优劣，做到教师与家长的定期联系，及时反馈学生在校、在家的思想与学习动态。

（2）召开毕业年级家长会。不仅要召开期末总结会，同时还要召开阶段情况通报、政策宣传和学生学习问题解决等专题家长会，搭建教师与家长沟通交流的平台，形成教育合力。及时向家长介绍学生学习情况，宣传小学毕业工作政策，指导家长配合学校工作，正确对待学生的升学问题。

3．加强对学生学习的指导

对学生学习的指导包含三个方面的工作：

（1）对学生思想动态的引导

学生的思想动态直接影响学生的学习态度与学习效果。因此要及时了解学生的思想动态，加强对学生的思想教育，从理想目标到现实需要，从个人责任到疏解压力等，有针对性地对学生进行集体的思想教育、个别的对话谈心和及时的心理辅导，使学生能端正学习态度，克服畏难情绪，树立必胜信心。在思想的指导上坚持多表扬少批评，多鼓励少指责的原则，使学生变"要我学"为"我要学"。

（2）对学生学习方法的指导

毕业阶段的学习，特别是后期的复习需要合理的安排与恰当的方法，因此必须加强对学生学习方法的指导，引导学生有效、高效的进行学习与复习。对学习方法的指导可采取聘请专家集体讲座、教师专题介绍、学生经验交流等，以不同的视角介绍、不同的倾听方式让学生从中选择适合自己的学习方法。

（3）对学生学习内容的指导

针对毕业年级的学习内容，学校可编印相应的复习资料，但同时要注意把握好"度"。俗话说，复习资料一怕"无"，二怕"滥"，三怕"死"。首先，要整理、编印适当数量的学习资料，为做好毕业教学提供方便。其次，要正确对待、合理运用学习资料，要注意质量，不能贪大求多；要精心挑选，再次加工，重新编排。三是不能一味迷信学习资料，在重视"四基"能力巩固的基础上，突出对知识技能的理解、运用与创新。因此，需要指导教师结合学生实际与《新课标》要求，对学习资料进行类比、变化、联想、丰富等再加工。

【主要方法】

1．开好四个"会"，即行政会、教师会、家长会和学生会

（1）每月召开一次研究毕业年级管理工作的行政会，整合学校教导处、总务处等部门的力量，指导、协调毕业年级管理工作，保障毕业年级教学各项工作的有序推进。

（2）每周召开一次毕业年级教师会，收集毕业年级教学工作动态及情况，反思、分析存在的问题，及时解决毕业年级教学工作的困难，明确毕业年级教师的下一步工作。

（3）每月召开一次毕业年级家长会，通报学生学习动态、毕业生升学政策、毕业生教育情况等，努力做好家校协作工作。

（4）不定期召开学生会，针对学生思想动态、学习方法等进行帮助、指导与教育。

2. 做到四项"落实"

（1）落实目标要求。指导教导处认真研究《新课标》的总要求，针对总要求细化分段目标，由教研组长按阶段目标制订教学计划与导教资料，教师根据目标与计划集体备课，编写教案，分工编制相应的学习资料，落实教学要求。

（2）落实总复习计划。制订总复习计划，明确分阶段复习的目标及内容要求。针对学生层次，分层落实学科复习内容，并分阶段安排质量监测项目，由学校负责统一组织质量监测。针对监测质量进行分析研究，并及时反馈，调整复习安排，减少问题的积累，提升复习的质量。

（3）落实校本教研。加强学科校本教研活动，坚持每周一次的学科教研活动，教学校长要全程参与。教研活动做到有主题，有专人主讲，有集体讨论，有专家引领，有研究成果。在教研活动中分析现实问题，注重分享交流，强化团队精神，全面提升教学质量。

（4）落实激励机制。在一把手校长支持下，一方面要建立毕业年级教师的绩效奖惩机制，制订毕业年级教育教学的专项奖惩办法，充分调动毕业年级教师的工作热情；另一方面要做好毕业年级的后勤保障，优先考虑毕业年级教学工作的需要，保证毕业年级正常的教学秩序。

【注意事项】

1. 处理好"指导"与"指挥"的关系

针对毕业年级教学工作，应充分尊重一线教师的实际问题和需求，在分享与交流的基础上，给予建设性的指导意见或一起研讨解决，避免主观臆断，指挥式的发号施令，防止统得过死、管得过细的问题。对于需要统一安排的事项，必须做出统一的指令，按统一的要求办理。

2. 处理好"指导"与"自主"的关系

针对毕业年级学生的学习，要尽可能多地给予学生自主复习的机会，让学生练习、讨论、交流，发挥学生的主动性和创造性。老师弯下身子走近学生不在于形式，而在于实实在在的巡视和指导。教师应尽可能了解所有学生的学习情况，尽可能给予有效的指导，尽可能发现普遍的问题。学生能够解决的，教师不包办代替。复习过程中，可让学生自己确定最需要复习什么，自己梳理知识和题目呈现形式，自己总结作业中存在的问题等。教师考虑得最多的是哪些地方需要讲解，哪些地方需要指导，怎样指导；说得最多的话是启发的话、点拨的话、激励的话；重点是引导学生寻找知识规律，归纳复习方法。

3. 处理好"练习"与"复习"的关系

复习是针对所学的知识进行系统的、有针对性的分类、整理、归纳和综合，是在巩固的基础上提升，在原有知识、技能的基础上拓展，而不是以练习代替复习，让学生做大量的试题；不是以测试代替学习，搞题海战术。复习中需要以练习来巩固、提升，但练习题必须精练，有层次，有梯度。

4. 处理好"智商"与"情商"的关系

教育既要"教书"，更要"育人"。小学毕业生临近毕业，学习压力大，来自家庭、教师及同学等各方面的因素，对其思想及心理产生很大影响。因此，要做好毕业年级学生的思想工作，加强对学生的心理疏导，指导其妥善管理自己的情绪，正确理解他人的情绪，友善地对待他人，有效地自我激励。

5. 处理好教学工作与德育工作的关系

在学校管理中，德育与教学要相互协调，统一安排。在管理者方面，教学校长要努力做好与德育校长的工作协调，协调好时间分配、资源调度、人员安排、奖惩制度等，既确保教学工作有序进行，又促进德育工作有效开展，使德育与教学形成合力，培养真正合格的小学毕业生。

【案例】

关于毕业班数学学科阶段质量监测分析及教学反思

一、阶段质量分析

本次阶段质量监测成绩统计情况如下：

实考总人数	90分以上	80—90	70—80	60—70	40—60	40以下	总分	平均分
46人	24人	16人	6人	0人	0人	0人	4115.5	89.47

卷面分析如下：

项目	一题	二题	三题	四题	五题	六题	七题	八题	九题	附加题
应得总分	460	828	184	1150	184	184	184	368	1058	46人
丢失总分	6	24.5	4	174	47	45	6.5	26	145.5	15人
实得总分	454	803.5	180	976	137	139	177.5	342	912.5	31人
失分率	1.3%	3.0%	2.2%	15.1%	25.5%	24.5%	3.5%	7.1%	13.8%	32.6%
得分率	98.7%	97.0%	97.8%	84.9%	74.5%	75.5%	96.5%	92.9%	86.2%	67.4%

从得失分率及学生错误情况分析可看出：

1. 在计算方面：学生计算普遍都已过关，得分能力较强，其中口算（一题）丢失总分6分，脱式计算（二题）丢失总分24.5，解方程（三题）丢失总分4分，得分率均在97%以上。对丢分人员的卷面分析可看出，学生都能掌握分数四则计算的方法，丢分主要是由于部分学生粗心，或只写计算结果，没有过程导致。

2. 在数学概念理解方面：学生在概念的应用方面较差，其中填空（四题），判断（五题），选择（六题）分别丢失总分 180，47，45，人均丢失总分达到 6 分之多。特别是判断与选择得分率仅为 74.5%，75.5%。填空的得分率也仅为 84.3%。通过卷面分析，学生错误主要集中在填空的 5 题、9 题、10 题，12 题，判断的第四题，选择的第 1 题与第 2 题。说明学生对于分率的理解还不够，还应加强对分率应用的掌握，进一步拓展学习的宽度，进一步强化分率与数量的对比，明确分率的含义。

3. 在动手操作（七题）能力方面：学生对方向与位置掌握较好，但仍有个别学生出现错误，主要是对方向没有正确掌握。

4. 在解决问题（八题，九题）方面：学生虽然在解决问题的题目中得分率较高，但通过卷面分析，可以看出学生对于分数应用题还未能完全把握数量关系，在解决问题的 1 题中学生未能正确区分多余条件 250ml，造成丢分太多。

二、阶段教学反思

1. 通过阶段质量监测反思教学，可以看出学生基本掌握了基础知识，在计算方面有较大的进步，今后将进一步以听算加强对学生计算能力的指导。

2. 在分数解决问题的教学中注意了与比的结合，学生对于比的掌握较好，但对于分率的理解较差，今后要进一步加强分数问题的对比练习和变式练习，进一步强化运用比、分率解决实际问题的能力。

3. 在概念的讲解中，由于没有吃透，应用较少，未使学生完全弄清，造成概念较模糊，丢分较多，在教学中有抢进度的现象，有未注意学困生的学习效果的情况。在今后对于概念的问题，要加强内涵的挖掘、对外延的拓展。

4. 教师在教学设计上存在问题，如对学困生的关注方面，在练习题的选择上，适合学困生题目太少，对学生作业的指导不够。

三、今后教学的对策与思考

1. 教学内容要注重落实，不赶教学进度，稳步推进。

2. 在教学中加强对学困生的关注，加强对作业的指导，在课堂上多指导学困生，注重知识和能力的过手。在百分数的教学中强化线段图的使用，圆的教学中多动手，动手与计算相结合。

3. 针对学生的学习，一是采取全班学生的训练与练习，注重知识与技能的复习与储备，注重方程解答和应用的能力，为更好地解决数学问题奠定基础。二是加强对后进学生的专项训练指导，一切从务实出发，切忌高、飘、远。

4. 提高教学能力，优化教学设计，教师之间加强交流研讨，共同提高。

【分析】

毕业年级的教学质量是校长首要关心的问题之一，因此在提升教学质量方面，校长要精心思考，细心设计，周密部署，用心落实，确保毕业年级教学质量的进一步提升。

教学质量提升的方法与途径是多种多样的，既有师资力量的提升，课程设计的优化，课堂教学的有效，练习复习的强化，又有质量监测的反馈，思想教育的跟进等。上面是一个关于质量监测分析的案例，从案例中可以得出：

1．注重教学质量的定量与定性的分析

针对教学质量的分析，既要看分数，即定量的分析，这是衡量教学质量高低的重要标准之一，又要注意对教学情况的定性分析，准确把握教师教学及学生学习中存在的主要问题。这样才能对存在问题做出科学、有效的判断。

2．注重教学与管理相结合的反思

针对质量监测中反映出的问题，不能一棍子打在学生头上。应正确反思问题产生的原因，既有学生的理解问题，也有教师教学的问题，同时还可能存在学校教学管理的问题，这些都要逐一全面地进行反思，这样对问题才会有清晰的认识，才利于做出正确的分析。

3．注重提升教学质量的方法与策略

根据问题分析，要通过教研进行讨论形成改进的策略与方法，要召开年级教研工作会，通过自我反思，集体研讨，学校指导，发挥集体智慧，提出教学改进的策略与方法，同时在实施中进一步研讨，进一步实践，确保质量的提升。

第九章
发挥电教仪器设备、图书的作用

随着时代进步，现代教育技术飞速发展，学校配备的电教、仪器设备越来越高端，图书也日益增多。开展电化教学和实验教学，发挥教学仪器设备和图书的作用，是学校实施素质教育、促进学生全面发展的重要载体，是提高学生动手能力、实践能力和创新精神的重要途径。本章将从电教仪器设备的使用、保管与维修，图书的管理两个方面，具体阐释校长如何发挥好电教、仪器设备、图书在学校教育教学中的作用。

第一节　怎样用好电教仪器设备

【用好电教仪器设备的意义】

我国现代教育技术的发展起始于上世纪 20 年代，称之为电化教育，简称电教。自改革开放以来，我国的电教事业有了飞速的发展。目前，我国常用的教育技术手段主要有幻灯、录音、录像、电影、电视、广播、计算机、语言实验室等。电子白板、平板电脑、网络交互平台等新型设施设备正逐步进入课堂，为课堂教学改革开辟了全新的天地。电教的作用已经从传统教学工具的补充、延拓和改革，发展到海量信息的传递和教学手段的变革，从一定意义上讲，也是教学方法的一种革命。

现代教育技术手段用于学校教学，与传统直观教具相比，具有更加生动、直观，容易再现，能够顾及学生的个体差异，便于学生理解记忆等优点。例如，教学视频能通过技术形象地表现宏观世界的各种物理现象和化学现象，能用各种特殊的方法或从特殊的角度展现现实生活中人们难以观察的事物内部变化和发展过程；能将一些动作性的过程重复播放；能将某些人眼来不及看清的过程以分解镜头或慢速度放映出来，能把抽象的教学材料形象化。实践证明，现代教育技术的运用有利于提高课堂教学效率，成为提升学校教育教学质量的有效手段。

多媒体计算机辅助教学拓展了电教的外延，与传统的电教手段相比，多媒体计算机辅助教学不仅更加有利于教师"教"，而且更加关注学生的"学"，方便学生的"学"，突出学生有个性的"学"。

除电教设备外，科学实验、劳动技术等教学仪器设备也极其重要。常言道，实践出真知，这里的"知"，不光指陈述性知识和程序性知识，还包括动手能力，更有情感、意志等非智力因素。如果没有教学仪器设备作为基础性支撑，这将难以实现。基于这样的认识，学校的仪器设备不能只是摆设，它们更是"能说话"的学习伙伴，在教学中多用，它们就会"告诉"学生更多的知识和奥秘。

【主要工作】

1. 促进教师运用现代教育技术辅助教学

现代教育技术的运用主要是通过多媒体计算机辅助教学。教师要充分运用计算机及计算机网络、多媒体技术，把图形、图像、动画和声音与教学内容有机融合起来，把网络信息平台的大量学习资源调动起来，服务于学生学习，完成一定的教学过程（或教学形式），实现一定的教学目的。校长要抓好现代教育技术辅助教学这项工作，组织教师根据不同的教学形式、学科以及学生的特点，利用多样的教学资源，采取多种现代教育技术手段，优化教学过程，激发学生学习兴趣，提高教学质量和效益。

校长要推动学校教师使用多媒体课件。校长不但要促进教师掌握常用课件制作软件的操作方法，而且要通过"班班通"建设工程，创造条件让教师能够在课堂上使用课件，通过推进学科教学与信息技术的整合，引导教师在课堂教学中有效使用课件。

2. 抓好学校电子教学资源建设

校长要利用宽带网，推进本校电子教学资源库的建设，为教师备课、上课提供充足的教学资源。要指导教师学会查找和获取网络平台上有用的教学资源，丰富自身的教学素材和教学课件。

要建好多媒体数字图书馆。数字图书馆资源的广泛性以及查找的便捷性能改善教师的教学和学生的学习，它可以将多种管理与教学功能集中在一起，成为校园网络平台的重要组成部分。

3. 抓好现代教育技术的教师培训

促进电教设施设备的使用，关键在校长。校长要重视对教师的培训和管理工作，要组织开展面向教师的电教仪器设备使用技术的培训，把电教仪器设备使用新技术介绍给广大教师，引导教师养成合理利用电教仪器设备辅助教学的习惯。

【主要方法】

1. 加强领导，提高教师的现代教育技术的意识

校长应加强对电化教学、实验教学的领导，规范建设电脑教室、多媒体教室、实验室、仪器保管室等，通过广泛宣传，营造氛围，使全体教职工认识到电化教学、实验教学的重要性，从明白"有用、好用"到变成每天"想用"。

校长要让教师明白"有用"，必须深入了解教师教和学生学的需求，深入研究现代教育技术和学科教学的整合，通过真实、生动的教学案例，让教师感受到电化教学、实验教学带来的好处。

校长要让教师体会"好用"，一方面学校采用的计算机软件应该运行稳定，简单易学，仪器设备应该方便操作，便于教师使用；另一方面提供的资源应当便于教师根据自己的教学需要整合利用。

明白了"有用、好用"，师生才会"想用"。教师重视电化教学、实验教学，产生了"想用"电教、仪器设备的愿望，学校利用现代教育技术、使用教学仪器设备改善教学就成功了一大半。

2．建立制度，规范使用电教、仪器设备

校长要有效推动学校电教、仪器设备的使用，必须建立一系列管理制度。电教方面，可制定以下制度：普通教室电教设备管理制度，多媒体教室管理制度，校园网管理制度，校园广播系统使用制度，语音教室管理制度，形体房开放制度，电教仪器借还制度，音、美、体器材管理制度等。实验仪器方面，可制定以下制度：实验室开放制度、实验仪器借用制度、实验准备制度等。用制度规范师生使用电教、仪器设备行为，做到有章可循，依规办事，就能更好地发挥电教、仪器设备的作用。

3．开展培训，提升教师电化教学、实验教学的水平

新课程改革对教师的教学能力提出了新的要求，充分利用电教设备、教学仪器设备、校园网络及其资源体系等是提高教学质量的必要手段。教师利用信息化手段开展日常教学、实现现代教育技术与学科课程整合，是电化教学发展要解决的根本性问题。因此，教师运用现代教育技术的技能培训就显得尤为重要。

当前，课件制作与使用是技能培训的重要内容之一。校长既要邀请专业技术人员教会教师制作课件或获取现成的课件资源，又要深入课堂观察、诊断多媒体课件的使用情况，指导教师正确、合理使用课件。校长要在对全校各学科教学课件使用现状调研的基础上，提出适合本校实际的多媒体课件使用指导意见，从合理控制多媒体课件信息、"形式"服务于"内容"、突出教学重点难点、实现"以学定教"教学方式等多方面进行具体、有效的培训。

校长可以依托提供电教资源公司的售后服务来组织开展培训。公司的专业技术人员能够对电教设备的使用进行专业指导，学校可以邀请其到校讲解相关知识和使用方法，提升教师使用电教仪器设备的能力和水平。

同时，校长需要借助校本培训来提升教师电化教学、实验教学的水平。比如，组织教师学习电化教学、实验教学有关理论知识；组织开展电化教学和实验教学的公开课（研究课）、优质课竞赛、课件制作比赛等活动；组织教师外出学习，借鉴和学习其他学校的先进经验等等。

4. 开展电教、实验教学研究

校长要引入现代教育理念和现代教育技术，不断推进课堂教学改革。要加强电化教学、实验教学及多媒体计算机辅助教学的研究，提高课堂教学效率。要引入现代信息技术与学科教学整合的教育理念，探索教育教学新方法，建构适合本校实际的现代教育技术与学科教学整合的基本策略和操作模式。

学校还可以申报电化教学、实验教学等专项课题研究，以科研课题研究引领学校电教、实验教学工作。

【注意事项】

1. 引导教师恰当使用电教仪器设备

在课堂教学中，无论是在课前确定教学内容，制作课件或选择电教资料（幻灯片、音频、视频等），还是在课中安排、组织、运用电化教具，使用课件以及使用电教资料时的指导或讲解等，都必须发挥教师的主导作用。特别是面授时教师教学语言的感染力，教师与学生思想交流的亲和力，以及教师根据课堂教学实际灵活调整教学内容和形式等，是教学工具所不能代替的。所以，电化教具要在教师的合理使用下，与行之有效的各种教学方法适当地结合起来，才能充分发挥其作用。

2. 在使用设备时要重视人身安全

电教设备在工作时都是带电的，学校要重视安全教育，实行严格的仪器、设备操作规范。凡具有危险性的相关操作一定要在教师的监管下进行，以免学生在使用过程中受到伤害。

【案例】

××小学课件制作大赛活动方案

为了大力推进多媒体课件在教学中的应用，激发教师在教学过程中运用现代教育技术的主动性和积极性，切实提高教师多媒体课件开发的整体水平，特开展课件制作大赛。

一、指导思想

面向现代化，以计算机技术和网络技术为基础，提高教师多媒体课件制作水平，增强教师教育教学能力，建设高素质的教师队伍，适应新时代，紧跟新形势，推进教育教学改革不断向前。

二、组织机构

组委会负责比赛的策划、宣传、组织、执行，评委会负责所有参赛课件的评审工作。

组委会、评委会名单：（略）

三、参赛对象

全校各学科教师。

四、交稿时间

×年×月×日。

五、竞赛要求

参赛的多媒体教学课件，必须结合本人的教学实际自己制作（可以利用网络素材），以一节课作为一个基本单元。课件制作软件不限，参赛课件应具备以下基本条件：

1. 有明确的教学目的、教学对象，教学设计科学，反映现代教育技术的发展趋势，符合教学规律，教学效果好；

2. 教学内容严谨、层次清楚，教学方法、教学模式上有创新，注重培养学生自主学习能力，注重提高学生实践能力和创新能力；

3. 较好地运用现代教学理论和现代信息技术，注重实用性和操作简便性；

4. 具有推广应用价值。

六、奖励办法

设一等奖 2 名、二等奖 4 名、三等奖 6 名，鼓励奖若干名。

七、比赛总结

在学校公布获奖名单，一、二等奖的获奖教师在全校上展示课（利用获奖课件）。

××小学

×年×月×日

【分析】

这份教师课件制作大赛活动方案体现了校长对现代教育技术应用、推动学校电教工作的重视。

1. 激发兴趣，促进运用

随着信息技术的飞速发展，教师熟练掌握现代教育技术已显得十分重要。组织课件制作比赛能够激发教师学习现代教育技术的兴趣，促进教师对计算机技术的熟练运用。作为该校的校长，他一定深知只有在教师熟练掌握和运用现代教育技术的基础上，才能够实现教育技术与学科教学的整合，才能紧跟时代发展的步伐，才能为学生提供更好的教育。

2. 以赛促学，巧妙推动

校长用"以赛促学"的方式来促进现代教育技术的应用：一方面，期末把竞赛活动的安排告知教师，不是板着面孔式的"暑假作业"，教师乐于接受；另一方面，教师在假期里有充足时间总结课堂教学的经验，学习多媒体课件制作技术，以课件的方式物化自己的教学思想，做到休息与学习两不误。

3. 重视经验推广

一般来讲，评了奖，颁了奖，一次比赛活动就算结束了。这次课件制作比赛在"比赛总结"阶段还安排了一、二等奖的获奖教师利用获奖课件在全校上公开课，这既体现了"制作是为了使用"这一课件制作目的，又扩大了优秀课件的交流范围，将"成果"用于教学实践来检验"效果"，让"成果"的使用价值最大化。

创设情景　激发学习热情
——多媒体计算机辅助《品德与生活》课教学

学校开展"电教月"活动，要求各教研组用多种形式开展多媒体辅助教学研究，以推动电教仪器设备的有效使用。《品德与生活》学科组积极响应，重点开展了"利用多媒体创设学习情境"的研究。

　　我设计《品德与生活》中"不打扰别人"，引入时采用了形象生动的动画片。当唱着歌的小鸭子出现在学生面前时，他们表现出了极大的兴趣，眼睛紧紧地盯着屏幕，生怕看漏了什么，嘴里也跟着哼哼，可爱的小鸭子不打扰别人工作、学习、休息的画面让孩子们非常喜欢。

　　观看后，我让孩子们讨论："小鸭子见到正在工作的松鼠，见到正在睡觉的小猫，见到正在学习的小兔时，是怎么做的？它为什么还要样做？"顿时，教室里议论纷纷。

　　在学完课文和补充事例后，我及时播放了一段家长录制的自己孩子在家不打扰别人的录像。精心剪辑的录像片配以恰当的解说，再加上优美背景音乐，让学生感受到身边同学中有许多这样的孩子。

　　观课后，校长、教研组长对我的这节课给予了高度评价。他们认为：课堂上利用多媒体创设学习情境，极大地提高了《品德与生活》学科的学习效率。

　　通过开展这次活动，全组教师对电化教学有了更加深入的研究，对我的帮助很大。

【分析】

　　1. 开展专项活动是促进使用电教仪器设备的有效方式

　　该案例中，学校开展"电教月"活动，要求各教研组用多种形式开展电化教学研究。在学校的统一部署下，案例作者所在教研组也安排了活动，作者还承担了一节研究课。这种活动对全校推进现代教育技术的运用起到了一定作用。由此可知，校长根据学校情况，开展专项活动，发动全体教师参加，对推进电化教学十分有利。

　　2. 校长深入课堂参加活动，能够体现学校对电化教学的重视

　　案例中的校长亲自参加此次教研组的"电教月"活动，进入课堂和教师们一道听课，并参与对教师的指导和引领。这既是对教研组和承担研究课教师的勉励与支持，也是向全校传递一种认识，即推广与运用现代教育技术势在必行，全体教职工都应该积极参与其中，以此推进课堂教学方式的优化和课堂教学效率的提升。

第二节　怎样维护和保管电教仪器设备

【维护和保管电教仪器设备的意义】

　　电教仪器设备及电教教材是提高教育教学质量的重要物质条件。学校电教、仪器设备在使用过程中会出现一些故障甚至损坏，需要及时维修或报损、添置。做好电教、仪器设备的维护，可以长时间保持设备的良好运行效果，可以延长设备使用寿命。认真做好设备维护是每一个电教员、网管员的职责，更是一种应有的职业素养。只有做好电教、仪器设备的保管与维护工作，才能促进学校教育教学活动的正常有序开展，才能将"物质条件"转化为良好的"教学质量"。

【主要工作】

1. 电教、仪器设备的管理

　　安排专门人员负责保管电教、仪器设备，合理安排相关设备的保管用房和场地；制定电教、仪器设备管理的规章制度，保证相关管理制度的落实和执行。

2. 电教、仪器设备的维护

电教设备包括多媒体辅助教学用电教设备（包含液晶体投影机、实物展示台、中央控制器、多媒体讲台、音响系统以及相关附属设备），办公用电教设备（包含计算机、打印机、扫描仪、光电阅读机以及相关附属设备），校园有线电视系统、校园网络系统等；仪器设备包括各学科辅助教学使用的仪表、机器、乐器、体育器材、生物标本、模型等等。设备的维护应贯彻"归口管理、责任到人、及时维护"的原则，做到发现问题，及时维护，提高设备的完好率和利用率。

【主要方法】

1. 明确电教、仪器设备管理责任

电教中心（信息技术中心）和科学实验室是承担学校电教、仪器设备管理责任的部门。学校应选责任心强，工作认真并且在电教、仪器设备使用方面有一定专业能力的同志，专职管理电教、仪器设备，每天必须对各班级、微机室、广播室、实验室等的设备进行巡视，作好检查记录，并做好常规保养工作。一旦发现问题及时解决，保证设备的正常使用。同时，还应配备学生管理员，每班可选两名学生分别担任电教员、实验员，并由学校电教中心和实验室老师对他们进行严格培训，要求他们了解电教、仪器设备正确操作步骤和常规管理常识，协助班主任管理好设备和协助任课教师使用好设备。

其实，学校人人都有保管好电教、仪器设备的责任。坚持"以人为本"的思想，实施人性化管理，加强对学生的行为规范教育，使学生养成良好的爱护公物习惯，自觉遵守学校的规章制度。

2. 建立电教仪器设备保管与维护制度

校长应注意健全电教、仪器设备保管与维护的制度。主要有以下方面：

（1）保管与使用制度。制定并公布各专用教室设备使用的操作规程。如多媒体教室内应张贴多媒体设备的正确操作说明和各种设备使用的注意事项，特别是投影机关机时的注意事项。

完善相关管理规定。如，学校电教中心（信息技术中心）对设备使用状态负有监督职责，对无正当理由长期闲置不用、使用不合理或利用率低的设备重新调配使用。又如，设备一般不准拆改，确需拆改须由使用人提出申请，报设备管理人员批准，再由专业技术人员拆改，并及时记录。再如，未经学校主要领导的同意，不准擅自使用、移动、调换或出借学校的贵重设备；设备的使用或管理人员发生变动，必须及时办理设备移交手续；保管人员对新到设备须及时登记、入库，实时掌握设备使用变化情况，做到账物一致；新购设备必须坚持"先入账，后领用"原则等等。

（2）赔偿制度。学校应制定"电教设备管理、赔偿制度"，并附一份设备说明和设备的单价，对不遵守规定，造成设备丢失、损坏者，要求其赔偿。

（3）设备维护制度。学校电教员应加强对教室多媒体、校园广播系统、校园电视系统、校园监测系统、报告厅音响广播、灯光电视转播系统的使用维护，维护的主要内容是进行清洁，润滑，紧固，通电检查调整，更换易损零件等。电教员每月定期进行检查，并做好记录。发现设备故障及时处理，保证电教设备正常运行。

日常使用中设备出现异常情况或发生故障，使用人员应及时向电教中心（信息技术中心）汇报，由专业技术人员确定维修方案及实施维修。电教中心（信息技术中心）实行"首问负责制"，明确责任，不得拖拉。

（4）设备报废制度。对失去使用价值，需要报废处置的电教、仪器设备，使用人必须归还电教中心（信息技术中心），不得擅自处理。

设备发生损坏、丢失或其他事故，要迅速报告电教中心，查清原因，填写损坏、丢失报表，办理清账手续。批准报废、报损的设备均由总务部门负责回收、处理。

电教中心（信息技术中心）每学期末将设备维修、维护以及报废、报失情况进行统计，并向学校主要领导汇报。

3. 加强计算机软件系统的维护与升级

学校计算机教室、多媒体教室、教师备课计算机等应建立规范的、技术先进、扩展性能良好、性价比高的网络教学系统。要经常进行系统的维护与升级，确保能随时进行远程教学、VOD点播、互动教学、语音教学、学生演示、网络影院、广播教学、学生讨论、屏幕锁定、分组教学、远程设置等，做到架设迅速，扩充容易，兼容性强，保密安全，不怕病毒，不怕震动，及时备份、还原。要做到系统安全开放，让师生操作不受限制，方便使用。

电教设备维护人员应在维护设备的同时帮助使用者提高使用设备的技能，如讲解如何安装软件才不带"流氓插件"、清理系统垃圾方法、打开什么样的文件要安装哪些软件工具、电教设备的开启和调试、更换话筒电池方法、拔插VGA线的注意事项。

【注意事项】

1. 要加强电教、仪器设备保管室的安全管理

要做好设备防潮、防火、防盗和防雷工作。一是要定期检查大楼避雷设施是否完好，电教、仪器设备保管室是否配备适量的灭火器，排风扇能否正常使用。二是要做好假期的安全管理，该断电的要断电，该回收统一保管的要回收保管，防止电教仪器设备的损坏或丢失。

2. 严格管理好学校的危险物资

危险物资如发令枪弹、强酸、强碱等剧毒剧腐、易燃易爆物品，要专人负责，专人保管，严格执行双人双锁、专柜存放、使用审批、废物处理等管理制度。

【案例】

电脑提速十法

为了加强学校电脑软硬件的维护，作为教学副校长的我向老师们征集电脑软硬件维护的"土方法"。所谓"土方法"，即老师们在使用电脑过程中，自己总结出来的软硬件维护的经验，虽然书上不一定有介绍，但十分有用。在上交的材料中，杨老师的"电脑提速十法"给我留下了深刻的印象，在一次教研活动中，我把此方法推荐给了大家。

杨老师总结的电脑提速十种"土"方法具体表述如下。

1. 关闭开始启动程序中暂时不用的软件

具体方法：打开"开始"——"设置"——"任务栏和开始菜单"——"开始菜单程序"，可以看到启动栏中有许多我们在启动时加载的程序，可以把不需要的程序勾掉，然后按"确定"。

2. 增加高速缓存占用，提高 CD－ROM、软驱的性能。

具体方法：用鼠标右击"我的电脑"，单击"属性"——"文件系统"，再选择"CD－ROM"，将"追加的高速缓存大小"设置为"大"，将"最佳的访问方式"设置为"四倍速或更高速"。另外还可以通过修改注册表来提高光驱缓存的大小和预读取性能。

3. 定期整理磁盘碎片。具体方法（略，下同）。

4. 提高 MODEM 的速度

5. 升级驱动程序

6. 使用 32 位文件分配表（FAT32）

7. 减少显卡工作负荷

8. 设置网络服务器

9. 使用图形"全部硬件加速"

10. 提高开、关机的速度

老师们使用这些方法后，纷纷表示方法十分有效，我也得出一个结论：来自教学一线的经验最容易推广，因为它接地气。

【分析】

1. 校长需要营造爱护电教仪器设备人人有责的氛围

学校电教设备，供货商一般负责保修 1－2 年。过了保修期，很多产品硬件也只能由专业人士维修。但是电教、仪器设备的常规保养以及计算机的软件系统的维护常常由学校专职管理人员和教师自己完成，这是因为：一是电教、仪器设备的常规保养要经常进行，二是软件更新、升级很快，软件使用上的细节纷繁复杂，供应商不可能频繁到校并进行细致入微的系统维护。因此，作为使用者的教师应在使用过程中按操作规程办事，悉心维护设备、仪器。

2. 经常向教师介绍"土方法"与"小窍门"，有利于教师更好地维护、使用电教仪器设备

案例中校长发动教师们推荐使用现代教育技术的土法妙方，其实是引导教师关注对设备使用技能的学习和研究，并且通过推荐给大家使用也普及了使用常识，推广了操作技术，从整体上提高了教师使用电教、仪器设备的能力。学校领导如经常去发现好做法，并向大家作推荐，一定能推动教师不断增强自觉维护电教、仪器设备的自觉性，提高他们独立维护的能力。

第三节　怎样搞好图书管理

【搞好图书管理的意义】

图书是人类知识的宝库。图书馆是学校的文献信息中心，是为学校的教育教学和教育科学研究服务的机构，也是学校教育、教学活动的重要场所。图书馆工作是学校教育工作和信息化建设的重要组成部分，对于提高学校教育教学质量和办学水平具有极其重要的作用。

校长应高度重视图书管理工作。图书馆要根据学校教育教学的需求，为师生充分提供文献信息资源，并开展相应的检索、查询和利用等方面的服务。

【主要工作】

1. 优化图书馆环境

良好的学习环境是学校图书馆发挥育人功能的前提和保障。校长应要求学校图书馆做到干净整齐，保持安静；要求图书管理员以真诚和热情，以学识和精神风貌感染学生，使学生潜移默化地受到教育和熏陶。

2. 做好图书录入工作

教学校长要督促图书管理人员对学校的纸质图书进行分类、编目、登记，按门类按序号上架，确保规范有序。凡有新书应尽快办好手续，上架流通。同时，认真做好全校师生的报刊订阅工作。

3. 做好书刊流通工作

学校图书室是为教育教学服务的，是为广大师生服务的。馆藏图书要能充分发挥其作用，关键在流通。教学校长应该要求图书管理人员根据师生的不同要求，做好图书的推荐、介绍和借阅工作，扩大书刊流通范围。

4. 充分发挥育人功能

要协调图书馆配合教导处、少先队大队部等部门，充分利用馆藏资源，积极开展各种读书活动及有效的导读工作，以此培养学生主动阅读的习惯，提高学生的整体素质。

【主要方法】

1. 加强领导，重视图书管理工作

教学校长对图书管理工作重要性的认识程度直接决定着学校图书馆工作的质量和水平。要使学校图书馆工作卓有成效，校长就必须重视图书管理，把图书管理工作列入学校的议事日程。

教学校长还要重视对图书管理员的培养。图书管理员的工作认真程度直接影响图书馆服务功能的发挥。因此，学校应当选择事业心强，对工作有责任心，热心为师生服务的老师担任专职图书管理员。同时，还应在各班级遴选优秀学生担任图书管理员，承担管理班级图书借阅的任务。

2. 建立制度，规范图书管理工作

要发挥学校图书馆的育人作用，除了不断充实和丰富馆藏外，学校还应当建立健全图书管理工作的规章制度。

学校图书管理的规章制度主要有《图书馆馆长的职责》《图书管理员的岗位职责》《教师（学生）阅览室规则》《借书证办理制度》《图书借还规则》《图书采购管理方法》《图书注销管理方法》《电子阅览室管理规则》等。

在添置新书、登记排架、借阅流通、整理装订、日常维护等各个环节都应建立相应的规章制度，确保图书管理各项工作有章可循。

3. 及时更新书目，做好流通工作

图书馆（图书室）要对学校的图书分类造册，并且输入专用计算机，由专人专管。对购进新书及时进行登记分类，目录登记建卡，贴书标，最后分类上架。为方便师生借阅，图书管理员还应在图书馆备有完整的图书目录，供师生使用；也可利用校园网，把目录发在网页上，方便供师生随时查阅。

为了扩大读者队伍，使图书馆资源得到充分利用，教学校长应指导管理员兼顾广大师生对书刊资料多样化的要求，把工作渗透到各个层次，引导师生了解并利用图书，扩大图书的流通范围，最大限度地发挥藏书的作用。

4. 组织培训，提高图书管理员的素质

图书馆（图书室）工作都是通过图书管理人员来实现的，图书管理人员素质的高低直接影响到图书馆（图书室）功能的发挥。因此，图书管理员需要不断加强自身学习，以适应图书馆（图书室）现代化管理的需要。

一是要加强理论学习。校长要组织图书管理员开展理论学习，强化"读者至上"的服务理念。要广泛收集师生对图书馆工作的意见和建议，帮助图书管理员改进工作方法，提高服务质量。

二是要加强专业学习。由于图书管理涉及不同的学科、不同的领域，而且不同的读者也有不同的需求，这就要求图书管理员除了要熟悉馆藏外，还要不断扩展自己的知识领域。学校应组织图书管理员加强相关知识的学习，提高综合素质和业务技能。

三是要树立创新意识。图书管理员还应掌握计算机和网络等现代信息技术，拓宽和更新知识面，完善知识结构，以适应时代发展的要求，提高图书管理工作效率。

5. 丰富活动，充分发挥育人功能

学校图书馆是学生的第二课堂。图书馆要积极开展好外借、阅览、宣传推荐服务工作，并发挥班级图书角、图书箱的作用，培养学生良好的读书习惯。

教学校长应促进图书馆与教导处协作，组织开展形式多样的读书活动。例如：对学生进行课外阅读指导；对教师进行工具书使用方法等方面的指导；开展读书征文活动；开展"书香校园"活动，把"书香班级""书香家庭"纳入评比表彰等等。

【注意事项】

1. 合理配置图书馆资源

校长要重视图书管理工作，有计划投入图书专项经费，合理搭配纸质书和电子书籍，扩大藏书量。在经费有限的情况下，学校也可以采用非购入式的方式，如接受资助和捐赠等，确保各类书籍充足。

图书资料的配备应以师生需求为主。图书馆的藏书应当包括适合小学生阅读的各类图书和报刊，供师生使用的工具书、教学参考书、教育教学研究的理论书籍和应用型的专业书籍以及有助于提升教师素养的人文类书籍。图书馆藏书应做到结构合理，要按《中小学图书馆（室）藏书分类比》配备，更好地为师生提供服务。

2. 重视图书馆环境建设

图书馆环境建设包括外部环境建设和内部环境建设。校长在关注图书馆建筑物外部造型和周边环境的同时，还需要重点关注图书馆室内的采光、通风、色彩、卫生、绿化等，尽可能为师生创造一个美观、实用的视觉空间和借阅空间，让师生在宁静和温馨的环境中汲取知识的琼浆，充分发挥学校图书馆隐性教育的功能。

3. 制定合理的图书借阅办法

图书馆在满足学校阅读课的前提下，应利用课余（或课间）时间，满足学生的借阅需求；节假日应尽量向师生开放。在学生较多、管理人员少的情况下，可采用定时分批借阅的方法，分散进馆的学生人数，让学生有充足的时间浏览，挑选，提高书刊的流通率和利用率。

【案例】

××小学图书漂流活动方案

为了进一步营造书香校园文化氛围，推动读书活动开展，培养良好阅读习惯，提高审美情趣和人文底蕴，倡导诚信读书，分享读书快乐，促进学生全面发展。

一、活动对象

三年级以上各班全体学生。

二、活动主题

"我分享，我快乐"。

三、活动口号

漂出书香、漂出诚信、漂出和谐。

四、活动时间

×年×月至×月。

五、活动方式

每人捐出自己认为可读性强的图书（可多本），贴上学校专门印制的"图书漂流"专用书签，将书放到专设的漂流书角推荐给自己的好朋友小伙伴，进行图书漂流。受漂者在漂流标签上填写姓名，并在班级博客或微博写上留言或读书心得；看完书后，继续把带有漂流标签的书投放到漂流角，或推荐、转交给下一位书友。漂流结束，图书将归还给主人。

五、活动过程

第一阶段：图书投放 3月5日至3月16日

以班级为单位，开展捐书活动、填写漂流标签、投放到班级的漂流角。班主任要严把图书质量关，杜绝杂志类以及不适合少年儿童看的书刊进入"漂流"场所。

第二阶段：班内漂流 3月19日至4月20日

1. 进行班内图书漂流活动，鼓励班内读书漂流。

2. 在班级博客上开设读书专栏，鼓励学生积极发表留言或读书心得、微感想。

第三阶段：校内漂流 4月23日至5月25日

1. 进行校内图书漂流活动，形成众多"书友"组成的"图书漂流"接力阅读活动。

2. 各班自由结成对子，互相交换图书进行漂流。

第四阶段：总结表彰 5月28日至5月31日

1. 总结汇报

(1) 各班利用班会课组织学生进行交流，总结活动收获。

(2) 学生漂流卡展览。

(图书的漂流活动只是一种形式，最根本的目的是增加趣味感，调动阅读的积极性，所以还是要以阅读为主。因此，在开展活动的过程中，千万别忘了提醒学生——读书做笔记：可制作《阅读手册》。这是一种良好的学习习惯、读书习惯！)

2. 学校表彰

(1) 评选图书漂流之星；读书之星；最佳"起点站"站长。

(2) 评选优秀组织奖（活动精心组织，学生参与积极，营造了良好的读书氛围，激发了学生的读书热情，师生均有收获与成长的班级）。

附：图书漂流规则及登记卡

> 分享藏书，以书会友
>
> 　您好，这是一本爱心漂流书！
>
> 　欢迎您阅读，请遵守以下规则：
>
> 　1. 请在漂流标签上签上名字。
>
> 　2. 请在班级登记表上登记漂流号码。
>
> 　3. 阅读后请将本书漂流给其他同学。
>
> 　4. 请尊重投漂人的奉献，勿长期持漂，也勿私下传阅。

××学校图书漂流登记卡
"我分享，我快乐"

班级：　　　漂流编号：

投漂人	开漂时间	地点

传漂人	获取时间	地点

【分析】

图书漂流是一段文明美丽的奇妙旅程。它起源于上世纪六七十年代的欧洲，读书人将自己读完的书随意放在公共场所，如公园的长凳上，捡获这本书的人可取走阅读，读完后再将其放回公共场所，再将其漂出手，让下一位爱书人阅读，继续一段漂流书香。没有借书证，不需付押金，也没有借阅期限。这种好书共享方式，让"知识因传播而美丽"。案例中该校的做法有如下几点可以借鉴：

1. 通过开展活动来提高馆藏资源的利用率

学校组织有关读书的活动，有助于调动学生的阅读积极性，提高了图书流通量、阅读量，提高了馆藏图书的利用率，发挥以书育人的作用。

2. 在举办读书活动前应认真做好计划

从上述活动方案可以看到，该校对开展这项阅读活动事先有周密的计划，对活动的时间、参加对象、活动要求等都有明确规定，有助于活动有序开展，有助于活动达到预期目标。

3. 重视读书交流平台建设

在活动计划中可以看到，学校要求学生在网络博客上交流读书感想，读纸质书与网上交流有机结合，扩大了交流空间，给学生带来更多收获，有利于提高阅读活动的效益。

4. 发挥班主任的指导作用

作为一项全校性活动，该校在组织图书漂流活动的过程中，注重发挥班主任的作用，对班主任以及班集体提出了明确的任务要求，既有助于活动的整体参与和整体推进，也有利于读书活动的落实。

5. 利用评比来提升活动质量

该校重视效果反馈，在读书活动结束时组织开展全校评比，这对开展好读书活动是一个正确导向。

6. 重视管理细节

该校在图书流动过程中，利用登记卡进行管理，保证图书不遗失，这类细节往往是决定活动成败的关键。

××小学"开放式书架"的图书管理方案

为了进一步挖掘和丰富学校的文化底蕴，打造"书香校园"的办学特色，让"处处有阅读"成为我校一道亮丽的风景线，图书馆根据我校《创建书香校园、促进师生发展》实施方案，制定"开放式书架"的图书管理方案。

一、建设开放式图书架

图书馆将把图书按照低、中、高年级分层，即分为不同年级段的可读图书，然后放至每层楼的教室走廊外开放书架上。

二、阅读方法

1. 可以不用登记，课余可随时到书架取书阅读，阅读后将书放回原位。

2. 可以根据自己的兴趣爱好借阅图书，所借图书必须在班级图书登记本做好登记。

三、具体管理方法

各班选两名图书管理员，负责把图书室的图书借到相对应教室外走廊的书架里，随时整理好图书，两周更换一次图书（即双周一到图书室借，单周五去更换）并做好使用（损坏、丢失）记录。

四、奖励方法

每两周对班级图书借阅登记较多、教室外走廊书架的图书随时都保持整齐整洁的班级和图书借阅较多、爱护图书、主动帮整理图书的个人进行表扬并做好登记，期末给予适当的物质奖励。

五、处罚制度

对多次乱丢乱放、故意损坏图书的同学，根据情节轻重进行相应的批评教育。

【分析】

目前，由于课业负担的加重，学生的阅读量在下降，很多学生的阅读面小、知识量不足。为了改善现状，建设开放式的图书馆非常有意义。学校已有的图书馆是封闭式的，学生想要看书必须凭证去借阅，但由于时间不凑巧、管理人员忙等原因有时借阅并不方便。而一个开放式的图书馆，在楼道里，教室门旁，整齐放置着许多书，既可激发学生阅读兴趣，也便于学生获取阅读书籍。

1. 体现了"以人为本"的服务理念

开放式的管理，学生可以自由浏览、挑选，既方便学生学习知识，又培养了学生自我管理的意识和能力。

2. 提高了图书资源的利用率

适合学生阅读的图书"全景式"呈现在学生面前，既提高图书阅读频率，又减少部分图书被遗忘和产生阅读死角的可能性。

3. 提升管理服务的工作效率，减轻工作人员的负担

学生的自行借阅优化了图书的借还过程，图书管理人员可以将更多时间和精力投入到图书整架、巡视与咨询等工作中。

当然，这种做法也可能会出现图书遗失或损坏现象。只要学校领导重视对学生的教育与引导，管理得当，就能减少这种现象的发生。

第十章
检查、评价教导处工作

　　教导处是学校教学管理机构，它是教学指挥的参谋部，教改信息的咨询部。教导处的主要职能是负责日常教学工作，执行并实施课程管理、课务管理、教材管理、教学手段与教学质量管理、教师业务管理等。教导处工作涉及学校的每一位师生，其工作效率、服务意识直接关系到学校教学工作的正常开展。本章节将重点介绍如何了解和评价教导处工作以及怎样做好教学资料归档工作。

第一节　了解和评价教导处工作

【了解和评价教导处工作的意义】

　　教导工作是学校服务性的基层管理工作，主要是对学校教学进行管理，负责学校一切与教学有关的事务。教导工作搞得好，学校教学质量才能提高。教导处作为学校管理网络中的协助者、管理者和协调者，开展好工作、当好校长的参谋助手也就显得十分重要。

　　教学校长要充分认识教导处在学校教学工作中的重要作用和地位，须要重点抓好科学管理与人文管理的"缰绳"，做好指导、评价和改革工作。要深入教学管理工作中，发挥引领作用，促进教学管理工作的制度化、标准化、序列化，推动教学管理向纵深发展，向教学管理要质量，要效益。

【主要工作】

1. 检查教导处完成常规工作的情况

　　一般来说，教导处的常规工作可以分为四个时段，校长检查工作时，尤其关注以下几方面：

　　（1）学期初的常规工作。开学前后，教务工作的重点是做好开学的一切准备工作，保证学校如期开学。学期初的常规性工作是：编排好"四表"——课程表、作息时间表、校历和各项活动总表（如月、周及教师、班主任、教研组计划表等），这是教导工作的首要任务。

（2）期中考试前的常规工作。开学后至期中考试前，教导工作的重点在于抓好教学计划、学生活动计划的制定与落实，编制全校学生名册，修订有关的规章制度，检查教学进度，检查教学质量，听取师生的意见和反映，组织期中复习和考试，形成教学工作的第一个高潮。这个时期，教导处还要协助各学科教师组织开展课外兴趣小组活动，落实"第二课堂"活动计划。

（3）期中考试后的常规工作。期中考试后，教导工作的重点是抓好期中考试总结，做好教学质量分析，有针对性地提出改进措施，开好家长会。同时，还要开展前半学期教导工作的反思和总结，完善后半学期教学工作的计划安排，形成教学工作的第二个高潮。这个时期，教导处还要组织开展全校性的教学观摩及经验交流活动。

（4）学期末的常规工作。学期末，教导工作的重点是组织期末考试，搞好质量分析，组织班主任填写学生《成长手册》；收集优秀教师和优秀学生的评选材料；做好学期教学工作总结；根据教师工作实绩，完成教学绩效考核；做好各项收尾工作。

（5）学期管理过程中常规检查。学校教学管理的重点就是对全校教师的教案、作业布置与批改、教研组备课组活动情况、教师听课学习情况等进行定期或不定期的检查。为了客观、公正、全面反映教师教学过程的基本情况，有目的、有计划地组织开展专项检查，并对检查结果进行分析判断和及时通报。

2. 了解教研组、教师对教导处工作的看法

（1）对教导处管理制度的看法。管理制度的制定尽管思虑详尽，也借鉴了许多成功经验，但是总有不尽如人意之处，实施过程中也可能会出现预想不到的意外状况。所以，校长要睁大眼睛，张开双耳，深入基层，广泛征求教研组以及教师的意见和建议。

（2）对教导处工作作风的看法。校长要了解教导处在执行学校教学管理的过程中，工作作风存在哪些优点及问题。可通过座谈会、总结会、个别访谈等方式，向教研组以及教师了解。

3. 指导教导处总结、改进工作

教导处总结既是对上一阶段教学管理工作的回顾和小结，也是对下一阶段教学管理工作开展的思考和改进，有十分重要的作用。教学校长可以引导教导处重点关注以下几个方面：

（1）教学研究的"引导"职能发挥如何？引导教学研究，是教导处重要的工作职能。教导处要有目的、有计划地科学策划和正确引导教师开展教学研究活动。具体地讲，要引导教师研究新的课程标准，研究教材教法，研究学生自主学习、创造性潜能的发展，研究新课程背景下减负增效的科学方式等。

（2）对教学行为的"督导"职能实施如何？教师的日常备、教、辅、改、评各个环节是否到位，学生良好的读书、习字等学习行为习惯是否养成，教导处负有检查督导的职责。对于教学实绩突出的教师，教导处要给予充分肯定与鼓励，及时推广好的做法和成功经验；对教学行为不符合规范的教师，教导处要及时批评教育，要求其迅速改正。

（3）对青年教师的"帮带"职能落实如何？青年教师热情高，干劲大，但缺乏教育教学经验，工作方法简单，这就需要学校教导处指导青年教师确定专业发展目标，落实具体的帮带计划。在教学工作的安排与管理中，教导处要把对青年教师的帮带工作纳入议事日程，指定教学经验丰富的帮带师傅，制定相应的帮带措施等。

【主要方法】

1．整体把控

建立会议和汇报制度，教学校长定期召开教导处人员会议，在会上听取工作汇报，了解已完成的工作和将要做的工作。要求教导主任重大事项必须向教学校长请示汇报，定期听取教导主任的工作汇报，要做到对教导处工作情况心中有数，掌控全局。

2．身体力行

教学校长要深入教导处，参与具体的教学管理工作，掌握一手资料。在教学管理过程中，对突发事件或者管理中存在的问题及时解决和处理。

3．民主评议

教导处工作主要是为一线教师服务，因此必须重视教师的意见和看法。在期末或者学年末，请教师们对教导处人员的工作情况进行监督和评比，在此基础上结合教导处人员自评和教学校长的评价给出客观总评。评价要素可以有政治思想、教育思想、廉洁奉公、工作作风、角色意识、履行岗位职责能力、创新意识、事业心、工作纪律等。

4．个别访谈

采用个别访谈的方式可以获取更加深入、详细、全面的信息。个别访谈的对象可以是教职工，也可以是教导处的工作人员，甚至是学生。选择访谈对象时要注意年龄、学科差异，做到多方兼顾，有代表性。根据访谈对象的角色不同，访谈内容也要做相应调整。

【注意事项】

评价教导处工作时，一定要注意以下几个原则：

1．以尊重为基础

教导处工作任务繁杂，工作十分辛苦。校长应持"尊重为先"的态度，在评价教导处工作时，注意客观把握分寸，鼓励为主，切忌乱加指责。

2. 以制度为准绳

对教学管理工作要严格按照管理规章制度来要求。当然，严格的前提是制度要求必须合理，严格是要注意把握好度。严格不是严厉，是对原则的坚定维护。在表现形式上，是微笑中的坚持，是坚持中的微笑。

3. 以事实为依据

评价教导处的工作，要注意掌握好各种事实依据。教学事故的出现是有客观复杂的原因的。客观事实是我们处理问题、解决矛盾的依据。在处理这些矛盾时，要首先把客观原因搞清楚，把事实的经过搞清楚再作理性分析。

4. 以指导为手段

对教导处的管理要加强指导，这是因为，教导处在教学管理中的许多失误是由于缺乏经验或认识不足所导致的。所以，提升教导处的教学管理水平是校长的重要任务。

【案例】

正副主任之间的矛盾

开学第一天，各班级去教导处领书，但教导处却空无一人。原来，教导处主任和副主任上午为了"到底教导处工作由谁说了算"而吵架，结果各自负气不干了。老主任认为自己是正主任，教导处工作应该由他负责分配。副主任是校长刚从其他学校引进的人才，充满热情，又由校长直接调配，所以经常会有优越感及越权行为，无形中正主任被闲置一边。开学第一天，全处室人员都在发书。但正主任受不了副主任的使唤，一怒之下声言不干了，甩手而去。结果全校各班的书本都未能如期发放。

【分析】

学校实行一个领导集体共同管理。校长负责统筹学校的总体事务，各职能部门分管各自管辖范围内的事务。一个大的学校领导集体下又有若干小的领导集体。小领导集体的和谐影响着整个学校的和谐。在案例中，教导处正职和副职的矛盾导致了全校各班的书本未能如期发放，影响了学校的正常教学。如何建设团结的领导集体，不仅涉及正职和副职间的角色分配问题，也涉及学校如何选贤任能的问题。

案例中正职和副职的角色发生冲突。教导副主任是位对工作充满热情的中年人，大事小事一手操办，履行了正职的职权，正职却在其位不能谋其政，一方面不利于领导集体内部的团结；另一方面造成多头领导的局面。一个部门里两个人说了算，下属不知应该接受哪个主任的领导，部门工作很难展开。虽然教导副主任有较强的能力，能够总揽教导处的事务，但同时也忽略了自身的角色及如何处理好与正主任的关系。从某种程度上说，校长在人事安排上过分注重人才的能力，而忽略了领导集体内部团结的问题。

解决这类问题，可从以下方面考虑：第一，教学校长要明确责任范围和权力约定。教学校长应从一开始就与正职和副职主任进行职责范围的交代，让副职认识到自己的角色地位和职责范围，明确其主要职责是辅助正职的工作，服从于正职的中心地位。第二，教学校长要指导正职教导主任学会放权，充分发挥副职的才能，调动副职的积极性，培养副职成为自己的得力助手。第三，在平常工作中密切关注两位主任的合作状况，促进彼此的交流沟通和相互协作支持。

第二节 做好教学资料归档

【教学资料归档的意义】

教学资料归档是指学校、教师对在教学管理和教学实践活动中直接形成的，具有保存价值的文字、图表和音像等资料进行收集，整理，并按归档目录整理后形成教学档案。它是教职工辛勤劳动的结晶，是学校办学成果的凭证。教学档案是学校教学工作方针、政策的真实写照，可以为今后教学活动和教学研究提供参考，也是考查学校历史、总结经验教训、改进教学管理、提高教学质量以及促进学术交流的信息库。做好教学资料归档具有如下意义：

1. 为教学评估提供重要依据

教学档案记录了学校在办学指导思想、师资队伍建设、教学条件、教学管理、教学改革、教学效果等方面的情况，是学校教学档案的重要组成部分，是衡量学校师资管理、教学水平、教学质量的重要标志之一。齐全完备的教学档案可以清晰准确地反映一所学校的办学理念和办学特色，可以真实有效地反映出学校的教学及教学管理水平和教师业务素质，可以全面展现学校在人才培养方面的现状，能够为教学评估提供有说服力的证据。

2. 为改进教学工作提供支持

教导处归档的教学资料，积蓄了学校教学管理的经验。这些资料为新学期的教学管理提供指引和借鉴，为改进教学管理提供支持。

教师整理的教学资料非常珍贵，有经验的教师可以在这些资料基础上，改进和创新教学，达到不断提高教学质量的目的。刚走上教学岗位的教师可以参考与借鉴好的教学方法，再结合自己的新理念，创新教学方法。

教学档案承载了广大教师从事教学活动成功经验和失败的教训，记载了学生学习的过程。通过对教学档案的分析和研究，可以促进教师提高教学质量。比如：作为依据性文件，教学计划、教学大纲、课程标准等在课堂教学中起着重要指导作用；在课堂教学、社会实践等活动中形成的各种档案，可以反映教学工作中的成功与不足，还可以为改进教学工作提供依据；有关教案、论文、图文、音像等材料，也可以在以后的教学活动中，成为教师讲解、演示的辅助材料，直接服务于教学工作。可见，在教学过程中，教师从教学档案中借鉴已有的教学成果，能够优化教学模式，改进教学方法，从而达到改进教学工作的目的。

3. 为开展教学研究提供可靠的资料

教学档案里有教师和教学管理人员在教学过程中不断探索形成的最新教学研究成果，这些成果为教学改革和创新的研究提供了可靠资料。利用教学档案对不同年级学生之间进行横向、纵向比较分析，可以找出学校教学工作的影响因素，研究和总结出规律性的东西，用以指导今后的教学工作。

4．为教师考核、职称评定提供支撑

学校对教师实行学年考核评价。为了确保每年的考核评价工作全面公正、客观准确，学校要充分利用教学档案资源，为学校教职工考核、评优、晋级、各种评选工作提供参考，保证教师评价的公平、公正。

在评优、评职称时，对参加评选的教师不仅要从德、能、勤、绩各方面进行个人考核，还要与其他参评教师进行横向比较，凭实绩材料说话。实绩材料不是随意写的个人材料，而是学校、教导处认定的档案材料，如"辅导青年教师材料""教改科研材料""研究课材料"以及反映个人教学质量的材料等。这些教学档案是真实可靠的，为职称评定、评优提供了公平、公正的竞争平台。

【主要工作】

教导处的教学资料是教导处在教学管理、教学实践和教学研究活动中形成的具有保存和使用价值的文件和资料。它不同于一般的档案资料，具有内容丰富、范围广、形式多样、时间分散等特点。教师的教学资料是教师在教学过程中使用过并且有保存价值的资料。教学校长在引导教导处、教师充分认识教学资料的价值的基础上，要督促教导处、教师做好教学资料的整理，保存，并检查落实。

1．督促教导处积累教学管理工作资料

将"管理好各种档案资料，每年整理一次，做到分类归档、装订成册、不丢失、不损坏"纳入学校教导处工作制度。教学档案应有专人管理，并按上级主管部门要求分类归档；在每学期开学、期中、期末三个时间段，定期收集，分类保管，每年装订一次；及时搜集，保存教学中能反映本校教学实践活动、教学改革成果的材料，使立卷工作经常化，制度化。

2．指导教导处分类整理教学管理工作资料

教学资料的来源非常丰富，大致可以分为以下四类：一是国家、政府以及教育主管部门颁发的各类政策、法律法规、课程设置、教学指令、学籍管理、招生毕业生政策、工作规划、课程计划等。二是学校的教学管理制度、办法、规定，教师课程安排，教师及班级的课时安排，课外活动安排，教学日志等。三是来自教师编写的教案、公开课、研究课、教学设计、说课稿、教学案例、论文及各级培训活动记载。四是来自学生的学习成绩记载、转入转出资料、学生获奖统计、检测试卷等。学校的教学档案划分的时间特殊，它不同于自然年度归档的文书档案，也区别于一个课题项目完成后归档的科技档案。它采用教学年度划分时间，即从每年的9月1日到次年的8月31日作为一个学年度。所以教学档案以学年度和学生入学、毕业为周期划分，这是教学档案区别于其他档案的一个显著特点。随着教学活动的丰富，现代教育技术的发展，相继出现图片、音像等资料，这些资料的诞生，让教学档案更具直观性，更便于参考和借鉴。

3. 指导并检查教学管理工作资料的有序存放

在教导处对教学资料的收集、整理过程中，校长要进行指导，保证资料的实用性、指导性、真实性，真正体现教学资料的价值，并按照目录对资料进行检查。主要检查是否规范，是否存放有序。

4. 指导教师重视教学资料的整理及保存

校长要让教师清楚教学资料对教育、教学、个人及学校管理的重要意义，指导教师做有心人，将自己在教育教学活动的过程资料保存下来，按照教育、教学、学生情况、个人成绩等分类按时间进行整理、存放以备用。

【主要方法】

1. 在平常工作中强化积累与保管教学资料的要求

通常，学校在期末对教学资料进行收集、整理，完成后由校长按照归档目录检查后汇入学校整体文书档案。但是资料的"积累"必须在平常工作中完成。教学校长应在日常布置和检查相关教学工作时经常强化教学资料积累与管理的要求，使教导处以及一线教师真正把这种"积累"经常化。要督促教导处和一线教师利用寒暑假抓紧把教学资料分类整理并妥善保管好。

2. 对教学资料积累保管情况作经常性检查

教学校长应在学期开始时对上个学期的教学资料分类保管情况进行检查，在期中和期末以及在学校一些重大教学活动结束后也及时对相关教学资料留存及摆放情况作检查，在检查中如发现不符合要求应及时提醒有关人员改正。

3. 开展教学档案管理知识培训

教学校长一方面要提高全体教职工的教学档案收集与管理意识，另一方面要提高全体人员在这方面的管理水平。根据需要，学校可以在校本培训中开展教学档案知识的培训，让全体人员懂得应该如何积累和管理教学资料以及应该如何发挥教学资料档案的作用。在培训时应关注如下内容：

档案分为文书档案、照片档案、音像档案等。不同种类、不同载体的档案有不同的整理方法和要求，但整理原则相同；同时要遵循文件的形成规律，保持文件之间的有机联系，区分不同价值，便于保管和利用。

4. 规范文档整理工作

（1）完整收集

收集是归档整理的前提，没有收集齐全完整的文件材料，归档整理就不能很好地反映教学活动情况。因此，收集应归纳的文件材料必须保证齐全完整。要按照教学档案目录，有意识地随时收集过程资料，以件为单位进行归档。

（2）有序整理与装订

教导处将收集到的资料按教学档案目录的归档范围，剔除不归档的文件材料，剩下的必须归档。将归档的文件以件为单位进行装订，加盖公章，编号。编制归档文件目录，装盒，使之有序化。

（3）编制检索工具

打印归档文件目录，编制封面，并根据需要按照保管期限和归档说明装订成册。归档文件目录封面设置全宗名称、年度、保管期限等项目。

（4）信息化管理

在电脑中以单个文件新建文件夹，再按资料目录分类整理，形成单个教学资料档案文件包存盘。为了避免计算机文件丢失，应刻盘备份。

下面是某两所学校的教学资料归档目录。

（一）××小学教学资料归档目录

教学工作类

1. 教学管理

1.1 学校关于学期、学年度教学工作计划、总结 长期

1.2 学校制定的教学管理制度及办法 长期

1.3 学校组织或学生参加区以上各学科竞赛、比赛活动获奖情况 长期

1.4 学校各教研组教学工作计划、总结 短期

1.5 学校制定的教师任课一览表、作息时间、课外活动安排表 短期

2. 学籍管理

2.1 学生学籍管理制度、办法 长期

2.2 学校各年级学生期末考试、毕业考试成绩统计表及质量分析 长期

2.3 学校制定加强学籍管理及控制学生流失的制度及办法 长期

2.4 学校招生简章及招生改革的有关材料、上级批复 长期

3. 教学科研成果

3.1 学校开展教学改革和教学科研的规划、方案、总结、统计表 长期

3.2 学校及教职工个人进行教育改革和教育科研的专题材料及成果记载 长期

3.3 学校关于教育、教学研究的论文、论著 长期

3.4 学校或教师个人编写的教材、教案、参考材料的手稿、定稿、印本 长期

3.5 学校师生创作的获市级以上科技作品、教学仪器奖的图样、鉴定意见、使用说明书、奖励证书 长期

3.6 学校及教职工撰写的并被有关刊物刊载的教学改革和教育科研文章、经验材料 长期

3.7 教师在区以上讲授试验课、观摩课的教案及评议意见 长期

4. 课外活动

4.1 学校课外活动计划、总结 长期

4.2 学生爱好特长、课外科技活动竞赛获奖情况统计 长期

（二）××九年一贯制学校教学资料归档目录

教学工作类

1. 教务工作类

1.1 教学管理

1.1.1 上级主管部门颁发的关于学校的教学工作计划、规定、课程设置、教学安排、教学管理等指令性、指导性文件

　针对本校并需要贯彻执行的　　　　　　　　　　　　　　　　永久

　一般参考性的　　　　　　　　　　　　　　　　　　　　　　10年

　1.1.2　九年义务教育的发展规划、基本情况统计等文件　　　永久

　1.1.3　学校校历、教学日志、周志　　　　　　　　　　　　10年

　1.1.4　学校教学工作计划、总结等相关文件材料　　　　　　永久

　1.1.5　学校制定的教学管理制度、办法、规定　　　　　　　30年

　1.1.6　学校教改方案、教改经验及成果验收等文件

　市级及以上　　　　　　　　　　　　　　　　　　　　　　永久

　市级以下　　　　　　　　　　　　　　　　　　　　　　　10年

　1.1.7　学校在教学活动中形成的奖励文件　　　　　　　　　30年

　1.1.8　学校教育工作综合性的、年度统计报表　　　　　　　永久

　1.1.9　学校教导处会议记录　　　　　　　　　　　　　　　10年

　1.1.10　学校各科、年级、教研室（组）工作计划、总结　　10年

　1.1.11　赴外地（校）参观、考察、学习形成的文件　　　　10年

　1.1.12　学校举办的业务研讨会、讲座的文件　　　　　　　10年

　1.2　教师管理

　1.2.1　对教师教学评估、业务考核、职业道德评定等文件　　10年

　1.2.2　家访形成的文件材料　　　　　　　　　　　　　　　10年

　1.2.3　课程安排表、教学进度表、任课教师一览表、作息时间表　10年

　1.2.4　班主任工作、教师工作手册、教研组长工作手册、组织教学材料、
　　　　演讲稿　　　　　　　　　　　　　　　　　　　　　10年

　1.2.5　第二课堂活动记录，公开课、观摩课教案及评议意见　10年

　1.3　招生、考试、毕业生工作

　1.3.1　主管业务部门关于考试、招生、毕业生工作的意见、通知、计划　30年

　1.3.2　上级主管部门下达的招生计划、学校招生方案等文件材料　永久

　1.3.3　学生考入大中专、高初中的名册、毕业生花名册及相关的统计表　永久

　1.3.4　升学考试成绩、毕业会考登记表、成绩册及相关统计表　永久

　1.3.5　毕业生登记表、中考录取学校、中考成绩登记表、成绩册　永久

　1.3.6　毕业生的鉴定材料、毕业证存根　　　　　　　　　　永久

　1.3.7　学生报到登记册（注册表）　　　　　　　　　　　　10年

　2. 学科教育类

　2.1　毕业生成绩统计汇总表　　　　　　　　　　　　　　　永久

　2.2　学校的教学、教研、教改工作的计划、总结、报告及典型材料　30年

　2.3　学生参加本校的各种学科竞赛名单、成绩、奖励等文件　30年

　2.4　学校组织学生参加各项学科竞赛的获奖名单等文件

　市级及以上　　　　　　　　　　　　　　　　　　　　　　永久

　市级以下　　　　　　　　　　　　　　　　　　　　　　　30年

　2.5　在校学生成绩年级汇总表　　　　　　　　　　　　　　永久

在校学生成绩表		10 年
2.6	上级关于教学方面的文件	10 年
2.7	学校教学的实验方案、实验记录、实验报告	10 年
2.8	学校期中、期末考试试题、评分标准答案	10 年
2.9	试卷分析、学科考试统计分析等文件	10 年
3.	学籍管理类	
3.1	学校学籍管理的规章、制度	永久
3.2	上级教育主管部门关于学籍管理的文件	10 年
3.3	学生休学、退学、复学、转学等学籍变动的证明材料、登记表及存根	永久
3.4	学生学籍卡、学籍更改材料	永久
3.5	在校学生花名册	永久

【注意事项】

1. 领导重视，建立规章制度，落实责任

学校领导重视是搞好教学档案管理的保证。校长必须重视教学档案管理工作，充分认识教学档案管理在教学管理、教学实践、教学研究等各项工作中的重要作用。建立和完善规章制度，做到工作中有法可依，有章可循，相关工作责任明确，有人落实，有人检查。

2. 相互配合，保证资料的完整性、客观性、准确性

教导处成员积极配合是做好教学档案管理工作的基础。每一位教师在各种教学活动中都会产生大量有价值的第一手教学资料。每位成员要根据自己分管的工作及时收集、整理资料。成员之间相互沟通，共建共享，保证教学资料的完整性、客观性、准确性。

3. 合理利用，变"死"档案为"活"档案

学校整理存放档案的主要目的是更好地为教学服务，促进教学改革，提高教学质量。教学资料管理人员应熟悉学校历年来立卷的档案资料，能随时为教师提供有关资料信息。应将教学档案目录挂到学校网站，便于教师查阅。努力将"死"档案变为"活"档案，使大家用起来得心应手，充分发挥教学档案的应有作用。

【案例】

改进教学资料归档工作

一天，区教育督导室对某校的教学资料归档工作进行了一次专项督导。通过对教学资料归档工作的调查和分析，区督导组认为学校教学档案管理的现状是：

1. 教学档案由各责任人分散整理上交档案室。各责任人每个学期末把自己分管工作相关的教学档案整理后，交学校档案室保管。

2. 档案室按年份归档。学校档案按年份把各部门资料收集起来集中保管。

3. 各学科教案每学期经教导处检查之后由学科教师自行保管。

存在的问题是：

1. 无法确定各部门的档案是否整理完整和得当。

2. 由于按年份归档，没有对教学资料进行分类。

3. 查找、利用难。由于没有专门的学科教案保管场所，各学期的教案由学科教师自行保管，每次遇到检查需要教案时，教导处就会去收集教师的教案，结果有的老师就找不到。并且，因为是自行保管，新教师要想借阅参考很不方便。

在督导意见反馈会上，区督导组特别强调了教学档案的作用，对学校的现状作了分析，指出了存在的问题，要求学校严格按照归档目录进行归档。

会后，校长听取了督导组的意见，带领相关同志对教学资料归档目录进行梳理。首先是分类，分为教学管理工作、学籍管理工作、教学科研工作、课外活动；然后，根据分类细化每类文件，梳理目录树；最后让每位分管同志对自己分管工作所要收集的资料清楚明白，心中有数。

通过这次督导，学校的教学资料归档工作得到一定改进，学校教学资料的收集整理更加完整，教学资料的保管、借阅更加规范。

【分析】

在这个案例中，通过专项督导检查，学校相关同志对教学资料归档的作用有了新的认识，校长带领大家重新梳理教学资料的有关目录，严格按照归档目录进行归档，使学校教学资料的收集、整理、保管、借阅逐步走向规范。

那么，在平常的工作中，教学校长应该如何做好学校的教学档案管理呢？

首先，教学校长要高度重视教学档案工作。校长应当认识到教学档案资料是教学活动和教学评估的重要依据和主要资料，同时也是了解办学历史、考察教学内容、总结经验教训、提高教学质量、改进教学管理的重要信息源。教学校长应当把检查教学资料归档工作列入自己的工作日程，不能在专项督查时才予以重视。

其次，教学校长应加强对教学资料归档工作的过程督导。教学档案资料基于教学活动过程形成，反映了日常教学活动与教学管理的基本过程和主要内容。因此，教学校长要督促并指导相关人员做好教学档案资料收集、整理、保管、借阅等工作，不断提高有关人员的教学资料管理意识和水平。

第十一章
组织开展教育科学研究

随着素质教育的深化发展和新一轮课程改革的不断深入，人们越来越认识到教育科研工作的重要，"科研兴校""科研兴师""科研兴教"已经成为教育工作者的广泛共识。教育科研从问题出发，以问题解决为归宿，在过程中形成思想，进而系统化为具有描述事实、解释现象、预测趋势、改进工作等作用的理论。开展教科研工作，发挥教科研在学校教育教学改革中的先导作用，是校长的重要工作。本章讨论教学校长怎样增强教师的教科研意识，怎样组织开展教科研以及怎样将教科研成果推广应用于学校教学。

第一节　增强教师的教科研意识

【增强教师教科研意识的意义】

教育科研意识就是教师对教育活动的有意识追求和探索，是运用教育科学理论指导教育活动的自觉，是对所从事的教育活动的一种清晰而完整的认识。它既表现为教师对教育环境的主动适应，也表现为教师对教育环境的积极影响与改造。

随着教育改革的深入发展，教育理论的更新，教育思潮的涌现，要求教师提高素质，更深刻、全面地认识当今教育的发展，适应教育发展的需要。新课改在理论上还有待于进一步完善，在内容结构上还有待于进一步探索，在实践上刚刚起步。这项改革能否落到实处，取决于全体教师的认同程度和实践效果。这也就要求教师对教育活动应多一份清醒，多一份自觉，多一份探索与追求。如果教师缺乏教育科研意识，难以适应这一改革的形势。因此，当前提高教师素质的重点之一就是培养教师的教育科研意识。

【主要工作】

1．帮助教师树立教科研意识，增强教科研自觉性

教学一线的某些教师缺乏教育科研的意识。他们对教育缺乏研究，怕改变教学现状，怕影响升学率，怕家长抱怨，不愿改变传统教育模式中陈旧落后的部分，仅靠苦干、加班、超负荷工作来完成教学任务。有些教师错误地存在"教育科研神秘观"，认为教育科研是很难做的工作，应该由专门的专家学者来研究；也有的认为教育科研无用，认为教师的任务就是向学生传授知识，搞科研对完成教学任务没有帮助；还有的教师则把教育科研简单化，认为搞科研就是写文字，发表文章。这些错误的认识影响了学校教科研的开展，妨碍了教师专业发展。因此，校长首先要做的是转变教师的观念，让教师们认识到教科研对提高教学质量和促进教师发展的作用，认识到只要用心，身边遇到的教育教学问题都可以通过研究来寻求解决途径。

2．帮助教师提高教育理论水平

教育理论是指导教学活动的强有力的武器，也是提高研究能力的首要基础。只有掌握了一定的理论，才能在教学实践中进行有目的的探索，才可能提高观察与分析思考能力，才可能抓住教育教学中的科学规律，进而发现解决教育教学问题的新方法。这里说的探索包括教师个体的独立研究和教师群体的共同研究。作为一名教师，不仅应该较为系统地掌握基本的教育规律和从事教育教学的基本技能，还必须掌握关于开展教育科研的基本理论和方法，积极投身于教育科研实践，善于通过教育科学活动不断取得教育科研新知识，探索教育科学新领域。因此，学校应采用多种方式帮助教师提高教育理论水平。

3．帮助教师掌握教育科研的基本方法

校长要指导教师弄清研究什么和怎样研究这两个问题。对于教师来说，首先应注重教育研究与实践教学工作密切相关的、有现实意义的课题，如此既可以扬实践经验丰富之长，又可使所做的教育研究直接服务于实际教学，校长要让教师学会在工作中找到所研究的问题。校长还应帮助教师掌握教育科研的基本方法。如正式课题的研究方法、微型研究的方法等。

4．创设教育科研的氛围

这里包含两方面的涵义：一是积极鼓励教师开展教科研活动，为他们从事教改、科研提供和谐而宽松的外部环境；二是采取及时有效的措施，积极开展丰富多彩、形式多样的教育科研活动。在浓郁的教育科研氛围下，教师的教育科研才有可能变为自觉行为，教师的研究才有可能植根于教育教学实践之中，研究水平才可能逐步提高。

【主要方法】

1．组织学习，培养教师教科研意识

学校可以利用校本培训组织教师开展有关教科研的学习研讨。组织学习应注意以下特点：

学习时间要保证。学校确定的科研学习时间应相对固定，避免被繁忙的教学工作冲击。学校应根据教师特点与课题研究特点，组织教师学习上级教科研部门提供的学习材料，有选择地学习教育理论书籍及国内外教育科研信息等。学校还可定期编印《教科研信息》等资料，供教师学习。

学习方法要灵活。可以根据学习内容的特点采用个人自学与集中学习相结合的方法。在个人自学当中，安排教师学习教育科研方面的书籍，应事先布置学习提纲，并在过程中组织研讨交流；集中学习时主要安排教育科研知识和方法的辅导讲座。学校可邀请课改专家、教科研专家来校作科研讲座，也可组织在教育科研方面有成就的名校长、名优教师作专题经验介绍等，帮助教师更新理念，缩短教师的科研成长进程。

2. 创设科研氛围，激发教师教科研意识

科研氛围指的是学校中关于教育科学研究方面的气氛。学校的教育科研氛围一般指无形的舆论氛围和有形的实践氛围。良好的氛围对教科研工作能起到有力的推动作用，影响着教师们对教育科研工作的认识、态度及情感。

创设良好的氛围可以从以下两个方面入手：一是学校领导班子尤其是校长对科研工作必须高度重视。校长应当把科研工作当作学校的一项主要工作，在科研工作方面有明确的计划并有切实的举措，促进良好氛围的形成。二是将教科研工作渗入到日常教育教学工作、教研活动、进修学习中。具体可有以下策略：

（1）创设教改实验氛围，激发教师参与

实践表明，投入教改实验活动的教师能够更快地形成教科研意识。教师参加教改实验活动，在教育理论指导下，形成方案，并在教育工作实践中去实施、修正、完善、总结。在这个过程中，每一步都需要教师对教育现象进行新的认识。因此，教改过程也是实现教师自身教育观念转变的过程，对培养教科研意识有很大帮助。

（2）指导课题遴选和研究，保护教师研究热情

发现和提出有价值的问题是教科研的起点，选题决定了教科研的方向与水平，是顺利完成研究工作的基础。校长在教师课题申报过程中指导教师根据校情和工作实际，合理定位，找准视角，认真选题，并在课题论证和研究实践上加以指导，使教科研工作与日常教学工作密切结合，增加教科研工作的科学性，使研究不走偏路，并能取得实效，这对保护教师教科研热情有明显作用。

（3）特色课题引路，引领教师参与

如某校开展"绿色学校"特色创建活动，同时该校实施"面向新形势学校环境教育运行机制"的课题研究。在绿色学校创建和课题研究过程中，学校以特色课题引路，引领教师参与研究，从而使创建活动持续深入地发展，而教师对课题研究的深入，又提升了教师对学校特色创建的认识，提高了教师创建特色学校的

积极性。

3. 开展校本教科研活动，提升教师教科研意识

教师教科研意识应在不断实践的过程中得以提升，而开展校本教科研活动则能更有效地提升教师的教科研意识，具体可有以下策略：

（1）在案例评析中，增强教师教科研意识

组织教研组内教师抓住平时教育教学工作的一些典型案例作为背景材料进行分析研讨，在案例评析中增强教师教科研意识。主要操作步骤为：收集和确定案例——介绍案例——教师围绕案例发表看法——教研组长收集有关观点，进行总结，并填写记录表（如表11-1）。

表11-1　教研组案例评析教科活动记录表

主题		案例收集者	
案例描述：			
主要观点记录：			
案例给我们的启发：			

（2）在反思交流中，增强教师的教科研意识

校长应该加强教师的信息交流，促进思维碰撞，在反思交流中增强教师的教科研意识。课题组是学校开展教科研活动的基本单位。学校应建立课题成员定时例会的制度，对课题研究中出现的问题进行述评和论证，促进课题组成员之间交流信息，碰撞思维。校长还可要求教师自定研究小专题，收集资料、摘录卡片、提出问题、归纳方法，把教育实践中得到的经验或教训加以记录和思考，促进增强科研意识。

（3）在专题研讨中，增强教师教科研意识

专题研讨是教研组活动的主要形式，组内教师就某一专题作参与式的探讨。其形式有学术沙龙、课例分析、专题研究等等。通过研讨可促进教师增强教科研意识。

4. 加强典型示范，增强教师教科研意识

积极推广教科研典型，发挥典型示范作用，可强化教师教科研意识。学校可通过成果报告会、现场观摩会、成果展示会等方法，展示教科研成果，这可为教师教科研意识培养注入一剂"兴奋剂"。如，某校定期开展的"优秀科研成果展示活动"，参与课题研究的教师分别介绍研究成果。学校还应重视科研骨干力量的培养，发现和培养科研积极分子。在课题研究中，要增强成果意识，提高研究成果的先进性、实用性和实效性。学校建立激励机制，对教师在科研中付出的艰辛劳动予以肯定，对优秀研究成果（包括在有关报刊上发表的文章和在研究中形成的技术成果）进行表彰，给予物质与精神鼓励，还可按学年度把在学校以上的各类科研成果评奖中获奖的情况记入学校和教师的业务档案。这些措施都可从一

定程度上强化教师教科研意识。

【注意事项】

1．少一些形式主义，多一些有用的引领

学校的教育科研必须解决教师教育教学中的真问题。所以校长应避免搞形式主义的活动，为教师提供切实有用的教科研引领，让教师的科研健康发展。

2．少一些功利主义，多一些踏实的心态

因为有无教育科研课题常常被纳入教育主管部门评价学校的标准，并且在教师的职称评定中，教师的教育科研成果也有重要作用，所以有些学校存在着为有科研而搞科研的倾向。一些学校和教师在争取科研立项时并未考虑这些项目是否适合本学校和老师。这就导致一部分教师追求时髦，急功近利，做表面文章。有些科研论文越写口气越大，越写实际内容越少，越写抄的东西越多，严重脱离学校实际和教育教学实际，对提高学校教育教学质量，提高教师专业水平并无益处。所以，在推动教师开展教科研时，要摒弃功利主义，走踏踏实实的科研道路，让教科研产生于教育教学需要，解决教育教学问题。

3．少一些务虚主义，多一些扎实的帮助

校长应当用具体的工作为教师的教科研提供扎实的帮助，引导教师树立正确向上的科研观。如，要求教师每月学习或摘录一些文章；规定教师每月听课的同时必须有听课的反思和评价；对教师研究成果定期进行检查、评比和推荐发表；及时公布教师教科研的成绩和文章发表情况，努力形成"比、学、赶、帮、超"的学习氛围。

【案例】

一位校长的手记

我在接管学校教科研工作两年的时间内，让大多数的教师从不懂教科研、怕教科研，到认识教科研，甚至熟悉教科研。在比较短的时间内取得如此喜人的成绩，我认为主要是帮助教师揭开了教科研的神秘面纱。

我忘不了在组建学校课题研究中心成员组和各课题研究小组成员时遇到的尴尬。我根据平时对教师的了解，与教科室的两位主任一起初步拟定了成员名单，而后我便一一征求教师的意见。没有想到的是，以往从不推辞的同事们听到我要他们参加课题研究时，个个把头摇得像拨浪鼓似的，还对我说："匡校长，你找我做什么事都可以，唯独不要叫我做课题研究。那东西，我不懂！"在找了好几个老师都碰壁的情况下，我放弃了征求意见，改为召集拟定的中心组成员和课题组成员的会议。会上，我针对老师们畏惧教科研的心态拉开了话题："我知道大家不是不愿意做课题研究，而是不知道什么是课题研究，如何开展课题研究。开展课题研究到底有什么意义？我先给大家说说什么是研究课题。研究课题是我们在教育教学中发现的具有普遍性的问题，比如，我们学校根据大家提出的如何指导学生开展研究性学习，申报了'小学生研究性学习模式的研究'的课题；再如，大家在教育中感觉到，对学生的教育单单靠教师的教育往往达不到预期的目的，需要家庭、社会的共同参与，于是申报了'学校、家庭、社区三结合德育研究'的课题。这些来自于我们教育教学实际中的问题，谁去解决？

当然还得靠我们！我们在教育教学实践中摸索，寻找解决办法的过程，就是研究的过程。其实，大家平时都在研究，上课要研究教学方法，教育学生要研究策略，这些都是研究！所以，教科研、课题研究我们每一个教师都能参加，都能做好！"我边说边观察着大家的情绪变化，发现随着我的解释，老师们有的窃窃私语，调皮一点的年轻教师对我说："这么说我们每天都在研究？""是呀，不过是你自己没有觉察罢了！"我笑着对大家说。"怎么样，现在对课题研究有点儿了解了吧！下面我们就学校现在的课题说说如何开展研究，如何？""行，你说吧，我们按你的布置去做！"老师们爽快地对我说。

（江苏省张家港市暨阳湖实验学校副校长　匡慧娟）

【分析】

帮助教师认识教科研是校长引领教师走科研路的第一步，也是至关重要的一步。教育科研是一项艰苦的脑力劳动，如果领导只停留在口头上的号召，不带头"下水"，树立榜样，局面是很难打开的。有专家说："校长重视，亲自参与，是发动和组织教师进行教育科研的一条规律性的基本经验。"事实上，只有亲身参与教科研究实践的校长，才是真正重视教育科研工作的校长；只有校长亲自参与教育科研究实践工作，才能真正形成良好的教育科研氛围。学校领导应做教科研工作的有心人，要身体力行地积极参与课题研究，努力成为教科研带头人。

第二节　指导教师开展教科研工作

【指导教师开展教科研工作的意义】

指导教师开展教科研，使教师乐于并且善于开展教科研，不仅可使教师提高参加教科研的积极性，也使得教师能够有质量地开展教科研，从而解决好教师在教育中遇到的问题、难题，并提高教师的专业素养。指导教师开展教科研是学校教育与时俱进、跨上新发展台阶的一个极为有效的途径。

1. 帮助教师克服畏难情绪

校长要帮助教师正确认识学校的教科研工作，要让他们认识到教育教学工作是教育科研的"沃土"，每天工作在教育教学第一线的教师有着得天独厚的搞科研的条件。只要留心，教师每天的工作都有"问题"可以研究，可以将"问题"转化为课题。教学是教师天天在做、人人会做的事情，如果教师把教学的过程变为研究的过程，就能够达到"工作课题化，课题工作化"的境界。要帮助教师克服畏难情绪，努力增强广大教师搞好教育科研的信心。

2. 帮助教师把握研究方向

在学校里，教师的教育科研方向是多元的，它不追求高深的理论成果，而是希望通过研究提高教师的专业水平，改进教育教学工作，提高教育教学质量。校长要指导教师把握正确的研究方向。例如，生源差的班级可以着重研究后进生教育问题，生源参差不齐的班级则可关注研究分层教育。研究时着重于探求解决具有普遍意义的问题的具体方法，力求使研究成果能在学校工作中起到指导、推动和促进作用。在"教育的成功"和"理论的建树"二者之间，学校教科研的研究方向，重点是前者而不是后者。这一点必须让教师们明白。

3. 帮助教师在研究中成长

从教师专业成长的角度说，教师的专业知识拓展、专业能力提高和专业情意的发展，都离不开研究。美国学者波斯纳认为：教师成长＝经验＋反思。具体来讲，教师通过不断反思学科教学知识、关于学生及其特性的知识、相关教育环境的知识等，以多种途径获得学习经验，在学习与反思中促进自己的专业成长。通过研究，教师可以了解自己行为的意义和作用，有利于提出切实可行的改进方案，提升自己的教学工作。一个教师要想从基本胜任型成长为名家名师型，需要不停地探索研究，用理性的目光，大胆尝试，创造性地改变自己，逐步形成独特的教学风格。国内外许多教育家都是教师出身，如美国的桑代克、我国的陶行知等人，他们在教育教学工作中展开研究，也在研究中从事教育教学工作，不断追求教育的真谛，终成为令后世敬仰的大教育家。

指导教师进行研究可以使教师更加热爱教育工作，在劳动中获得理性的升华和情感上的愉悦，提升自己的精神境界和思想品质。正如苏霍姆林斯基所言："如果你想让教师的劳动能够给教师带来乐趣，使天天上课不至于变成一种单调乏味的义务，那你就应当引导每一位教师走上从事研究这条幸福的道路上来。"

【主要工作】

1. 构建教科研管理网络

建立和健全教育科研组织并形成网络是加强教科研的工作基础。学校应构建有效运行的教科研工作网络，既使全校教师都参与到教科研工作中来，又便于平时开展教科研活动。工作网络由学校教科研工作领导小组（校长负责）——教科室——教研组、年级组（课题组）三级组成，实行分层管理、分层指导，使教科研工作分层有序地开展。

学校教科研工作领导小组（校长负责）是学校教育科研的决策者，主要职能：（1）从宏观上指导、审议学校教科研工作，以发展的眼光制订学校教科研的决策和规划。（2）督促教科室工作，审议每学期学校教科研工作计划。（3）多方协调，统一领导学校教科研工作。

教科室是为校长领导教育教学改革、教育科研做出正确决策提供科学依据的参谋部，是为领导和教师提供教育情报、宣传和学习教育理论的信息部，是指导学校各层次教改和教育科研的指挥部。它除全面负责学校教育科研的日常工作外，主要承担应用性、开发性教育科研课题的研究。教科室在教育科研的管理体制中是基层的管理单位，直接面向教师，面向教育实践。教科室在学校内部属中层机构，与学校的教导处、总务处等中层机构并列，直接对校长负责，完成与学校教育科研有关的工作。

2. 健全教科研管理制度

建立健全学校教育科研管理制度是学校教育科研管理的重要措施，也是教育科研工作规范化、科学化的需要。因此，为确保学校教科研工作能够正常开展，学校教科室要制定一套保障教科研工作正常运行的常规制度：一是教科研五年规划，二是教科研目标考核制度，三是教科研过程管理制度。

为推进科研制度的不断完善，学校要经常组织开展先进教学经验交流活动、评选学校优秀教科研论文、评选教科研先进个人和先进集体，出台相应的评比细则和奖励办法，调动广大教师的积极性。

3. 培养教科研骨干队伍

教育科研活动是教师锻炼成长的有效途径。因此，要让教育科研成为师资队伍建设的工作内容。学校要重视对广大教师进行教科研知识的培训，提高大家的科研能力，并着力培养一批专业基础好、研究能力强的教师作为教科研骨干，让他们在教科研当中挑大梁，攻难关，在实战中成长。

4. 开展科研方法和论文写作指导

为提高教师的研究能力，学校应加强对教师的教科研方法指导，内容包括教科研方法、教科研论文的写作等。可采取多种形式培训，当然最有效的方法还是让教师在作研究的过程中学。校长要当好指导者，帮助教师掌握研究方法。

5. 把推动科研与培养名师结合起来

学校教科研工作做得好，能培养出一批教科研工作的带头人。反过来，如果学校有一批名师，则教科研就有了一批领跑人。所以，学校应把推动教科研与培养名师结合起来。如，建立学校教育科研学术带头人评选制度，为每位教师配备教科研促进成长记录本，制定"优秀课题组"评比办法等。这些制度与名师培养工程的相关制度配套起来，促进教科研工作与名师培养工作并肩发展。

6. 落实校级课题

开展校级课题研究可以起到加强课题研究的规范化、制度化，引领教师开展研究，提高研究的质量和效益的作用。学校要根据自身的特点，确定一项课题作为学校的主课题。一方面利用学校主课题研究获得一批有质量的科研成果，一方面以此带动全校教师参与教育科研。学校在确立了主课题后，要组织全校教师一起学习，明确学校课题研究的目标。然后要求教师们根据学校主课题，结合自己的教育教学实际，选择自己感兴趣的小专题进行研究。借助课题平台，学校对教师引领和指导，既有利于多出系统性科研成果，又有利于培养教师的教科研能力。

7. 形成教科研文化

加强教科研文化建设，形成鲜明的教科研文化，学校教科研工作应实现从少数教师参与向全体教师参与转变；从零星、散点研究向集体攻关转变；从强调研究数量向追求质量和数量并重转变，使教师在这多重转变中明确教育科研的性质和地位，使科研与教育教学实际紧密结合；要明确学校教育科研的方向和特色，确立导向机制，集中力量突破重点课题；要完善评价机制，促进教育科研文化建设的可持续发展。

【主要方法】

1. 组织各级课题的申报

要对申报课题的选题进行指导，在尊重教师选择的前提下给出一定建议，使教师申报的课题符合学校发展的需要，符合教师教育教学工作的实际需要。对课题的申报材料进行审核把关，保证质量，争取立项，也要重视微型课题研究。研究过程不一定如正式课题那样规范，但是对帮助教师深入思考和解决教育教学实际问题亦是有帮助的。

2. 指导教育科研过程

在对教师进行教育科研知识和方法培训的基础上，在研究的过程中对教师进行教育科研指导。注意让教师把握两点：课题研究必须与自己的教育教学实践紧密结合；课题研究不仅需要认真学习，广泛参考他人成果，更重要的是必须有自己深刻的思考。

要对教师撰写教科研论文开展指导，告诉教师要注意：（1）选题和看问题角度要力求创新；（2）要围绕教育教学热点问题来写；（3）要注重文章的"简、明、实"。"简"是指文字要少而精，围绕中心，可有可无的话不说，可长可短的话短说。"明"就是文章的主题要鲜明，语言要浅显易懂，精炼干脆，使文章具有较强的可读性。"实"就是文章的内容要有实用价值，对读者有真正的启发，使读者有收获，不可面面俱到、大而空。

3. 抓好教育科研队伍的建设

任何工作都是靠人来完成的。一所学校想搞好教科研工作，必须拥有一支教育科研队伍。校长要十分重视教育科研队伍的建设。

（1）发现并培养热心教育科研的领头人物

也许一所学校的教科研工作尚未很好开展，但学校总能找到喜欢写、能写的教师。这样的教师正是可以燎原的"火星"，可以培养成学校教科研队伍的"领头"人物。学校领导要通过引导、培养、推动的办法调动这些教师的科研积极性，把他们推到教科研工作的前沿，逐步成为学校教科研的骨干力量。

（2）把课题（教研）组长作为科研队伍的首席

教研组长应成为学校科研队伍中的核心人物。校长要推动各教研组长在学校教科研中发挥核心作用，促进他们成为科研队伍的首席。

（3）抓好课题组建设

教师的科研能力只有在实践中才能得到提高，科研水平也只有在实践中才能得到体现。在教育科研的实践过程中，为了形成群体合力，通常需要由相关人员组成课题组。这些课题组正是学校科研队伍的具体存在形式。

要重视教研组长科研能力的提高，依靠他们开展好科研工作，使他们成为学校科研工作的带头人；根据学校情况，选择合适的课题，组成团队开展研究工作。把学校的科研骨干都定位到相关的课题组中，让他们在实践中发挥作用，在实践中进一步提高。

4．教育科研制度的制订及实施

学校的科研制度对教师的教科研有激励和导向作用。它一般包括学校的科研机构设置情况，课题的申报、实施研究及总结等环节的程序和要求，以及对科研成果的评审与奖励等内容。

制订科研制度时应做到：制订过程要民主，执行时要严肃。制订时讲究民主，充分吸收广大教师的意见，可以使大家对制度认同，共同把它作为教师们开展教育科学研究工作的一个指南；执行时要严肃认真，该奖励的要及时给予兑现，该批评的也决不含糊，全校教师（包括校领导）在制度面前人人平等。

5．加强对课题研究进度的监控

为使课题研究能够达到预期的效果，学校对研究过程和进度必须加强监控，抓好全程管理。定期检查研究的进度，使课题正常有序地进行。由于研究是在动态的过程中进行的，随时都可能出现新情况、新问题，因此针对问题及时调查与分析就显得很重要。教科研组长应掌握教师课题研究进度和状态，一方面听取教师阶段性汇报，另一方面可以随机查看资料了解现状，及时为教师提出建议和指明进一步研究方向；在课题研究后期，抓好终端管理，督促做好课题结题报告，并及时总结研究的经验和教训，进行适当的调整，收集研究的各项资料。

【注意事项】

1．要端正教师对教科研的认识

要帮助教师克服错误认识：一是克服无用论，引导全体教师认识到教科研的现实价值所在，形成强烈的内生动力，真正把教科研作为主动之举而非被动应付；二是克服神秘论，引导教师认识到教科研不同于研制高科技产品，教育科研的目的在于探索教育教学现象背后的基本规律，创新教学方法；三是要克服无关论，每一位教师都应认识到自己有责任参与学校的教科研活动，都应了解教科研的前沿信息；四是要克服冲突论，要把教科研与教学工作融合起来而不是对立割裂开来，既不能忽略教科研活动的重要性，敷衍了事，也不能因开展教科研活动而耽误了日常的教学工作，做到两不误、两促进；五是要克服唯文论，把写论文作为教科研过程的一个环节而不是全部，不能为了论文而写论文，不要把教科研等同于写论文，要真正关注问题诊断、策略提出和成果转化。

2．要解决教师研究与教学相脱离的问题

有些教师虽然参与了课题研究，但没有把课堂教学与课题研究结合好，只是为了完成任务，做出来的材料缺乏真实依据。要教育教师认识到："实践＋反思"是理念和行为相连接的最直接的手段，是一种"行动研究"，是做教育科研的最

简单方法，也是教师专业发展的有效途径。教师的行动研究着眼于从自身在课堂教学中遇到的实际疑问出发解决教学问题。行动研究的成果是改进教学问题的新思路、新方法。在研究中，教师寻找出有效解决问题的方案，不断改进自己的教学；用先进理念对照已有经验基础上的教学，找出理念上的差距；在新理念指导下进行新的教学实践，找出理念与行为之间的差距，进一步改善教学行为。

3. 要缓解教师科研与教学工作忙之间的矛盾

很多教师觉得，每天要上课、备课、批改学生作业，教学工作已经够忙的了，哪有时间搞科研？把教学与科研分成互相独立的两张皮。事实上，如何上好每一堂课，如何提高习题的功效，如何抓好全班学生的学业成绩，都是教师要思考解决的现实问题。这些问题不解决，教学工作就上不去，而这些问题的解决方法的获得过程实质上就是对教学进行研究的过程，也就是科研过程。所以说，教学与科研工作是紧密结合的，是密不可分的。学校要采取切实措施，把教师从繁重的事务性工作中解放出来，使他们能有足够的时间来读书学习和进行研究。

4. 要解决科研经费不足的问题

学校应加大对教科研的投入力度，改善教科研工作的条件，为教师进行教科研提供基础和保证。学校可成立专项教科研经费基金。要努力加强教科研的硬件建设，尤其是校园信息网、图书资料等方面的建设。每个教研组应集体配订一定数量的学科专业期刊，并配备必需的工具书、参考资料、信息技术设备等，以融会校内外教科研资源，促进教科研的有效开展。要给予教研组活动必要的资金投入，保证购置图书资料、外出参观学习以及有关教科研活动、竞赛活动的经费开支。对需要经费的课题予以支持，设立专款，用于课题研讨、师资培训、购买资料、设备配置、成果奖励等。

【案例】

通过课题研究引领教师参与教科研

在我校推进小班化教育的实践过程中，我们通过课题研究来引领每一位教师参与教科研工作，从而提升每一位教师的素养，成就每一位教师，最终实现促进每一位学生的发展。

1. 专家引领与名师引领相结合。学校的发展，教师的提升，教学的改革，这些既需要学校的研究与实践，也需要借助外力。近年来我校先后聘请了 20 余位高层次的专家和名师来校指导教师的教育、教学、科研、管理等方面工作。如今，专家与名师指导已经成为我校常态化的工作之一，为我校教育科学研究指明了方向，为我校教师专业素质的提升提供了理论支撑。

2. 科研活动与课堂教学相结合。我校以省教育规划课题"人本理念下'展示每一个'的行动研究"为统领开展教育科研活动，学校所有教师都已经参与到这个课题的研究中来。学校为教师提供了研究范例，把课题研究的步骤、方法、策略等相关研究资料、实例下载复印，发给教师学习，让他们在学习、模仿中渐渐体会研究的方法。目前，我们已经进行了文献研究、对比研究、个案研究，并从研读名师和分析自我课堂两方面来探索"展示每一个"的教学模式和策略，还编写了《紫藤文苑》和《童真文集》两本书，里面收集了老师们研究的成果。与此同时，我校"童真课堂"教学研究也在如火如荼地展开，老师们充分利用课题研究的理念与成果，在课堂教学中展开实践，有效地将科研与教育教学实践融合起来，并及时反馈课题研究存在的不足，两者相互促进，取得了良好的效果。

3. 好书推荐与漫谈童真相结合。读书是教师成长的重要方式。我校提倡教师多读书，并在学习内容上给教师以具体的指导：结合新课程的学习、结合科研课题研究的学习、结合学科特点的学习、结合自身特点的学习、结合学生发展的学习等，学校为每位教师定期配备和推荐相关书籍。

我们还利用每周三教师集中学习的前 10 分钟，进行"好书推荐"和"漫谈童真"活动，每一位老师就自己探索"童真教育"方面的学习、体会、收获和自己在教学中的一些尝试、经验、教训或是教育教学上了解的最新信息和动向进行展示和交流，畅谈自己的所学、所感、所悟，以达到相互促进、相互提高、资源共享的目的。

4. 校级展示与对话交流相结合。教师的成长需要展示平台，也需要在交流中反思。我们积极搭建展示平台，给予教师充分展示和交流的空间，促进教师的成长。学校充分利用学科教研大组指导作用，抓大组带小组，开展"互动式"活动方式。语、数、英、综合四个大组分别进行了专题学习、音像资料的观摩、辅导讲座，专题研讨，教学个案分析，学科教研活动等不同教研学习活动，在各学科研究课的基础上，全校开展校级展示课活动。展示课活动为老师们提供了教学交流、展示自我的平台，活动中讲课者与听课者平等地交流和对话，相互促进，经历实践——反思——研究——提高的过程，在思想的碰撞中得到有效提升，也对课堂教学起到了积极的推动作用。

【分析】

此案例表现了一所普通小学指导教师开展具有本校特色的科研课题的行动研究过程。从中可以看到，该校在推动教师开展教科研方面的主要思路是：第一，由专家从理论上引领，一线名师从实践上引领，把教师带上正确的研究之路。第二，强调科研与课堂教学的结合，把研究引向解决教学中实际问题的正确方向。第三，关注教师的不断学习，促进教师提升研究能力。第四，提供平台让教师展示交流，促进教师团队的科研水平整体提升。这也说明了一所学校教科研工作开展得是否切实有效，方法是否对路，在很大程度上取决于校长的正确引领和科学指导。学校的宏观设计和微观点拨，为教师进行教科研提供了一盏"指路明灯"。

第三节　总结、推广教科研成果

【总结、推广教科研成果的意义】

学校教科研成果主要指校内教师的教科研课题成果和教学、教研论文成果。一些教师的教科研成果有较好的应用价值和社会价值，或在评比中获奖，或在教育刊物上发表。但有时这些产生于本校教师的教科研成果并未被广大教师所知、所用。因此校长要努力做好本校教师教科研成果推广工作，大胆尝试应用各种有效的推广途径来提高教师教科研成果在教育教学实践中的引领和指导作用，提升教育教学水平，提升学校的教育教学质量。

课题成果的转化是学校教科研的一个重要环节。当前的学校教科研存在着"重成果轻推广"的现象，课题结题之日亦研究结束之时，课题成果就此被束之高阁而没有得到应用推广，这就失去了教科研的意义，也易削弱教师进行教科研的积极性。事实上，课题成果的推广应用不仅能够改善教师的教育教学，也使教师深刻体验教科研的价值，进而增强教科研的内在驱动力，而且教科研活动成果转化、应用的过程本质上是一种教育再研究的过程，在这一过程中不仅丰富了原有的成果和理论，也在一定程度上吸引更多教师的参与。换言之，教科研活动的成果的推广还可以发挥辐射带动的作用。因此，学校必须重视教科研成果的推广与应用。

【主要工作】

1. 定期梳理学校教科研成果

课题研究成果包括理论成果、实践成果等。学校应定期对教师的课题研究成果进行搜集和整理，根据研究领域的不同，将成果分门别类，交由教导处或教科室等部门对其应用价值进行评估。对预期应用价值高的成果应考虑在校内相关范围进行推广应用。

2. 关注校外教科研成果

在推广本校教科研成果之前应关注校外与此相关的研究成果情况。学校要搞清国内甚至国外对该课题研究已有哪些成果，了解在这个问题上他人已经进行过哪些实践，哪些问题已经解决了，哪些尚待解决。弄清以上诸问题，有利于筹划本校的教科研成果推广工作。

3. 对教科研成果的实用性和可行性进行论证

对教科研成果而言，考察其实用性主要是看成果的采用是否能对教育、教学质量的提高，教育决策的形成，师资队伍的建设，教育改革与发展等起到明显的促进作用，产生良好的社会效益。可行性则是指在现行的主客观条件下实施是合适的，而且在理论上是简捷明确的，实际操作上又是相对简便易行的。教研成果推广的最终执行者是广大教师，因此对成果的普遍适用性要求更高，成果的实用性和可行性也就成了应用与推广教研成果必然的客观要求。校长应组织相关专业人员对教师的教科研成果进行论证，对是否适合在本校推广进行科学考量。

4. 教科研成果推广的组织与发动

当学校确定要在一定范围推广教科研成果后，校长必须做好各项准备工作。这项工作量很大，学校领导和教科室应作出具体工作计划，进行组织和发动。在推广过程中如遇教师出现各种问题，校长要深入实际，了解情况，做细致工作，以保证成果的顺利推广。在推广过程中，还可采取"传、帮、带"的方法，让教师理解和认可学校想推广的教科研成果，愿意跟着做并且学会做。实践证明，由有经验的老师对缺乏经验的老师进行长期具体的传授、帮助，对推广教学研究成果有直接作用。

【主要方法】

1．组织好教科研成果学习研讨会

学校应开好教师研究成果学习研讨会。学校教科室在开此会之前，整理好本学期教师的教科研成果，并汇编成学习材料，提早分发给教师自学。研讨会的举行，可采取分组学习方式（如分教研组），在研讨会上，先让相关老师介绍自己的教科研成果，要求着重介绍相关工作思路和有效的经验做法。介绍时不能照论文原稿读，主要从理解和操作上讲解，然后进行分组研讨。研讨中，教师要着重谈自己对此教科研成果的认识与体会，探讨具体实施成果中的先进理念和方法的思路，如能提出进一步建议则更好。研讨结果由各组代表在教师大会上作汇报交流。这种教科研成果学习研讨会能使教科研成果深入人心，提高教师的参与程度，能使教科研成果在学校得以有效推广应用。

2．把教科研成果纳入校本培训内容

教育科研成果的推广，对广大教师来说，实际上也是新的教育知识的普及应用过程。许多学校根据自身的特点，组织教师在校本培训过程中学习和研究本校的教育科研成果。如请参与课题研究的教师利用讲座的形式对全校进行培训，逐层逐点地对成果进行剖析，让广大教师理解研究成果，学习研究成果带来的新理念和新方法。

将教科研成果纳入校本培训应注意：（1）培训计划安排要周详，准备要充分。周密计划，认真准备是提高教科研成果培训效果的前提条件。（2）培训形式要活泼多样，富有变化。教师培训的形式不能都是讲课，应辅之于其他活泼、有趣味的内容形式，把娱乐、教育、认知有机结合起来，如安排教师观看与成果有关的多媒体课件、录像及课题成果材料等。（3）要对教科研成果学习效果进行评估。效果评估在教科研成果培训中具有导向、激励、反馈、调节作用，培训内容评估的方式很多，如口头提问、书面问卷等。应注意评估是一种促进手段，而非目的。

3．召开教科研成果现场会

召开教科研成果推广现场会是学校推进教科研工作的一种方法，可以每学年召开一次，由学校领导（校长室和教科室）负责组织。对于在会上交流、推广的研究成果，学校领导要事先布置课题负责人认真准备。学校教科研成果推广会的内容至少含四项：（1）教科研成果材料展示。要布置参观室展示教科研成果，如照片、奖状、课题档案袋材料等。要求每个课题建立一个"材料档案袋"，档案袋内必须有：①课题方案；②课题相关背景学习材料；③课题研究过程的体会及论文；④课题研究过程的典型案例；⑤课题研究取得的成效凭证；⑥课题活动大事记；⑦课题结题报告。（2）课题成果汇报课。如果是与课堂教学联系密切的成果，就安排取得教科研成果的教师上成果实践课。一般把上课放在开会之前进行。（3）有关领导讲话并颁奖。（4）取得教科研成果奖的教师介绍教科研成果。

总之，学校要有目的、有重点、有计划地推广教科研成果，让科研成果转变全校教师的教育行为，切实提高教育教学质量。

4. 以校刊、简报等形式宣传教科研成果

校刊和简报是宣传推广学校教科研成果的平台，是学校教科研建设的一项内容。校刊每学期定期发行，可设一些固定栏目，如：（1）学校教科研活动信息报道；（2）教师课题研究过程中相关论文选登；（3）教师在报纸杂志上发表或在论文评比中获奖的论文选登；（4）本校师生作品选。也可设一些不固定栏目，内容可以是外校先进的教育教学经验和教科成果选登、上级教育政策法规或学校规章制度选登、教育教学热点问题探讨等。

5. 积极参加上级教科研成果评比活动

组织教师积极参与省、市、区（县）的教科研成果评比、论文评比活动，参与省、市、区（县）组织的教学成果奖评比活动，这是为教师的科研成果增加社会认可度的机会，也是宣传学校教改成就的机会。通过这种参与，教师的教科研成果能在更大范围产生影响，获得更大的社会效益。

6. 在报纸杂志上发表教科研成果

校长要指导教师将研究成果发表到报纸杂志上，指导教师对原课题报告的内容进行浓缩，或提取一些核心的、新意突出的内容，写成 2000 至 3000 字的文稿，向正规出版单位投稿。要帮助教师选择投稿刊物。

【注意事项】

1. 在进行推广实验阶段，规模不宜太大

推广教科研成果，可以先进行小规模实验，视其效果如何再决定是否逐步推广，即使实验失败，受损失也只限于小范围内。推广教科研成果一般采取"试点实验——局部推广论证——面上普遍推开"的步骤，稳步推进，不要一开始就全面铺开，不要急于求成。

2. 要帮助教师消除守旧思想

有的教师习惯于墨守成规走老路，满足于凭已有知识、经验及思维方式来从事教育教学，他们有时会在学校推广教科研新成果时持消极搪塞的态度。因此要及时帮助教师消除守旧思想的影响，鞭策他们以积极的态度面对他人的教科研成果，用他人的成果来改造自我，充实自我，提升自我。

3. 教育科研成果的推广不能简单模仿或照搬、照抄

任何一个教育科研成果的产生，都有其特定的环境和条件，而且由于时间、地点、条件的变化，特别是因人的主观意识和情感态度的影响会导致不确定性因素很大。教师在学习、吸收科研成果精华的同时，应结合自身的实际情况，考虑自身特点、条件等，并融入自己的教育教学经验及劳动创造，才能将原有教科研成果内化为新的知识结构，而且还要对自己的工作对象——学生的特点及其他条件进行具体分析、研究，才能实际应用。校长在推广科研成果时必须引导教师认识到这一点。其实，成果推广过程是创造性的劳动，在推广实践中既会对原有成果进行检验，也会对原有成果进行修正、完善和发展，进而产生新的经验和新的成果。因此，教育科研成果推广过程也是一个再研究、再创造的过程。

【案例】

两位校长的发言

在一次全区学校教科研工作座谈会上，来自两所学校的校长有如下发言：

张校长："'没有反思就没有提高'，一个不善于梳理自己成败得失的教师，是难于提高教学水平、提升教学理念的，这样的教师充其量只能算一个'教书匠'，一般不会有多大'突破'。要想让习惯于备课、上课、批改作业的教师进行反思和总结并非一件简单的事。为了克服教师的畏难情绪和畏惧心理，校长首先要'现身说法'，把自己的经验和盘托出，'手把手'地教教师怎样写作和总结。如今我们的老师将自己的成功之举和不足之处如实地写入教学后记中，点滴积累，由点到面，由肤浅到深刻，逐渐实现了自我提升。我校还实行了每月一次的'教师文章发布会'制度，给教师提供了展示才华的舞台。通过一段时间的传、帮、带，如今反思已成为教师的一种自觉行为，在每月的教师文章发布会上，都会涌现许多精彩的言论和片段，教师们独到的见解、创新的做法、思维的闪光点等等。学校及时将教师的优秀文章向各级杂志社投稿。当看到自己的文章呈现在期刊版面上，教师尝到了成功的喜悦，科研的热情高涨……"

李校长："……我校在引导教师积极参与教科研的同时，力求为教师搭建走向成功的舞台：学校的校刊上特意开辟了教育科研栏目，老师们的研究成果得以及时展示；每个学期，分类刊出课题研究成果集。更喜人的是，教师们在研究中学会了积累，学会了反思，撰写的文章质量高了，学校有针对性地把一些教育科研文章推荐出去，教师们在各级各类报纸杂志上发表了不少文章。"

【分析】

校长除了带头搞科研和指导教师在课堂教学中搞研究之外，还应该为教师研究提供交流研讨的平台，帮助教师解决成果的社会认可问题，为教师成功助一臂之力。

这两个案例通过学校内部教师研讨、培训、召开现场会和创办刊物等方法来推广教科研成果，是学校深入开展教科研活动的重要方式。再通过学校教师参与课题论文评奖和发表论文等方式，进一步推广教科研成果，使学校教科研成果逐步内化为广大教师的教育教学行为，这会进一步激发教师从事教科研活动的热情和信心。

第十二章
促进教师专业发展

教师队伍的素养决定学校的办学质量和品位。学校应重视教师队伍建设，从促进教师专业成长出发，建立健全教师培养的各项机制，创新教师培养的途径和方法，立足校本开展教师培养活动，推动本校教师的加快成长。

第一节 建立教师培养的规划和机制

【建立教师培养规划和机制的意义】

教师的培养是一项长期而艰巨的系统工程。促进教师的专业发展并非一朝一夕之事，因此，开展教师培养活动不能一蹴而就，其成效的显现是一个循序渐进的过程，它需要校长在教育主管部门的领导和协助下，在教育研究部门有关专家的指导下，在全校教师的共同参与下，进行科学、全面、整体的规划和设计。校长要以战略性的眼光，关注学校教师培养的规划和设计；要站在学校未来发展的稳定性、持续性、发展性的角度去谋划。学校还要注重建立和健全教师培养的各种配套机制，以保障教师的培养工作能够取得实效。

【主要工作】

1. 设计教师发展的整体规划

促进教师专业发展的动力源，一方面来自于教师自身发展的内驱力，另一方面来自于教师之外，源自于学校、社会、国家政策等各方的推动。因此，要实现教师的专业发展，需要学校、社会、国家协同努力，创设促进教师专业发展的外部环境。校长要对全校教师的培养进行整体规划。这种规划既从组织角度作总体考虑，也从教师个体的角度设计符合个人特点的计划。

2. 建立教师培养的保障机制

如果说学校制定出全校教师培养的整体规划使得教师的专业发展有了明确的方向，那么，建立一个完善的教师成长生态保障机制则是为教师健康成长开出一列快车。校长应当建立一整套有利于教师成长的保障机制，这种机制符合教师成长的规律，既有利于各类教师发展教学个性，各得其所，各显其能，又有利于教师围绕学校教师队伍建设的整体目标，以整齐步伐向前迈进。

3. 营造教师培养的文化氛围

规划和机制都是学校组织行为的产物，它是学校做好教师培养工作的保障。但是如花木除了水分还需要日光和空气一样，教师的专业成长需要和谐学校文化氛围的孕育。校长应重视学校教学管理系统中良好人文环境的建设，重视学校优秀教学文化氛围的营造。

4. 健全教师培养的评价机制和激励机制

教师的培养需要一系列评价和激励机制来保障。建立科学系统的学校评价机制，可以全面准确地把握教师的发展状况，为教师的发展提供指导和帮助。建立教师培养的激励机制，能充分调动教师个体参与培养的主动性和积极性，激发教师自身发展的内在动力，促进教师快速发展。

【主要方法】

1. 设计教师培养的整体规划

（1）从学校组织层面设计整体规划。作为学校组织在设计教师发展规划时，要从学校目前教师队伍的发展现状和学校未来发展的方向两方面出发，充分考虑学校教师的学科状况、年龄结构、性别差异，乃至未来学校发展的趋势等，做全局性的综合考虑。还要兼顾教师的现有素质、发展潜力及个人发展期望，进行整体的培养规划设计。教师培养规划应包括指导思想、培养目标、培养周期、具体的培养对象、培养的策略和途径、培养的领导小组及各项服务保障、培养的评价与考核等，还要具体地细化教师培养的实施计划、教育培训计划、年度及学期教师培养计划、各种培养活动及实施方案等。

（2）指导教师制定个人发展规划。作为教师个人，要根据学校教师发展的整体规划来制定个人的发展规划，并作为学校教师培养规划的一个子规划去具体设计。同时还要根据自身的现实条件与发展潜力、外部机遇与制约因素以及对自身未来发展变化的预测，自主确立个人未来专业发展的方向和目标，选择专业发展路径和策略，制定个人在一定时期内的发展规划、学习计划和专业成长目标的具体行动方案，并与学校的教师发展规划相呼应，具体内容应包括个人情况及分析、个人发展目标和周期、具体实施途径和方法、目标实现阶段和时间、希望得到支持和帮助、个人诊断和评价等。

2. 建立教师培养的保障机制及文化氛围

（1）确立教师培养的校长责任制

校长是教师培养和发展的责任人。教师的培养和发展情况是衡量校长办学智慧和发展谋略的一项重要指标。一个有战略眼光的校长必定重视教师培养工作，牢固确立教师培养和发展的重心，并将其作为学校可持续发展的一项重要工作予以关注。校长除了注重教师的培养规划外，还应指导和帮助教师做好个人发展规划，积极营造有利于教师培养和发展的校园文化，拓展教师发展的渠道和途径，发挥教师培养在师资建设方面的功能，亲自组织和参与教师培养的各项工作，挖掘和应用各种有利于教师培养的资源，积极搭建教师发展的各种平台，为教师培养和发展做好服务和保障工作。

（2）营造教师培养的学校文化

教师的培养和发展需要良好的学校文化做土壤。良好文化氛围使学校为教师的专业发展提供动力。校长要积极营造适宜教师培养和发展的校园文化，形成学校管理文化、教师文化的建构与再造。可从两方面入手。

第一，建立教师培养的新理念。校长在率领全体教师建立学校发展共同愿景的同时，要在教师中倡导"培养教师、成就学校"的人本思想，共同营造"尊重教师、发展教师、成就教师"的校园氛围，努力营造积极、向上、发展、理想及宽松、民主、平等、和谐的校园文化，把学校建设成为教师专业成长的舞台。

第二，倡导教师的学习文化。学习是教师培养和成长的必然路径，校长要积极倡导爱学习、会学习的校园文化，努力打造书香校园、文化校园。同时校长还要率先垂范，善于学习，积极参与和组织各项学习活动，为教师的学习做好引领和服务工作。校长还要关注教师的心理发展和成长需求，了解教师的发展愿望以及职业生涯中的困惑，结合学校的教师培养规划，设置符合教师心理发展的制度文化和要求，以此规范、调控和激励教师的培养工作，努力激活教师发展的内驱力，形成教师培养和成长的催化剂。

（3）建立教师培养的各项制度

教师培养需要各种制度做支撑和保障，校长要建立健全教师培养的各项制度和机制，并督促、检查和落实各项制度的执行，推动教师培养的各项活动在机制的保障下运行，最大限度地发挥制度和机制的保障功能。

如：建立教师培养的领导责任制度，确立教师培养的师徒结对及专家顾问指导制度，建立教师学习共同体及学习交流分享制度，设立教师培养的专项经费保障及各种奖励制度，开展教师培养的目标考核与评价诊断机制等。各项制度的建立，一方面可以督促校长更好地履行教师培养的职责，另一方面也可以作为对校长执行教师培养工作的监督、评价和考核。

（4）搭建教师培养的保障平台

校长要积极搭建教师培养的各种平台，努力为教师发展做好服务及保障工作。具体来说要着力抓好四个方面的工作：一是营造环境，二是提供保障，三是开展活动，四是成立组织，为教师搭建各种学习交流和反思的平台。如，举办读书沙龙，开展教学基本功训练，举办各种类型的竞赛活动，建立师徒结对服务关系，邀请专家开设专题培训讲座，组织骨干教师外派学习培训，组织教学科研论坛，指导教育案例或论文写作培训，开展备课、听课、评课活动等基于教学实践的校本培养活动。

3. 健全教师发展的评价机制和激励机制

校长要通过完善教师发展的评价机制和激励机制，进一步促进教师的培养工作：

（1）建立周期性教师发展评价机制。教师培养及成长发展，需要经历不同的发展阶段。周期性的教师评价活动，既可以把握教师专业发展各个阶段的起点和基础，又指导教师下一阶段的发展并为其提供动力支持。如，按学期和年度对教师发展进行评价，建立周期评价的系列档案，以对教师培养情况作及时的诊断和修正。

（2）建立多元评价主体的机制。教师培养及专业发展的评价活动，需要学校领导、同行、学生、家长以及教师本人共同参与。要全面而科学地把握被评教师的成长状况和专业发展状况，必须系统地整合多方面的评价力量，从而营造信任、尊重教师的和谐氛围以及促进教师专业发展的外部环境。除此之外，来自于教师的自我评价是教师结合个人发展规划在教学实践中进行的自我反思，这也是促进教师专业发展的重要方式之一。因此，来自于外部的评价和教师的自我评价相结合，有助于教师将理论和实践经验联系起来，强化自我角色意识，同时，加深对相关专业活动的理解，增强教师开展教育教学工作的信心，增强教师对自身职业发展的责任感，从而促进教师的专业发展。

（3）建立评价标准个性化的机制。制订评价标准的个性化机制，能够充分尊重教师的个性差异，有利于不同风格的教师差别化、个性化的特色发展，符合教师发展的人本要求。既能理解和尊重教师发展的差异性，又能体现教育教学规律和教师专业发展的要求，以此保证教师培养的评价标准切合实际且科学可行。构建评价标准的个性化机制，对于尊重个性，鼓励创新，促进专业发展，全面推进素质教育有十分重要的意义。

（4）建立专业发展目标的导向激励机制。教师培养应注重发挥激励机制的作用，激发教师个体发展的内在动力，调动教师发展的积极性和主动性。帮助教师建立个人发展的目标导向，促进成长和发展的步伐。促进教师培养目标达成的激励机制，必须注重导向性和激励性，必须通过评价双方的协商来确定评价的方式和方法，这是对教师的尊重和理解，也是对教师发展潜力的肯定。如果评价能够满足教师自我实现的需要，在评价的反馈作用以及目标的导向激励作用下，教师会加倍努力去实现更高的目标。

【注意事项】

建立教师培养的规划和机制要注意几点：

1. 注重发挥学校骨干教师的引领和指导作用，借助他们自身成长经验以及在教师发展方面的经验和方法，科学设计，有序实施，稳步推进。

2．建立全体教师对教师培养工作的共识，充分发挥广大教师参与的积极性和主动性，激发教师对专业发展的需求和内在动力，实现教师培养的可持续发展。

3．校长要努力营造积极、向上、民主、和谐的校园文化，构建书香校园、人本校园、绿色校园，努力为教师培养提供保障做好服务。

【案例】

《××小学"十二五"教师分层培养计划》关于青年教师培养的措施

1．加强领导建"班子"

为了把青年教师培养的规划落到实处，学校成立青年教师培养领导小组。领导小组成员由下列同志组成：（名单略）

2．自我规划明"方向"

有合理的规划才有长远的发展，有切合实际的规划才有实现的可能。学期初，要求35周岁以下的青年教师制定五年自我发展规划计划书，分析自身的现状，自身的优势，自身的不足，确立自己的奋斗目标、努力的方向等。

3．实践锻炼压"担子"

课堂教学改革始终是学校深入推进素质教育的核心。师资的培养就要把教师工作的兴奋点聚集到课堂教学中来，引导教师积极参与课堂研究。坚持以课堂为主阵地，开展以下活动：青年教师展示课、比赛课，领导听"推门课"、预约课。

4．竞赛比武搭"台子"

给青年教师创造公平竞争机会，鼓励他们冒尖，为之提供施展才华的"舞台"。加大鼓励力度，给青年教师设立更多受奖机会。定期开展多种竞赛比武活动，如"课堂风采展示评比"（教学方面），"个人自主学习先进评比"（读书方面）等，让青年教师各显其能，加快进步。

5．更上层楼架"梯子"

多管齐下为青年教师提高学历层次和业务水平创造条件，使之适应新时期教育现代化的新形势。一是鼓励学历进修，尽可能为教师提供信息及方便。二是邀请教育专家来学校讲学，拓宽视野。三是创设机会组织青年教师外出参观学习，博采众长。

【分析】

这是某中心小学"十二五"教师分层培养计划中青年教师培养的措施，从中可以看出：学校意识到领导重视对教师培养的重要，也注重教师自我目标的制定，并列举了教师培养的几点措施和途径。但作为一个学校层面的教师培养措施，各项内容应该更加明确，具体，可操作：

1．要以教师培养的具体目标为导向。

2．要有比较详细的实施途径、方法和措施。

3．要有相应的评价措施、考核措施及实施过程中的调整、修正措施。

4．要有相应的各项保障措施、监督措施等。

总之，教师培养措施要目标明确，路径清晰，方法具体，措施得当，保障得力，便于操作实施。

第二节 创新教师培养的途径和方法

【创新教师培养的途径和方法的意义】

"经济全球化、文化全球化、教育全球化""信息时代新教育"这些昨天似乎还很遥远的概念，今天正以不可逆的势态一步步向我们走来，对中国和中国教育来说都有着巨大的冲击力，中国教育正经历着风暴式的革命，传统的教育方法和模式正在发生改变，"要求教育工作者必须有时代和社会的发展意识，在文化精神上走在时代前列，把创建新文化并用新的文化精神滋养年轻一代作为应尽的责任。"面对这样一场教育革命，已有教师培养的内容和方法已经远远不能适应新的需求。面对教师培养所面对的新问题和新挑战，必然需要学校积极创新教师培养的途径和方法。

【主要工作】

1. 了解并掌握本校教师专业发展的基本情况

对于教师的成长，学校和个人都要有规划，要制定近期和远期发展目标。而目标的制定必须基于本校教师专业发展基本现状。这样，所制定出的规划才会有针对性、实效性，才可能以学校教师发展目标激活教师个人专业成长追求，引领教师制定出个人专业发展目标，让他们有前进的动力，努力的方向。所以，校长要了解和掌握本校教师的专业发展基本情况。

2. 了解国内外学校在教师培养方面的新经验新方法

关于教师的在职培养，世界各国都有各自先进的经验和方法。如德国的法律规定，教师参加工作后还必须进行被称作"第三阶段的师资培训"；教师每年有5个工作日可以带薪脱产进修。此外，高学位课程也为在职教师开设，为他们提供进一步研修的机会。以柏林大学为例，教师可以在任何相关学院注册博士、硕士学位的课程。在法国，在职教师的培训不仅有稳定、完备的制度体系、细致完善的保障性措施，还充分考虑了教师主体的需求与利益。法国教师的职后培训内容丰富，形式多样。从教育时间来看，教师可以选择参加短期培训（1个月以内）、中期培训（1－2个月）和长期培训（4－12个月）。其中短期进修教师的工作可由实习生代为完成，长期进修教师的工作可由专门聘请的代课教师负责，这样就解决了教师的后顾之忧；从形式来看，可以参加脱产、半脱产和在职进修等；从学习方式来看，有系统学习、专题讨论、自学、小组研讨、调查访问等。而在国内，教师的在职培养主要是通过高校组织的短期集中培训或进修院校组织的区域研修、学校组织的校本研修、教师个体的自主研修来实现的。校长可以多了解其他学校的教师培养途径与方法，从而找到适合本校教师实际的培养方法。

3. 整体规划教师的研修学习

在分析本校教师专业发展的基本情况的基础上，可对本校教师的培养进行整体规划。目前许多学校教师整天忙于备课上课、批改作业等工作，大多没有时间静下心来读书、学习和反思，有的教师甚至没有参加进修学习的愿望。校长要建立起学校自身的教师研修学习体系和渠道，整体规划教师的研修学习，把教师的培养放在重要位置，通过长期在岗研修和短时脱产研修（或提升学历，或参与专题、专项培训学习）等方法培养符合要求的教师队伍。

【主要方法】

1. 专业引领式（导师专家引领式）

专业引领，实质上是理论对实践的指导，是理论与实践之间的对话。教师是一线实践者，需要专业引领，需要高水平专家的指导与帮助。可以组织一定的教师培训，请有关专家学者做专题讲座或学术报告，通过前沿的教育理论和生动的教学案例，帮助教师更新观念，启发、引导教师成长；也可邀请上级教研部门的教研人员进行教学现场指导，与一线教师共同研讨教学，切磋授课艺术，从学术上引导教师迅速成长；还应充分发挥校长的专业引领作用。这包括校长通过听课、议课等对教师进行一对一的专业指导，通过教学诊断会、教师座谈会等形式帮助教师。通过指导教导处、教研组创新研修形式引领教师专业发展。

2. 同伴互助式（校本研修互动式）

教师应该开放自己，加强同伴间的交流、切磋、合作和经验分享，这有利于教师群体中的不同思想观念、教学模式和方法的撞击和交流，促进教师共同发展。可从个体、教研组、学校三个层面开展互动合作研修：一是个体层面的交流互动，在学校的支持下"同伴合作互助"，具有共同意愿、志趣的教师组合为共同体，通过名师指点、同伴交流，进行反思、重构和扩展；二是教研组备课组层面的互动交流，最常用的方式是组内案例交流，人人参与讨论研究，实现优势互补；三是校级层面的交流互动，可采取举行校级公开课的方式，由执教者自述，专家带领教师现场点评，剖析得失。在这个过程中，校长要注意发挥领导作用，如活动的设计和组织、氛围的营造和推进、同伴的互助与分享等。

3. 自主研修式（自主学习反思式）

教师专业发展中的自主意识十分重要，只有内因积极发生作用，外因才可能有效果。反思是自我意识在教师研修中的表现，是自主研修，对已发生过的教育教学活动的总结与思考。它是教师对教学实践的自我体验、自我诊断、自我感悟、自我调整和自我更新。教师进行教学反思的内容一是教学内容，二是教学过程，三是教学效果。

4. 案例研究式（个案研究式）

案例研究是围绕一定的培训目的，把实践中真实的情境加以典型化处理，形成供教师思考分析和判断的案例，通过独立研究和相互讨论的方式，提高教师分析问题和解决问题的能力。如，校长可以结合教师成长的个案，开展研究分享和指导，帮助全校教师找寻自身专业发展的路径和策略；在进行校本培训时，选择在教育教学过程中含有问题情境的真实典型事件，引导教师分析和反思。

【注意事项】

1. 以上四种是教师培养的常用方法。创新并不等于完全抛弃以往的经验和做法，在传承的基础上加以创新才更扎实、更有效。

2. 创新教师培养的途径和方法，不仅仅是学校和校长的事，教师也应该在教育教学实践中探索新的成长途径和方法。

【案例】

质量监测"三个会"

为了更好地体现学校专业引领的作用，提升教师教学反思的能力，某校抓住质量检测的点，由校长牵头，以"三种会"的形式对教师进行专项培训。

1. 质量监测诊断会

针对某次质量监测的情况，责任校长、教学校长、分管主任和相关教师（几位年轻的数学教师）开了一次质量诊断会。四位年轻的数学教师对自己教学质量监测中出现的问题进行自我剖析，寻找原因和对策，教学校长和分管主任提出建议：一是出现问题要从自身教学中分析原因；二是质量分析不仅仅分析习题，还要分析执教班级的具体情况，分析该班和其他班级形成差距的原因，提出改进措施；三是对个别特殊学生一定要进行分层辅导。最后，校长对几位老师提出了更为具体的要求：第一，对待工作要保持良好的心态；第二，提倡备3次课，假期备完全册，并进行二次备课，课前再进行第三次备课，课后及时反思总结，明确下一节课需要弥补的地方；第三，充分了解小学数学教学体系，要有针对性地设计活动帮助孩子训练各方面的能力……

这种"诊断会"，让几位年轻教师明确了改进方向，对他们改善教学行为很有帮助。

2. 质量监测面谈会

在质量监测之后，学校管理者和教师一起，客观分析该教师教学情况，肯定优点，找出差距，明确方向，促进教师个人成长。如，教学校长和分管教学主任分别找教师进行面对面的交流，一起分析其近几年的教学状况及其原因，指出优势和需要改进的地方，分析其以后专业发展的方向，提出钻研的目标，提出教师学习建议。这样的真诚交流也可加深校长与教师彼此间了解，工作关系更为和谐。

3. 质量监测分析会

这是针对全校教师进行的会议。每学期初，教学校长会对上学期期末考查情况进行质量分析，并在全校教职工大会上进行解读，提出新学期教学的具体要求。解读时以年级为单位，详细分析各班各个学科出现的问题及原因，提出教师在教学上的努力方向。同时，特别强调年级整体情况，指出年级需要改进的地方及相关措施。如：课外辅导要常抓不懈，要根据班级特殊情况拟定具体的方法，认真落实；要注意班级之间团结协作，共享资源，尽可能缩小差距；注意学科教学与心理课题相结合，关注学生的学业发展和心理成长，绝不放弃学困生和后进生；要学会等待，要坚信学生和自己都能更精彩。

【分析】

这个案例体现了在教师培养问题上校长的专业引领作用。

1. 三种会对象不同、交流的重点也不同，但方法是相同的，都是从检测成绩这一具体事情入手，从常规教学找原因，找优势，找改进办法。其目的是提升教师自我反思的能力，加强同伴之间的互助合作，实现学校层面的专业引领，从而努力提升学校教育教学质量。

2. 校长在引领教师的同时，并没有忽略分管主任，每一次交流，分管主任都在场，这样有利于发挥中层干部的积极作用，而且校长对中层干部的点拨与指导也蕴含其中了，自然而有实效。

第三节　丰富教师培养的内容和形式

【丰富教师培养的内容和形式的意义】

校长是教师专业发展的第一责任人，要关注每一位教师的发展，要尊重教师专业发展的规律，激发教师发展的内在动力，指导教师根据自身发展特点制定专业发展计划，在整体实施教师培养的基础上，加强青年教师和骨干教师的培养。同时，教师培养是一项长期工程，如果内容没有系统的规划、合理的设置，形式单一，毫无新意，就很难激发教师持续参与的热情，效果自然不好。所以，校长一定要将学校作为教师实现专业发展的主阵地，尊重、信任、团结和赏识每一位教师，想方设法丰富教师培养的内容和形式，提高教师培养的实效性。

【主要工作】

1. 提升教师师德修养

提升教师的师德修养是校长的重要工作。对教师而言，爱是教育的灵魂，爱学生是教师的天性，是师德修养最基本、最重要的要求。"教师的作用不再混同于一部百科全书或一个供学生利用的资料库，它更多的是一名向导和顾问，而不是机械传递的简单工具。"如今面对越来越多个性鲜明、思想独立或者是有种种问题的学生，面对更为复杂多变的家庭及社会背景，教师的师德修养不仅仅是有敬业精神和关爱学生，更要注意丰富自己的内涵，提高自己的综合素质，以大教育观指导自己的言行，要尊重、理解、相信学生，尽最大努力让每一个孩子得到发展。

2. 提升教师专业素质

提升教师专业素质是学校教师培养的重要内容。教师应具备良好的学科知识素养，扎实的教学基本功以及从事教育教学工作的专业技能和能力。校长一定要注重提升教师专业素质，这是教师培养中的重要环节，是教师有别于其他行业的专业体现。

3. 提升教师文化素养

学校要培养有文化的人，教师自身必须有浓厚的文化底蕴。如果教师拥有深厚的理论功底，精深的哲学思想，丰富的文学底蕴，其教育教学工作就能站在一定的高度，教书育人的效果也就不言而喻了。校长必须帮助教师从"纯教学"的生活中走出来，"潜心学习，养成读书和思考的习惯"，不断丰富自己，提升自己。

4. 提升教师的心理素养

今天的教师面对着多重压力，如各种频繁的检查、家长及社会对孩子成长的高期盼、学生心理问题、教育改革风暴、家庭生活、孩子教育等，因而有些教师遭遇心理危机，并且社会不良风气的侵蚀等也容易使教师产生心理障碍。教师的心理素养直接关系到教师的职业幸福感和生活质量，关系到教育教学质量和教师自身的专业发展。因此，正确认识和理解教师心理健康问题，努力提升教师心理素质有着极其重要的意义。

【主要方法】

教师的培养应注意分类对待。

（一）普通教师的培养

1. 青年教师的培养

青年教师年轻，热情，有干劲，有想法，敢于挑战，容易接受新思想新事物，与学生融合度好。但他们教学实践经验、教学机智不足，面对教育教学中的困境容易急躁，面对学生各类心理问题、家庭问题容易失去信心，专业素养还有待于进一步修炼。对他们的培养可以从以下几方面入手：强化从教意识，坚定教育信念，强化教师责任；做好培养规划，形成培养梯队；给任务，压担子，通过完成一定任务促进成长；认师徒，结对子，指派有经验的教师给予教学指导，促进专业发展；还可以建立专业发展共同体，组建教师成长工作坊，营造学习氛围，共享成长过程。

2. 中年教师的培养

中年教师通常具有丰富的教育教学经验，积淀了一定的教学智慧，面对纷繁复杂的学生问题也能应对自如，部分教师还形成了自己的教学风格，总的来说师德修养和专业技能方面没有明显问题。但这个年段的教师普遍存在的问题是：教育教学工作习惯按自己的经验解决，忽略学生情感和心灵成长的需求；创新精神不强；再加上家庭生活的担子，容易出现职业倦怠感。因此，对他们的培养要做到：关心生活状况，解决后顾之忧；关注心灵成长，满足心理需求；关注职业愿景，助力专业发展。

3. 老教师的培养

对老教师的培养主要应从更新观念入手，要通过专题讲座、教学实例研讨、指导年轻教师磨课等方式帮助他们以积极的态度面对教育改革浪潮，顺应信息技术给教育带来的巨大变化，在一定程度上接受教育新理念、新技术。不能认为老教师就没有培养的需要，其实抓好老教师的培养，能够调动作为教师队伍一部分的老同志整体的积极性。

（二）骨干教师

骨干教师的培养，除了在师德修养、教学技能、创新意识等方面应该比其他教师有着更高的要求，最重要的是引导他们在实践中生成自己的教育教学智慧，拓展的自己教育教学经验，形成自己的教育教学风格。所以，学校要为他们搭建各个层面的发展平台，帮助他们在专业发展的道路上走得更稳、更远。如，可以借助专项课题研究培养教科研能力；通过校本研修活动提升教学技能与教育智慧；通过给任务、带新教师等以培养教学管理与指导能力；通过率领学科中心研究小组，让他们在指导同学科教师的实践中提升创新能力、教学研究能力等。学校应致力于培养自己的名师、学科带头人、各级骨干教师，并且让他们像星星之火一样，在全校辐射开去，以点带面，激励更多的教师向着优秀教师的方向努力。

【注意事项】

1. 校长做教师培养整体规划前要做大量的准备工作，要通过个别交谈、问卷调查等形式，了解不同年龄段教师的思想修养、专业素养、个性特长、职业愿景、成长需求等，力求规划内容有针对性、操作性、实效性，形式丰富、新颖。

2. 要用发展的眼光、等待的心态对待教师，要努力营造一个适合各类教师成长的和谐的环境。

3. 对骨干教师的培养还要注意一点，因为条件的限制，学校可能难以在经济待遇方面给予他们更多的关照，所以校长应该注意除了倡导奉献外，要密切关注这些教师的身体、心理等状况，关注他们的疾苦，尽可能解除他们的后顾之忧，以情助人。

【案例】

心理健康全员化

为了师生更加健康快乐，某校抓住课题研究这一契机，带领全校教师用五年的时间对怎样开展学生心理健康辅导活动进行深入研究，既完成了课题研究任务，成为"心理健康教育基地学校"，还找到了教师培养的新方法——心理健康教育全员化，大大提升了师生的心理素质，培养了本校的专职心理教师，在区内取得了令人称道的好成绩。以下是该校的介绍。

1. 以点带面，增强教师心理辅导意识

起初，究竟应该怎样为学生做心理辅导，老师们心里都没底，总觉得自己不专业，无法胜任。于是，学校在全校教师中征集志愿者，选出几位教师，在专家老师指导下做团体心理辅导活动研究，然后组织全校教师观摩学习，让老师们一次次感受辅导流程，一次次体会辅导方法，使大家对团体心理辅导有了正确的认识，强化了心理辅导意识。《放飞烦恼》《当困难来临的时候》《在挫折中成长》《轻松上考场》等辅导主题就是在这样的过程中形成的。事实证明，这种以点带面的方法特别适用于起步阶段。

2. 多项培训，完善教师知识结构

五年的时间里，学校充分利用校内外有效资源，针对不同的团队，通过"借鉴学习""专题培训""常规研究"等形式，打造心理健康教育教师团队。

如在"借鉴学习"中，通过参观学习，分享他人、他校心理健康教育经验；通过推荐"心海扬帆"、"雨夜心海扬帆"等网站，刊物《中小学心理健康教育》、电视节目《心理访谈》等课题研究学习平台，鼓励老师们补充心理健康教育知识，努力完善知识结构，为课题研究积累理论支撑……

"专题培训"中，针对全体教师、全体班主任、教研组长及年级组长、行政等不同团队的不同需求，学校课题组借助专家资源，通过心理讲座、拓展训练等形式对教师开展培训，提高教师心理素养和心理辅导能力。

"常规研究"中，通过假期作业的形式，收集相关资料、撰写教育案例、教育故事、观看CCTV12《心理访谈》栏目等，落实课题常规管理，强化成果意识；通过与教育教学活动的有机结合，渗透心理健康教育理念，落实心理辅导工作，丰富心理辅导途径与范围。

3. 以研代训，提高教师心理辅导能力

心理健康教育不是说教，也不能说教，必须借助大量的实践活动让学生在体验中得到感悟，找到解决问题的方法。提高教师心理辅导能力同样如此，要让教师在辅导活动中感受辅导方法，积淀能力。因此，学校通过随堂听课，落实在学科教学中心理健康教育研究要求；通过邀请专家老师对学校专兼职心理辅导教师进行随时听课、交流等面对面的专业指导，提高专职教师的辅导能力。此外，紧紧抓住每一次学校、市区级心理辅导研究活动和设计大赛活动，组织教师积极参与，帮助教师在具体的辅导活动中提高心理辅导实战能力。

4. 重点关怀，培养专职心理辅导教师

在全校参与课题研究的基础上，注重纵深发展，培养自己的专职心理辅导教师。首先是选派对心理辅导有浓厚兴趣、愿意为之主动付出、不断追求的老师外出观摩学习，邀请市区专家对其进行面对面的指导，学校课题组也加强对她们的过程管理和指导，鼓励她们参加国家级心理咨询师学习考试，希望尽快培养出自己的专职教师。其次，对这部分老师进行个体督导，持续在一个领域里（如校园心理剧）作深入探讨，不断总结经验、提升能力，渐渐形成学校心理辅导的专业成长团队。目前，A老师已经成长起来了。作为专职心理教师，她多次承担学校、区、市级研讨课，效果都不错，得到市区教研员及同行的高度赞扬；她还成为学校团体心理辅导课程主要设计者。在A老师的影响下，越来越多的老师更加积极主动地投入到心理课题研究之中，学校的培养也更加顺畅、有效了。

5. 调动学生，促进教师辅导能力的提升

辅导活动进行一个阶段后，学校会组织学生以聊天的形式谈感受，提建议。重视他们的反馈，发挥他们对老师工作效率提升的促进作用。

为了更好地开展班级心理辅导活动，也为了建立更加完善的学生心理危机预警机制，学校通过学生自荐、师生推荐相结合的形式，在每个班推选出了1—2名准班级心理委员。他们接受为期一个月的培训学习，合格后才"持证上岗"。当班级同学有什么不开心的事，小助手们首先会自己去关心，去劝慰。如果不行，他们会主动与班主任或者心理辅导老师联系，寻求帮助。辅导老师需要同学们提前做的事，小助手会时时提醒大家按时完成……他们成了"老师的小助手""同学的知心朋友"，是老师和同学之间的桥梁。

【分析】

1. 教师培养不能急于求成，要坚定地朝着目标一直走下去，才能有成效，而且教师培养的途径也不仅仅是专题讲座、课例研讨、校本研修等，课题研究是可行而且有效的。在长达五年的时间里，学校一直坚持以课题研究为统帅，统领学校各部门工作，对全体教师进行持续的培养，这是很不容易的。表面看仅仅是心理课题的研究和培训，但事实上，这五年的时间里，通过自主学习、专题讲座、研究报告、课例研讨等活动，全体教师在师德修养、文化素养、专业技能、心理素养等方面都得到了成长，学生和家长也因此获益。这是教师培养工作的成功。

2. 校长在教师培养的策划和实施上起着核心作用。如果校长当初没有坚定地选择这样的课题研究，没有坚持以它为核心统领各部门工作，没有克服重重困难长时间坚守研究，没有将它与教师培养有机结合，那么最后的成果也就不存在了。

3. 在教师培养的问题上，引导教师本人理解、认同和积极参与很重要。A老师的成长经历证明了这一点。

第十三章
教师的评价与激励

　　在学校的教学工作中，教师是实施教学的主体，也是影响教学质量的众多因素中的决定性因素。教师评价适当与否，不但影响教师参与教学工作的热情，而且与教师教学成效和专业发展密切相关。新课程倡导教师评价以促进教师专业发展为根本目的，要求建立发展性的教师评价体系。其主要特征是：学校领导注重教师的未来发展；强调教师评价的真实性和准确性；注重教师的个人价值、伦理价值和专业价值；实施同事之间的评价；由评价者和评价对象配对，制定共同认可的发展目标，促进评价对象的未来发展；发挥全体教师的积极性；提高全体教师的参与积极性；扩大交流渠道；制订评价者和评价对象认可的评价计划，由评价双方共同承担实现发展目标的职责；注重长期的发展目标。为此，在学校的教学管理中，校长应注重学校发展的长期目标，让教师充分了解学校对他们的期望，培养他们的主人翁精神；根据教师的工作表现，确定教师的个人发展需求，制订教师的个人发展目标，向教师提供日后培训或自我发展的机会，提高教师履行工作职责的能力，发挥全体教师的积极性，从而促进学校教学质量的持续提高。

　　在教师的评价与激励中，以下几方面值得重视：教师教育教学过程的评价与激励、教师教学绩效的评价与激励；教师评价与激励的实施策略；教师专业素养评价与激励。

第一节　教师教学过程的考核与评价

【教师教学过程考核与评价的意义】

1.　为教师改进教学提供依据

　　教学评价是以教学目标为依据，对教学效果进行测量与评判。如果教学效果与预期的教学目标相符，表明教师完成了教学任务，教师的教学方法是成功的。

如果教学效果与预期的教学目标不相符，说明教师的教学存在问题，那么教师必须重新考虑教学目标的适切性及教学方法的有效性，考虑如何进一步改进教学。对教师来说，适时的客观的教学评价，可以使教师看到教学工作取得的成效和尚存的问题。教师根据评价的结果可以明了课堂教学目标的实现程度、教学方式的合理性及有效性、学生的学习状况和进步程度，从而反思和改进自己的教学计划与教学方法，及时调整自己的教学行为。

2．提高学生的学习积极性

对教师的教学过程进行考核评价应当是多角度的。学生对教师的评价是一种颇具说服力的评价。学生在参与评价的过程中，责任感得到增强，认识能力得到提高。而且这种评价还可以增强学生对自己的学习方法和学习效果的认识，帮助学生看到自己的成绩和存在问题，激发学生的内部动因，提高学生的学习积极性和学习效率。

3．促进学校教学管理的改进

新课改对现行学校教学管理提出了全新的要求和挑战，同时也为学校教学管理改革提供了崭新的平台。在新课改的理念下对教学过程进行评价，其评价结果能在一定程度上说明教师教学的质量和水平，可以为教学管理提供比较可靠的依据，从而有利于学校加强对现行教学管理状况的认识，思考存在的问题，并在不断改进中提升学校的教学质量。

4．提升学校教育科研水平

对教师教学过程的评价结果可以为校本课程建设、教师教学能力研究和学生学习能力研究等提供重要依据，它使得学校教育科研能够更好地为解决教学实际问题服务。

5．有利于学校全面提高教学质量

通过对教师教学过程的评价，校长可以发现好的教学经验，向全校介绍推广；也能及时察觉教学中存在的问题，采取措施减少不良情况的发生，不断提升学校教学质量。

【主要工作和方法】

对教学过程的考核与评价主要考查教师备课、课堂教学、作业批改、课外辅导、成绩考查等教学环节是否达到指标要求。

1．对教师备课的考核与评价

应该对教师上课前所做的一切准备工作进行质量和效果的评定。主要包含以下五方面：

（1）备课笔记应当由学期教学计划（教材简析和学生分析、学期教学目标、重难点、教学进度、实施教学计划的举措）、单元教学计划及课时教学计划（课时教案）构成。

（2）每课教案一般包括教学目标、重难点、教学准备、学情分析、课时设定、教学过程、板书设计、作业设计、教学思考等内容，至少要超前一周备好课。

（3）备课形式可采用电子备课、手写备课等多样化形式，统一于学校的基本备课格式要求和教改实验主题，要有二次备课的痕迹。

（4）备课能体现以学生发展为核心，能体现学生的学习活动，关注不同层次学生的学习目标和过程。

（5）教学思考要关注教师教学方法的运用，关注学生的学习过程和学习效果，从教学效果数据分析、教学关键细节、教学的预设与生成、教学得失、学生课堂反应等多角度进行思考。

对于备课的评价，除了检查教案之外，还可以通过以下多种方法进行评价。

听课对照法：备课的全部设想能否变成活生生的课堂教学现实，能否取得预期的教学效果，只有到课堂上才能见分晓，因此听课比看教案更能准确地发现备课的真实情况，特别是它的客观效果。

第一，要看教师是否按教案中的设计思路施教。如果是，效果怎样？如果不是，则要看教师在实际教学中对教案有哪些调整，并思考为什么要这样调整，效果怎样。

第二，要看教师施教的顺逆情况，如果进展得十分轻松顺利，表明目标程度和内容难度都太低了；如果处处卡壳，进展艰难，则表明教师在备课时对学情把握不准，目标订得过高了或者教学方法不当，不符合学生的实际认知水平。

第三，要看教学过程是否有条有理，循序渐进。有了课前的认真备课，教师在课堂上才能从容有序。如果教师没认真备课，没制订出合理的计划，课堂上大多会表现出杂乱无章，信马由缰。

第四，要看对重点和难点的处理是否恰当、得力。

第五，要看有无知识性错误，如果出现明显的知识性错误，则可以判定教师备课不认真，不充分。

互评分享法：评价的目的是促进发展而不是挑刺和处罚，所以，将评价变成分享是评价与激励的有效途径。通过同学科组或者不同学科组教师互评，将检查功能转变为学习分享功能。教师的备课笔记要接受同学科组或者其他学科组教师的阅读和审视，势必会促使教师在备课时更认真，提高教案质量。优秀的教案又会让备课不够认真或者水平有待提高的教师看到自己改进的方向和提高的空间，起到欣赏、学习、借鉴的效果。

四步评价法：结合备课的评价指标，第一步，教师每周进行一次自评，自评的目的重在查漏补缺。先由教师依据备课评价指标进行自评，看是否达到指标要求，没达到的进行认真整改。第二步，双周年级组教师进行互评，年级组评价重在互相研究，指出优缺点，以便相互学习。第三步，每月学校管理者进行月评，重在对备课质量进行总把关，评定等级，促进发展。学校管理者在评价时，一要评价教研组的评价是否准确、科学。二要就教师个体的备课进行系统评价，填写评价表，记录问题、优势和特长，得出评价结果，确定备课等级。第四步，学期末全校展评，重在互相学习，取长补短，达到以评促备，以评促发展的目的。

2. 课堂教学的考核与评价

课堂教学的评价与激励，是直面教学现场，获得教学研究第一手资料的重要环节，是提升学校教学质量的重要措施。

方法一：运用课堂观察表对教学过程进行评价

量表评价法是传统课堂教学评价中最常采用的方法，它是事先确定好需要进行评价的指标，并给出评价的等级，在评价过程中，评价者对照课堂教学的实际状况逐项给出相应的等级评定。如表 13－1

表 13－1　××小学语文课堂教学考核评价表

授课教师	学校	班级	课题		授课时间		
指标权重	评价内容			评分标准			评分
				A	B	C	D
教学目标 15%	把握教材要求，切合学生实际，注重三维目标的整合			15	12	10	8	
教学内容 20%	教学内容正确，无科学性错误			10	8	6	4	
	突出语言实践，渗透人文精神			10	8	6	4	
教学过程 40%	设计合理，突出重点，抓住关键，突破难点			10	8	6	4	
	教学环节合理，教学方式适当			10	8	6	4	
	注重启发，重视学法，教学手段合理			5	4	3	2	
	注重反馈，调控适当			5	4	3	2	
	启发思维，培养能力，注重实践			5	4	3	2	
教学效果 15%	双基落实，体现主体性			10	8	6	4	
	学生兴趣浓厚，参与面广			5	4	3	2	
教学基本功 10%	教态亲切自然，语言准确生动，板书规范，示范性强			5	4	3	2	
	个性鲜明，应变能力较强			5	4	3	2	
总分		等级		评课人			

注：A 级 100—85 分；B 级 84—75 分；C74—60 分；D 级 60 分以下。

学校可根据上级教学研训部门的评价表和本校校情制定符合本校实际的评价表。根据不同的标准，课堂教学评价表有各种类型。如，根据评价主体的不同，评价表有供课堂教学参与者之外的评价者使用的量表，如上例；也有供课堂教学的参与者使用的评价量表，如特定的学生评价量表（见表 13－2，13－3，13－4）。

表 13－2　××小学课堂教学观察记录表 1——发言情况统计表

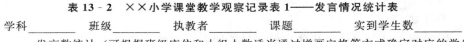

学科_____　班级_____　执教者_____　课题_____　实到学生数_____

一、发言数统计（可根据班级座位和小组人数适当通过增画空格等方式确定对应的学生，统计组的老师对学生的定位要保持一致，用画正字的方法记录学生发言次数。）

讲 台

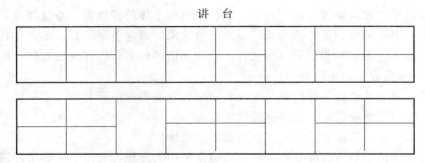

二、对统计数据的分析和建议

（1. 发言面百分比；2. 发言频率的差异；3. 分析造成差异的原因及其他）

表 13-3   ××小学课堂学生听课习惯统计表

学科_____   班级_____   执教者_____   课题_____   实到学生数_____

一、请对照班级座位实际确定好所关注的学生，下表是参考表（部分），可在表中修改座位安排，并在下表中打三角确认观察对象（选择 3 人）

讲 台

二、请写出您对该班学生听课习惯及您所观察到的其他学习习惯的评价和建议

表 13-4   ××小学课堂教学课后及时检测情况统计表

学科_____   班级_____   执教_____   课题_____   实到学生数_____

题号	正确学生数	错误学生数	得分率	原因分析

注：本表实际使用时可根据题量调整，原因分析在学科组研讨后填写。

方法二：采用问卷、访谈、数据分析等其他形式进行课堂评价

课堂评价有些信息不是仅通过观察就可以得出分析结论的，还需要其他多种形式的辅助。

问卷法：可以设计教师课堂教学自评问卷，教师课堂教学学生评价问卷，教师课堂教学家长问卷，以多种形式配合进行课堂教学评价。

访谈法：可在课后直接与教师交谈，了解教师的教学目标、教学思想、自我

评价情况，也可以和学生交流，了解他们的听课感受、听课效果等方面的信息。

数据分析法：可将师生课堂话语时间分配数据、学生自主学习时间数据、学生关键性学习环节达标度数据、学生对教师课堂教学认可度数据、教师课堂个别化指导数据等多种数据进行统计和分析。

三级多元评价法：第一级为教师互评，每周至少进行一至两次同事间的相互听课和评课。第二级为通过展示"个人精品课"进行自评与互评。自评重在引导教师进行自我反思，通过反思找出优势，发现问题，寻求改进措施。管理者在听课过程中，依据评价指标就学生的参与程度（学生在学习、探究、小组活动、小组讨论等环节中的表现），学生对课程的学习兴趣、情感和自信心、学生在课堂活动中的交流情况（在回答问题、提出问题和讨论问题上的表现），学生在思维水平上的表现（创造性、灵活性等）等多个方面进行科学评价。这样的互评重在互相学习，取长补短。第三级为"诊断日"评价，由管理者每天随机抽取一个班级推门听课，观察教师的常态课及日常管理情况等，进行全方位的"诊断性评价"，发现问题，解决问题，促进教师和学生的发展，同时也进行等级评定。之后，综合一学期中所有的听课情况，按一定比例综合评定教师的课堂教学等级，给出定性评价。与此同时，针对每位教师的实际情况，指出优势及需要解决的主要问题，指明努力和发展的方向。

当然，课堂评价的方法是多元的，运用评价激励教师的方法也是多样的，运用恰当都能起到肯定教师工作、发现教研研究点、发挥评价正能量的作用。

3. 作业批改的考核与评价

作业批改的考核与评价也是形式多样，多采用量表方式进行。本节主要提供一些其他的考核评价方法。

方法一：学生评价

可通过问卷、访谈等多种形式，让学生评价教师的作业布置及批阅情况。因为他们是作业的完成者，是教师批阅的直接阅读者和受益人，因此，他们应是最为重要的评价者。

方法二：家长评价

可将作业批改规范印发给每个学生家长，让家长明确规范认真的作业批改应该是怎样的，在协同老师共同管理孩子的学习过程中，家长就会了解教师对学生作业的布置与批改情况，也能对教师这一环节的工作给予评价，其提供的信息有利于帮助教师端正教学思想，提高工作质量，促进学校的教学管理。

方法三：展示评价

可将各学科、各班级的作业进行集中展示。如，某校就曾将各学科所有的作业在学校大厅集中展示，设立了"作业分享日"活动。每个学生、每个教师都可以在当天翻阅每个班级、每个学生的作业，充分了解学生的作业完成情况和教师的批改情况。通过展评，优秀的学生和教师脱颖而出，不够规范的现象也曝光于众，达到不问自知、不言自明、不令自律的效果。

方法四：定期评价

学校每两周检查评价一次，重点从"作业内容设计、作业量的大小、学生作业书写、作业批改精准度、作业本设置"等方面进行评价，评价中既评价年级组教师通过集体备课共同设计的共性作业内容，又评价适合各班学生特点的个性内容，将检查结果记入评价表中。

4. 辅导学生的考核与评价

辅导学生和组织兴趣小组活动是在学校的统一规划与要求下实施，并有专人负责检查落实。（见表 13 - 5）

表 13 - 5　　××小学学生个别化辅导反馈表

学科：　　　　时间：第　　周周一下午 3：30—4：10

班级	辅导教师	学生姓名	考核情况

此外，对于有专长的教师，可以发挥其专长，成立学生社团，由这些老师担任社团指导教师，更好地促进学生个性化发展。但是也要做到检查到位，反馈到位。（见表 13 - 6，13 - 7）

表 13 - 6　××小学 2013—2014 学年第二学期学生社团安排

【时间】每周三下午 2：40—3：40

【要求】

1. 每次活动根据本社团学生名册点名，语数外教师不得留兴趣班学生转后。

2. 每次活动，指导老师都要填写活动情况反馈表，记录学生考勤、教学内容、教学效果等。

3. 每次活动结束要进行档次活动小结，清扫活动地点。

【社团活动考核表】

指导教师	授课地点	社团名称	考核情况

考核人：　　　　　　时间：

表 13 - 7　　××小学乒乓社团名册

学生姓名	年龄	所属班级	家长手机号码

5．成绩考查的考核与评价

此处所说的成绩考查主要是指对教师任教班级的学业水平进行检测，并作为对教学效果的重要评价依据。涉及教师认真组织阶段性学业检测、期末考试组织安排等相关工作，将在下一节进行详细阐述。

【注意事项】

1．评价要重视系统性和针对性

教学活动是教师作用于学生的活动，学生对教师的评价最有说服力，但这种评价也存在一定的误差，因为学生主要是从个人的学习角度评价教师的教学，他们缺乏对教学目标、教学内容和教学方法上的总体了解和认识，他们的学习态度、学习方法、学习成绩，甚至师生关系都可能使他们在教学过程评价中有失客观。

领导评价也难以做到客观准确。学校领导对教师教学情况的了解只能借助一些零碎的信息，比如：一堂课，部分学生座谈会等。对教师长期的教学思想、教学态度、教学方法、教学能力、人格力量等缺乏全面深入的了解。

教师的工作相对独立性强，同行之间对对方的教学情况也不一定十分了解，特别是不同年级、不同班级、不同学科之间，同行在一起工作的时间有限，所知有限，不可能对对方作出较为准确、公正的评价。在互评时大多只能靠印象、靠人际关系，抑或是从某些教学片断、某些事情的某个环节出发作出评价。这种评价方式也容易导致评价的失真，越是不干实事，越是缺乏开拓精神的人，越能获得较高评价。

由于领导评价、同行评价与学生评价三者之间缺乏系统、全面、针对性的指标体系，因此，容易产生较大的差异。

2．注重客观评价与主观评价结合

客观的定量分析法能比较科学、准确地反映教师在教学活动中的实际情况。但用纯客观法往往将复杂现象作简单化的处理，导致评价者有意或无意地忽视一些目前情况下较难定量的和缺乏客观资料的因素。而这些因素对教育活动来说有重要的影响，离开了这些因素的评价，教学评价是不全面的。比如，教师的道德情感、人格力量对学生终身发展的影响至关重要，而目前还没有很好的量化指标来衡量，只能靠学生抑或教师的个人主观描述。

3．转变观念，切忌对量化结果的处理简单化

量化评价的目的是为了促进教师改进教学，优化教学活动的全过程，因此，量化结果的分析反馈尤其重要。而目前许多学校的做法是，将量化结果作为"评先评优"、职务晋升和学校教学工作安排的依据，而对教师教育教学中所存在的问题及原因并未进行慎重分析和及时反馈。教师所了解的是学校、学生和同行给自己的评价结果，对学校的要求、学生的需求、同行的建议并未真正去思考，更谈不上去改进自己教学中存在的不足。这种简单化的结果处理方式不仅起不到激

励和促进的作用，还有可能挫伤教师的自尊心，助长教师的一些消极情绪。

教师评价不仅要看教学过程量化考核等硬性指标，还要看教师对学生的终身发展和人格塑造所产生的影响、在转化问题学生的过程中所起的作用以及对整个社会发展所发挥的作用等软性指标。对于教师而言，达成量化考核中的各项指标相对容易做到，培养学生健全的人格、高尚的道德情操、良好的心理品质、坚韧的意志品格则要困难得多，而从社会发展的长远利益来看，后者更有意义。因此，在注重教学过程量化考核的同时，还应该帮助教师转变教育观念，转变评价观念。

4. 丰富评价内容，完善评价方案，使领导评价、同行评价与学生评价、教师自我评价的标准相统一

对教学过程的考核评价是否客观全面，直接影响教师的工作积极性、主动性、创造性，因而对教师的评价要力求公正、全面、具体，评价内容应加上教师的道德情感、人格力量以及创造性等，既要肯定教师的优点与长处，也要诊断出教师的缺点和不足，促使教师改进教学，提高教学水平。

5. 不断改革评价方法

任何评价都是相对的，也是一种短暂性行为，因而很有必要将相对评价与绝对评价、阶段性评价和长期性评价、现状性评价和发展性评价结合起来，既要考虑到教师教学行为的有效性，也要考虑到教师的努力过程和主观努力程度，从而使评价结果更客观、更全面、更好地激励教师。

【案例】

多元评价激励教师专业发展

南京 A 小学因区内学校撤并，接收了附近四所学校的分流教师。这些教师来自不同的学校，因为原校管理与 A 校有所差异，教师的工作态度和习惯也有明显差异，加之原校撤并前后带来的工作惰性，有相当一部分教师不好管理。

该校分析了教师队伍现状，发现少数教师在教学常规中出现了问题，如教案不符合学校要求，二次备课和教后记撰写不认真；课堂教学常规不达标；学生作业批改不符合统一规范；年级组内的教研和校级教研不主动参与。面对教学常规检查反馈结果，有个别年龄较大、任教时间长的教师无视学科组反馈意见，我行我素，且与行政管理人员产生了个人矛盾，在教师中形成了不良影响。面对这一现状，学校推行了多元评价制度，有如下做法：

第一，对全体教师发放问卷，查找问题，达成共识，确定管理措施，增强执行力

每学期初，学校对全体教师进行问卷调查，有针对性地提出要加强的评价内容，以便在学期末进行有依据的重点评价和考核。以下是教师问卷。

A 小学教学管理问卷及分析（教师卷）

【调查目的】

为完善我校的教学管理，制定符合我校现状的管理措施，特进行本次问卷。本次问卷为无记名问卷，请您如实反馈相关情况，未加说明的选择题均为单项选择。感谢您的参与。

【问卷部分】

1. 您觉得我校教学比较薄弱的学科是（　　　　）【可选1—3项】

A. 语文　　B. 数学　　C. 英语　　D. 体育　　E. 音乐　　F. 美术

G. 品社　　H. 信息　　I. 科学　　J. 队会　　K. 实践

选项	A	B	C	D	E	F
票数	2	4	19	25	5	0
百分比	4.7%	9.3%	44.2%	58.1%	11.6%	%
选项	G	H	I	J	K	
票数	9	6	0	5	5	
百分比	20.9%	14%	%	11.6%	11.6%	

【分析】

① 老师们普遍认为薄弱的学科依次有：体育、英语。这两个学科的得票率均在50%左右，说明这两个学科是我们在学科组建设中的重点。

② 品社、信息的得票率在第二层次，说明这两个学科要加强教学研究。

③ 数学、英语、音乐、队会、实践在第三层次，总体情况较好。

④ 美术、科学、语文在第四层次，情况较好。

2. 您觉得我校教师按照校课堂常规要求上课的情况（　　　）

A. 均能做到　　B. 有部分教师没有做到　　C. 有个别教师没有做到

选项	A	B	C
票数	16	13	14
百分比	37.2%	30.2%	32.6%

【分析】

① 认为教师均能做到的比例近40%，可能集中在某些对课堂常规落实得比较好的年级组。

② 认为部分教师或个别教师没有做到的占62.8%，说明我校大多数教师认为，我校教师队伍中的确有人明显没有按照课堂常规要求做，提醒我们在进行教学管理时要加强引导和督查，杜绝这一现象继续出现。

3. 您觉得我校教师形象如何（　　　）。

A. 全体教师均有良好的教师素质，能为人师表。

B. 有少数教师形象不佳，其言行不能给学生正面的影响。

C. 有个别教师形象不佳，其言行不能给学生正面的影响。

选项	A	B	C
票数	19	7	16
百分比	45.2%	16.7%	38.1%

【分析】

值得注意的是有 54.8% 的教师认为全校教师中有与教师形象不符的情况，集中在少数、个别教师身上，这提醒我们要规范教师的行为，树立好教师形象。

4. 您工作期间在办公室是否看到我校教师有如下现象（　　　）

A. 办公室所有教师除浏览新闻之外，从未利用电脑做与教学无关的事。

B. 有教师偶尔利用网络聊天、玩游戏或看电影。

C. 有教师多次利用网络聊天、玩游戏或看电影。

选项	A	B	C
票数	16	20	5
百分比	39%	48.8%	12.2%

【分析】

我校有 61% 的教师见到过同事利用网络聊天、玩游戏或看电影，得票如此广泛，说明这个现象不是只出现在个别办公室，而是带有普遍性质。这提醒我们管理中一定要严格执行办公制度，规范教师的办公行为，端正工作态度。

5. 您觉得我校以下学科教师教学比较认真的学科组有【可多选】（　　　）

A. 语文　B. 数学　C. 英语　D. 音乐组　E. 体育组　F. 美术组　G. 科学组

选项	A	B	C	D	E	F	G
票数	37	30	17	11	3	20	20
百分比	86%	70%	39.5%	25.6%	7%	46.5%	46.5%

【分析】

① 从得票率看，语文、数学、美术、科学学科得到老师们普遍认可，英语作为主学科得票率不高值得重视。本项是了解老师工作态度，从数据看，英语组老师要引起高度重视，要重视来自同事的评价，端正教学态度。

② 音乐组得票率不高，可见音乐课的教学并未得到广泛认可，音乐教师在研究教学、提高质量方面要多进行思考。

③ 体育组得票率为 7%，说明全校绝大多数教师对体育组的教学态度和质量是不满意的，这要引起体育组老师的高度重视，反思为何满意度如此之低，提出改进措施。

6. 您觉得学校的教研形式可采用（　　　）

A. 以各学科组的教研活动为主，全校少量集体教研为辅；

B. 以全校集体教研为主，各学科组的教研活动为辅；

C. 以各学科组的教研作为主，尽量不要进行全校集体教研。

选项	A	B	C
票数	31	4	9
百分比	70.5%	9%	20.5%

【分析】

　　大多数教师认为学科组是教研的必要阵地，全校性的教研要少进行，这提醒我们学科组才是教研的阵地，学科组内的研究才是老师们期待的研究，才是老师们比较认可的教研形式。

　　7. 您觉得对老师进行现场独立备课、命题能力的考核与培训（　　）

　　A. 对于我校教师有必要进行，可以提高老师们的实际备课能力和命题能力。

　　B. 我校教师不需要进行这样的培训，老师们备课能力都不错。

选项	A	B
票数	32	11
百分比	74.4%	25.6%

【分析】

　　通过数据不难看出，我校教师自我提高的需求是迫切的，我们必须满足老师们这种合理的、积极的需求，搞好考核与培训。

　　8. 如果给您一份教学材料，您是否能在 2 小时内不借助教案、教参，独立备好一节课（　　）

　　A. 我有这个能力，且能保证教案的质量较好。

　　B. 我有这个能力，但不能保证教案达到良好的水平。

　　C. 这对于我来说有困难，需要学校进行培训指导。

选项	A	B	C
票数	24	17	3
百分比	54.5%	38.6%	7%

【分析】

　　这题可以看出大部分老师对自己的教学能力比较有信心，从数据可以看出老师们中有近一半人对自己教案设计的质量不确定，所以我们得出结论：现场备课能力考试势在必行，我们要通过考核，甄选出能力出众的，也要发现需要重点培训的，建立好一对一的辅导制度。

　　9. 您觉得校内质量调研制度对于我校（　　）

　　A. 应当进行，确保教学质量稳步提升。B. 不需要进行，这种方式没有实际意义。

选项	A	B
票数	36	9
百分比	80%	20%

【分析】

　　绝大部分教师认为校内质量调研有利于我校教学质量的提高，也坚定了我校推行校内质量调研制度的决心。

　　10. 您觉得学校通过学生问卷了解教师的教学情况（　　）

　　A. 有必要，可以通过调查了解教师中工作认真，能力得到认可的，也可发现教师不足，提升学校整体教学质量。

　　B. 不需要这样的调查，学生不能评价教师的工作。

选项	A	B
票数	31	13
百分比	70.5％	29.5％

【分析】

　　这项数据支持了我校的学生调研制度，我们将在未来的管理中多听取学生的反馈，及时发现学生满意度高的和满意度明显低的教师，进行有针对性的访谈，推广好的经验，提出应当避免的问题。

　　11. 您觉得我校的青年教师发展状况属于（　　　）

　　A. 青年教师中有部分老师不求进取，工作态度不积极。

　　B. 青年教师工作态度都很积极，教学上积极要求进步。

　　C. 说不清楚，青年教师工作做得一般，说不上好与不好。

选项	A	B	C
票数	13	21	8
百分比	31％	50％	19％

【分析】

　　持肯定和否定态度的各占一半，说明青年教师中依然存在部分不求进取的，而且数量可能并非个别人。所以青年教师的思想工作要落实到人，落实到位。

　　12. 您觉得我校部分学科、班级的成绩不理想的原因是（　　　）

　　A. 教师尽力了，但是教学效率不高是导致成绩不理想的主要原因。

　　B. 教师尽力了，教学效率也较高，主要原因是学生太差。

　　C. 教师不够尽力是主要原因，学生差是次要原因。

　　D. 学生差是主要原因，教师不够尽力是次要原因。

选项	A	B	C	D
票数	9	23	5	3
百分比	22.5％	57.5％	12.5％	7.5％

【分析】

　　认为教师尽力的有80％，说明我校教师总体比较敬业，其中22.5％的教师认为，我校部分教师的教学效率低，57.5％的教师认为学生差是主要原因。这项数据提醒我们要解决好生源问题，但更要提高教学效率。还有20％教师认为我校教师不够尽力，这个比例也令人惊讶，说明教师的工作态度问题是非常值得重视的问题。

　　问卷小结：本次问卷调查比较成功，根据调查，我们得出如下结论：

　　1. 我校部分教师的形象欠佳，言行需要规范；

2. 我校薄弱学科非常明显，需要加强个别学科组的建设；

3. 我校提出的教师业务培训得到了老师们的认可，可以实施；

4. 我校的教研制度、办公制度需要严格落实，加强检查，使之规范；

5. 我校的校内质量调研制度将得到落实；

6. 青年教师的思想教育工作要重视起来；

7. 要关注学生的反馈，从多个角度评价教师的工作。

学校的综合分析：通过调查，我校确立了"内练业务、外树形象"的教师队伍建设目标，力争通过教师自身素质的不断提高去提升学校的整体办学质量。这不是个别领导的决策，而是全校绝大部分老师的需求，他们的管理措施是建立在大部分教师的真实需求这个基础上的，所以推行起来既减少了抵触情绪，也缓和了个人矛盾。

第二，家长评价，数据反馈，引发教师自省，激励教师发展。

A 小学家长评价教师工作反馈表

尊敬的家长，这张调查表不需要写您和孩子的姓名，以免影响您的正常反馈，填好后由您或孩子于下周一直接投入学校北大厅内的反馈箱即可。恳请您如实填写，以便学校为您的孩子提供更好的教育。投入信箱时请勿折叠，谢谢您的参与。

1. 我是_____班的学生家长，填写时间是____年___月___日。

2. 我觉得工作比较认真负责的老师（打√，不太了解的打○）

语文老师（　　）　　数学老师（　　）　　英语老师（　　）　　音乐老师（　　）

体育老师（　　）　　美术老师（　　）　　科学老师（　　）　　信息老师（　　）

品社老师（　　）　　劳动老师（　　）

3. 我觉得语文老师的教学能力：A. 比较好（　　）B. 一般（　　）C. 不太好（　　）

4. 我觉得数学老师的教学能力：A. 比较好（　　）B. 一般（　　）C. 不太好（　　）

5. 我觉得英语老师的教学能力：A. 比较好（　　）B. 一般（　　）C. 不太好（　　）

6. 我觉得该班班主任工作情况：A. 比较好（　　）B. 一般（　　）C. 不太好（　　）

7. 在和老师接触的过程中，老师能尊重家长的打√

语文老师（　　）　　数学老师（　　）　　英语老师（　　）

8. 学生作业的批改和订正后的复批比较认真的打√

语文老师（　　）　　数学老师（　　）　　英语老师（　　）

9. 老师让您满意或感动的做法（请写明学科，可对多位老师点评）

_____

10. 请对任教您孩子班级的一位或多位老师提出需要改进的意见或建议

_____

A 小学 11 月份家长评价问卷反馈内容汇总：

一、主要优点或进步

1. 肯定教师工作上肯花工夫，能吃苦的家长在增多；

2. 肯定教师真心关爱学生的家长在增多；

3. 肯定班主任工作负责的家长在增多；

4. 肯定教师教学能力的家长在增多；

5. 肯定学生在老师教育下有进步的家长在增多；

6. 肯定体育课、学生面貌有改善的家长在增多。

二、集中反映的不足及问题

1. 对教师如何多和家长沟通提出期盼的增加了；

2. 对教师实际教学能力、有效利用课堂的呼声高了；

3. 对综合学科的教学和纪律关注的多了；

4. 对学校管理、卫生、安全等方面关注的多了。

三、各学科组情况

1. 语文组教师得到广泛表扬的人数相对较多，得到集中反映问题的人数也较其他组略多；

2. 数学组和英语组教师的工作得到了家长的肯定，没有提出批评意见的，只是希望个别老师能在做好教学工作的同时注意改善对待学生的态度；

3. 综合组以前没有多少家长关注，本次关注的变多了，而且提出了问题和建议。

四、各年级组情况

一年级组：以表扬为主，觉得老师对学生关心，有爱心，有耐心，希望个别老师多和家长进行沟通，比如用一线通沟通。

二年级组：以表扬为主，尤其肯定了其中两位班主任和一位数学老师的工作，希望个别老师多研究教学，提高课堂效率。

三年级组：肯定了部分老师工作能吃苦的精神，同时也提出了希望提高课堂教学效率，减轻师生负担的问题；提出了部分老师对学生作业要求不严格的问题。总体评价尚可。

四年级组：肯定了大部分教师的工作，很多家长重点表扬了一位语文兼班主任老师的工作。也有少数家长直言不讳地指出了老师工作中的不足：教学能力不行，对学生缺乏关爱。

五年级组：肯定老师的工作投入程度，对部分老师提出了几点建议：1. 对学生的态度能否和蔼一些；2. 能否在抓基础的同时注意教学的拓展，提高课堂效率；3. 作业能否少一些。

六年级组：肯定老师的教学态度和教学水平，表扬的较多，对个别同志对待学生、家长的态度提出了建议，希望能和蔼一些，友善一些。

学校的综合分析：通过定期、按月跟踪对比问卷的形式，发现教师教学过程中的问题，这样得到的数据可以客观准确地反映出管理的重点，并且管理中对事不对人，教师个人的问题纳入学科组、年级组的问题反馈中。具体数据和建议以尊重教师、相信教师为前提，进行个别化书面反馈。既顾及了教师的尊严，也有效查找了问题所在，激励教师主动积极地进行自我发现，完善自己的工作。既让全体教师看到了各学科组、年级组面上的问题，又让存在不足的教师看到了自己的问题。而且定期跟踪问卷的形式也让教师无法滋生职业倦怠和工作惰性，同时也减少了教师和管理者之间的个人矛盾。

第三，学生评价，直面教学过程，数据说明问题。

A 小学学生评价教师工作反馈表

亲爱的同学，这张调查表主要是让你来评价任教你各门学科的教师平时的工作情况。这张调查表不需要交给你的任课教师，不需要写你的姓名，只需要你填写班级以及你对教师的评价，所以请你如实填写，以便学校为你提供更好的教育。谢谢你的参与。

1. 我是_____班的学生，今天是_____年_____月_____日。

2. 我喜欢的老师有：（请在自己喜欢的老师后面括号内打√）

语文老师（　　）　　数学老师（　　）　　英语老师（　　）　　音乐老师（　　）

（以下略）

3. 我觉得语文老师布置的作业量：A. 比较合适（　　　）　　B. 太多了（　　　）

4. 我觉得数学老师布置的作业量：A. 比较合适（　　　）　　B. 太多了（　　　）

5. 我觉得英语老师布置的作业量：A. 比较合适（　　　）　　B. 太多了（　　　）

6. 当我们作业做错了能讲解或想办法让我们搞懂的有：（做到的打√）

语文老师（　　　）　　数学老师（　　　）　　英语老师（　　　）

7. 经常对学生发脾气的老师有：（打√，如果没有可以不填写）

语文老师（　　　）　　数学老师（　　　）　　英语老师（　　　）　　音乐老师（　　　）

（以下略）

8. 经常鼓励班上同学的老师有：（打√，如果没有可以不填写）

语文老师（　　　）　　数学老师（　　　）　　英语老师（　　　）　　音乐老师（　　　）

（以下略）

9. 我觉得课上得不太好的老师有：（打√，如果没有可以不填写）

语文老师（　　　）　　数学老师（　　　）　　英语老师（　　　）　　音乐老师（　　　）

（以下略）

10. 请给你语数外三位老师中的一位或多位提一点建议，以便这位老师改进教学方法。

A 小学某月学生评教数据反馈表

1. 各学科、各班我喜欢的老师投票数据（以语文学科为例）

语文

班级	三1	三2	三3	四1	四2	四3	五1	五2	六1	六2
调查人数	34	32	29	30	31	29	41	41	40	38
选择人数	31	30	29	19	19	17	41	33	39	37
百分比%	91%	94%	100%	63%	61%	59%	100%	81%	98%	97%

2. 觉得各班语数外作业量大的数据（以语文学科为例）

语文

班级	三1	三2	三3	四1	四2	四3	五1	五2	六1	六2
调查人数	34	32	29	30	31	29	41	41	40	38
选择人数	3	2	4	9	4	3	0	2	0	3
百分比%	9%	6%	14%	30%	13%	10%	0%	5%	0%	8%

3. 学生作业做错能讲解或想办法让学生搞懂的教师统计数据（以语文学科为例）

语文

班级	三1	三2	三3	四1	四2	四3	五1	五2	六1	六2
调查人数	34	32	29	30	31	29	41	41	40	38
选择人数	31	31	28	15	24	22	35	35	38	30
百分比%	91%	97%	97%	50%	77%	76%	85%	85%	95%	79%

4. 经常鼓励学生的老师各学科、各班统计数据（以语文学科为例）

语文

班级	三1	三2	三3	四1	四2	四3	五1	五2	六1	六2
调查人数	34	32	29	30	31	29	41	41	40	38
选择人数	27	30	26	18	18	21	41	29	38	37
百分比%	79%	94%	90%	60%	58%	72%	100%	71%	95%	97%

5. 经常发脾气的老师各班、各学科统计数据（以语文学科为例）

语文

班级	三1	三2	三3	四1	四2	四3	五1	五2	六1	六2
调查人数	34	32	29	30	31	29	41	41	40	38
选择人数	8	0	2	25	10	14	5	18	1	2
百分比%	24%	0%	7%	83%	32%	48%	12%	44%	3%	5%

A 小学我最喜欢的老师各班统计数据（以三 1 班为例）

三1

语文老师（ 18 ）　　数学老师（ 8 ）　　英语老师（ 2 ）　　音乐老师（ 6 ）

体育老师（　　）　　美术老师（ 4 ）　　科学老师（ 2 ）　　信息老师（ 1 ）

品社老师（　　）　　劳动老师（　　　）

学校的综合分析：学生是课堂上和教师接触时间最长、对教师的教学行为最为了解的群体。他们的价值判断对于教师反思自己的教学行为有重要的参考价值。所以，坚持进行这样的问卷和数据分析，对于教师进一步规范和完善自己的教学行为起到了良好的推动作用。部分教师的问题得以数据形式向其个人反馈，优秀个例的彰显会对后进者起到激励作用，管理无死角，关键在细节。

【分析】

上面的案例对我们有如下启示：

1. 要把评价标准明确化，经老师商讨认可，置于评价之前；

2. 评价要放在平时工作中，而不是等到学期结束再评价，那时很多评价无据可查；

3. 要及时记录平时工作中发现的问题和教师的优点，这样有利于全面评价；

4. 要多倾听师生、家长的意见，把评价工作做实，不可操作的评价不要做；

5. 评价与激励结合，对于教师个人的评价数据要纳入对年级组或学科组的考核，用团队的荣辱带动教师个人的奋发，一般情况下不宜将这种评价用于教师个人。

6. 校长要不断对自己提出的评价措施进行反思和审视，提出改进措施，评价不能一直不变，否则也难以适应学校的进一步发展。

第二节　教师教学绩效的考核与评价

【教师教学绩效考核与评价的意义】

2008 年 12 月，国务院办公厅转发《人力资源社会保障部、财政部、教育部关于义务教育学校实施绩效工资指导意见的通知》，文件提出从 2009 年 1 月 1 日起义务教育学校正式工作人员实施绩效工资。紧接着，教育部又发布《关于做好义务教育学校教师绩效考核工作的指导意见》，一时间"绩效"一词成为热门话题。教师绩效评价政策是事业单位改革的一个组成部分，是深化事业单位收入分配制度改革的重要内容。在第八次基础教育课程改革中，教师绩效评价作为学校管理的重要环节，具有促进教师专业发展和改进学校教育质量的重要意义。教师绩效评价是对教师工作中的表现、工作行为作出评定，以了解教师的工作质量。绩效评价结果是绩效工资分配的主要依据，是教师自我发展不可缺少的衡量标准，是加强教师队伍建设的重要基础。做好教师教学绩效评价与激励工作是义务教育学校实施绩效工资制度的必然要求。

【主要内容和方法】

评价教师的教学绩效可从三个方面加以考虑：

1. 教师的实际工作量评价

教师的工作量含周课时量、作业批改量、课外辅导量等。属于公派性质的兼任社会活动，也要纳入教师的工作量计算。在各校实际评价中，往往忽视工作量大小而只重结果，不考虑工作量而仅比较教学结果的绩效是不公正的。

下表是××小学在教师自主申报工作量基础上对教师工作量的考核量化表（部分），体现了该校对教师工作量考核的基本原则：兼顾均衡，多劳多得，按劳分配。这样的做法使得教师在工作上拈轻怕重的现象得到了有效的改善。

表 13 - 8　　××小学教师 2012—2013 学年度工作量核算表

序号	工作量核算结果（语文组）
1	刘老师：一 1—2 语文 14 节，一 1 队会 1 节，共 15 节。 14×1.4（语文）＋1（队会）＋2（两个班转后）＝22.6 课时。 核定标准：17 课时（班主任）。每周超 5.6 课时，每月超 22.4 课时，领取超课时奖励。
2	石老师：一 3 语文 7 节，阅读 1 节，队会 1 节，共 9 节，教科室主任 9＋0.6 早读指导＋1 转后辅导＝10.6 课时 核定标准：行政核定课时：9 课时，每周超 1.6 课时【行政人员，不领取超课时费】
3	李老师：二 1 语文 7 节，阅读 1 节，二 1 作业指导课 2 节，队会 1 节，共 11 节 11＋0.6 早读指导＋1 转后＋1.5 午会＝14.1 课时 核定工作量：17 课时（班主任）。【课时未达标，45 岁高龄得子，孕双胞胎，给予孕期照顾】

2. 教学效果评价

效果指所教学生质量水平状况，其近端表现为"一分三率"（平均分、提高率、优生率、及格率），其远端表现为学生毕业后对社会的适应水平和成才情况。学校一般只考核近端，但须指出的是，这种考核必须建立在相对同等条件下，如学生原有基础、班额大小、教师工作量和学生作业量等方面。一般说，应以不增加教师工作负担和学生课业负担为前提。同时还须注意的是，不应以考试分数作为衡量教学效果的唯一标准，应体现教学效果评价的多元性。

3. 教师工作成果评价

学生进步成果和教师自己的经验成果、研究成果是教师工作成果评价的重要内容。学生成果可以用目前学生学习分数、升学率，学生个体或集体参加各种竞赛获奖情况及历届学生升学后的情况来衡量。其中，"历届学生升学后的情况"正是教师劳动迟效性特点的反映，也是素质教育要反映的东西，但是考核难度较大，不一定作为每学期考核评价的内容，但可以作为阶段性评价、评优评先的参考标准。教师自身方面的成果，包括撰写发表专业文章，参加学术会及参加教改实验、教学竞赛等获奖情况。

教师教学绩效考核评价的方法因校而异，这里探讨教学质量的考核评价方法。

方法一：综合评价法

在评价成绩时，有的学校只注重平行班级间的横向比较，往往忽视各班级自身的纵向比较，不科学的评价会导致只注重一次成绩的结果而不注重整个学期的发展变化的情况。最常见的情况就是一个教师新接班级的基础不好，教师下了很大工夫，学生成绩也进步很大，该班与其他班级的差距较以前明显缩小，但由于班级原有基础较差，测试成绩仍然比不过其他基础好的班级。如果只采用平行班级间的横向比较，对服从学校工作安排，甘愿啃硬骨头而辛勤付出的教师就是一种否定和抹杀，这种"应奖却罚"的评价有失公正，长此以往，会消磨教师的工作热情和斗志，学校工作也将走入困境。如果采用"统计折线图评价法"，以一学期几次检测为依据进行既有横向比较，又有纵向比较的综合性评价，就会更加科学合理。

方法二：问卷调查法

为了避免出现"加重学生课业负担、牺牲学生学习兴趣"提升教学质量的现象，辅之以问卷调查进行科学研究、准确判断比较科学合理。为此，除了观察教师的课堂教学之外，还应通过与学生座谈、问卷调查、电话随机调查家长等多渠道进行调查了解，获取全面的有效信息。如，在问卷调查中设计"你感兴趣的学科、最喜欢的老师、最喜欢哪个学科的课堂教学、哪门学科作业最少、哪门学科设计的作业你最愿意做"等等，将相关信息综合起来，就能比较全面、真实地评价出每个教师的教学水平，也能找到教学中存在问题的根源，为今后工作找到改进的方向。

方法三：多元评价法

教师的教育质量还应体现在学生身心的发展上。为了更好地促进学生发展，学校应构建学生发展质量评价体系，从学习兴趣、学习习惯、知识掌握、技能培养、情意发展、身心健康、特长发展等方面进行多元化评价，通过学生自主评价，班级、小组、教师多元评价等，挖掘学生的潜力，发展学生的特长，并通过学生的发展评价教师的教学。

【注意事项】

1. 评价结果的正确表示

（1）数值解释

把评价结果以分数值表示，不做任何语言描述，以自然分数线作划分基准的临界点。把评价分与基准分比较，得出结论，基准分包括目标参照分与常模参照分两种。学校一般自定目标参照标准。

（2）等级解释

把评价结果的分值转化成等级。它适合对教师单项评价，如教学竞赛等。

（3）诊断描述

即用语言作判断性定性表达。它主要诊断事实，描述出现状，适用于一般的综合性评估。

应当说明的是，并非只有量化了的评价结果才是科学的、可操作的。任何一种方式仅仅是一种手段，本身无所谓好与差，关键取决于评价内容和目的。在实际评价过程中，一般应做到多样化。涉及人的思想动机、情感、信念等，借助定性的、描述的方式，可能会更准确。

2. 评价结果的合理运用

运用评价结果以推动教育教学发展，是评价的根本目的，但评价结果运用要考虑三个方面：第一，及时反馈。任何评价都是在一定时空范围内进行的，得到的结果应及时反馈给评价对象。第二，社会效益。评价科学和实用与否，要看反馈后产生的社会效益如何。有的评价形式轰轰烈烈，但不能发挥应有的社会效益，评价则流于形式。第三，反馈方式要合适。即注意评价对象的心理反应，用合适的方式让受评者接受或认同，起码要使其明白为什么会是这样的结果。

3. 因果关系忌单一化

教师工作效果的评价是教师评价的重要内容，学生学习质量又是教师工作效果的重要反映，但学生发展却是受多种因素影响的。无论学生发展得好与差，都不是由教师单方面作用所能完全左右的。它与教师的教学行为不是一一对应关系。因而不能完全单一地以学生的学习质量来评判教师。如果那样，教师的教育教学行为就会被引入歧途——把学生训练成抓分的机器，素质教育就只是空谈。

【案例】

均量值在××小学教学绩效考核与评价中的运用

一、均量值简介

均量值是在一定范围内，以某次质量测试成绩的全部数据为统计对象，按照一定的比例，将其划分为 5 个不同的等级，再赋予其不同权重，然后根据特定的公式计算出一个分值，这

个分值就是均量值，均量值可用于教师教学绩效评价，

具体计算公式如下：

均量值＝［A 级人数×6＋B 级人数×4＋C 级人数×3＋D 级人数×1＋E 级人数×（一1）］÷总人数

A、B、C、D、E 五个等级的比例可设为 15％、25％、30％、25％、5％。假设被检测人数为 200 人，那么五档人数就分别是 30、50、60、50 和 10 人，然后依据这个人数来划定各档最低分数线。各班按 A、B、C、D、E 五个等级分数线统计人数代入上面的公式计算。实际操作时，这个比例可根据需要进行调整。

一般情况下，均量值在 3 左右。在全校范围内，就某一班级而言，大于 3 为好，小于 3 为差。

二、计算均量值和推进率

考试分数的统计和均量值的计算都是在计算机上使用 Excel 软件来完成的，具体步骤如下：

（一）计算均量值

1. 将某次考试成绩以学号的顺序输入计算机，制成 Excel 电子表格。

2. 根据年级人数和等级人数比例计算出各等级人数，利用排序功能，划定各等级分数段。

3. 利用分类汇总功能，制出年级和各班等级人数统计表。

4. 利用均量值公式计算出各班均量值。

应特别注意的是，在划定各等级分数线时，常常会出现因分数并列而导致人数多于按比例计算出人数的现象。例如：本来按比例 A 等的人数应为 N，但实际恰巧有 a 人分数并列于最低分数线，如果这些人都算 A 等，就会比 N 人多出 b 人。这种情况下，各班并列人数只能取其中的 (a—b)÷a 进入 A 等，其中的 b÷a 人数只能进入 B 等。

（二）计算推进率

1. 计算出上学期和本学期各班均量值的平均值。

2. 利用公式计算推进率。具体做法是：

推进率＝（本学期均量值的平均值—上学期均量值的平均值）÷上学期均量值的平均值×100％，见表 13 - 9

例如：

表 13 - 9　某校三（3）班在二月到十一月时间段的均量值与推进率

	三（3）班				到了四（3）班时		
	二月	三月	四月	五月	九月	十月	十一月
月均量值	2.51	3.20	2.71	2.10	2.76	3.31	3.25
平均均量值	2.63				3.11		
推进率	(3.11－2.63)÷2.63＝18.3％						

一般情况下，推进率数值越大越好。推进率为 0，表明班级教学维持原有水平；推进率大于 0，表明班级教学水平呈上升趋势；推进率小于 0（为负数），表明班级教学水平呈下降趋势。

实践证明，推进率的计算值与教师教学的实际情况非常吻合，而且反应灵敏，数值大小比较适中，教师较能接受。

下表（表 13－10）为某校某年级某次期末考试语文学科的均量值统计：

表 13－10　某年级期末考试均量值与平均分统计表

语文										
班级	人数	A级	B级	C级	D级	E级	均量值	均分	合格率	推进率
1	21	4	5	4	8	0	3.1	87.1	100.0%	＋0.12
2	20	3	6	6	3	2	3.0	86.7	100.0%	－0.31
3	22	3	3	10	5	1	2.9	86.2	100.0%	＋0.18
年级	63	10	14	20	16	3	3.0	86.6	100.0%	

【分析】

1. 引入均量值可改进教学成效评价

（1）原有统计指标存在一定的局限性

我们惯常采用的教学质量监控和评价的技术手段主要是统计平均分、分数段、最高分、最低分和标准差五个指标，然后根据这五项指标来分析教学得失，评价教学质量，改进教学措施，奖惩先进和落后。但是这些指标量除标准差外，都是一些绝对量，具有静态特点，数据容易受试卷难度起落的影响，缺乏动态的优势，不利于进行横向的跨年级、跨学科比较，难于对同一群体学生不同阶段的成绩进行纵向比较。

同时，平均分与标准差容易受极端数值的影响。如果某班存在一名成绩特差的学生，那么该班的平均分就会受到很大影响，一人落下的分数很可能需要许多个优良生的补贴。并且，对于平均分原本就比较高的班级来说，使平均分再上升几分是比较困难的。而对于平均分原本就不高的班级来说，使平均分提高与前者相同的分数则相对容易些。显然，在这两种情况下，以平均分来衡量教师教学绩效的标准，会导致教师产生不公平的感觉，从而影响教师积极性。

（2）均量值在教学管理中的优势作用

均量值是一种相对的统计量，是一种在同一时间上、某一范围内标明各部分彼此间相对位置的统计量。因此它不受试卷难度起落和不同学科特点的影响，能够进行不同学科间和不同年级间的比较，也能够对同一群体学生不同阶段成绩进行比较。这是均量值相对于平均分的优势。

其一，均量值有利于进行学科间的比较。由于受不同学科特点的影响，不同学科的考试平均分缺乏可比性。通常情况下，不同学科间的比较都是用各学科的均分在年级里排名来进行的。但这种比较线条较粗，数值变化较大，往往会放大各比较量之间的细微差距。例如：某班语文与数学的均分在年级里排名都是第一名，但可能语文的第一名分数比第二名分数高出很多，而数学的第一名分数与第二名分数相差很小。引入均量值后这一问题得到有效解决，因为均量值的反应比较灵敏，易于看出各比较量之间的具体差异。（见表 13－11）

表 13-11 某年级期末考试均量值与平均分统计表

班级	语 文		数 学		英 语	
	均量值	平均分	均量值	平均分	均量值	平均分
(1)	2.86	86.29	4.02	94.57	3.73	80.84
(2)	3.53	88.61	3.04	91.28	3.15	78.79
(3)	3.59	88.19	3.52	92.22	3.20	78.21
(4)	3.45	88	2.94	90.9	3.02	77.6
(5)	3.31	87.57	2.76	89.57	3.49	79.65
(6)	3.19	86.9	2.46	87.3	3.04	77.58
(7)	2.61	85	2.70	87.76	2.10	72.54
(8)	2.49	83.08	3.06	89.67	2.59	74.98
合计	3.14	86.71	3.06	90.41	3.04	77.52

从上表可以看出，(1) 班的三门学科的均量值分别是 2.86、4.02 和 3.73，这表明语文的水平低于平均水平，而数学与英语的水平则高于平均水平较多，三者之间的差距很大，三门学科之间的发展很不平衡。(7) 班的三门学科之间的发展比较平衡，但水平较低，都低于年级平均水平。

其二，可以对同一群体学生不同阶段成绩进行比较。由于受试卷难易度的影响，不同时间段的考试均分缺乏可比性。例如：某班上学期期末考试和本学期期末考试的数学均分都是 90，但这并不能说明这个班数学学科在两次考试中处于同一水平。引入均量值后，这一问题就可以得到较好解决。(如表 13-12)

表 13-12 某校 (5) 班在四年级和五年级时期末考试的均量值及平均分

(5) 班在四年级时	2013 年 6 月期末考试		(5) 班在五年级时	2014 年 1 月期末考试	
	均量值	平均分		均量值	平均分
	3.29	89.41		2.76	89.57

从上表可以看出，尽管这个班在不同学期的考试均分比较接近，都是 89 分多，但两次考试均分在年级里的水平很不一样，四年级时高于平均水平，而五年级则低于平均水平。

其三，有利于更科学地计算推进率。比较有效地测量出一个班级在不同教师教学之下成绩发生变化的情况，也就是推进率的问题，是教学管理上一直想解决而又感到比较困难的问题。以不同阶段考试的均分来考察两个班教师的教学推进情况，往往会有失公平，挫伤教师积极性。因为同样都是均分 90，但一个班是由 85 分升上去的，另一个班却是由 92 分降下来的，利用均量值来计算教师教学的推进率就可以避免这一问题。

2. 恰当使用均量值方法，防止出现偏差

(1) 均量值、推进率要与平均分、标准差等统计量结合起来

均量值、推进率、平均分、标准差等统计量各有特点，在教学管理上各有其相应的作用。平均分是一个衡量趋中程度的统计量，它可以促使教师在教学中关注学生全体，尤其是学困生的学习；标准差是一个衡量离散程度的统计量，标准差越大，就说明学生之间的差距就越

大。关注它，有利于减少两极分化的现象出现；均量值是一个标明某个成绩在一定范围内的相对位置的统计量；推进率则是一个衡量教师教学和学生学习进步程度的统计量，它与均量值一样，都是有助于教师和学生争先进位意识养成的统计量。这几个统计量要在管理中结合使用，形成一套有效的"组合拳"。这样可以扬长避短，取得最佳的效果。反之，如果单一使用某一种统计量就会产生一些负面影响。

如单一使用均量值时，对于一个处于下表中 E 等的学生来说，他考 13 分和考 69.5 分在影响均量值的作用大小上是一样的。这会导致某些教师产生"学习特困生辅不辅导一个样"的想法，从而忽视对学习特困生的辅导。如果我们同时以平均分来考察教师的教学，那教师就不会无视 13 分和 69.5 分的差别。(见表 13‑13)

表 13‑13　某班学生成绩等级和分数段分布

等级	A	B	C	D	E
分数	100—99	98.5—95	94.5—88.5	88—70	69.5—13
人数	6	17	13	10	3
均量值	3.06				

(2) 要防止教师以"等级"的眼光来评价学生。均量值是学校教学管理中使用的诸多方法和手段之一，分等级是统计的需要、教学管理的需要，而不是教师评价学生的依据，要严禁教师以考试分数的等级来甄别学生。

第三节　教师专业发展状况的考核与评价

【教师专业发展状况的考核与评价的意义】

《基础课程改革纲要》指出："建立促进教师不断提高的评价体系。强调教师对自己教学行为的分析与反思，建立以教师自评为主，校长、教师、学生、家长共同参与的评价制度，使教师从多种渠道获取信息，不断提高教学水平。"这就是说学校要建立和完善考核评价机制，通过评价来调动教师工作的积极性，促进教师专业化发展。在教师的职业生涯中，其专业成长是一个逐渐趋向成熟的过程，因而需要不断地改进和发展。这就需要评价为其提供有价值的反馈信息，以便教师客观地了解自己的成功和失败。

【主要内容】

从我国学校及其教师的实际看，教师专业发展评价的内容大致有：专业伦理和专业精神，专业能力，专业知识，研究意识和能力。

1. 教师专业伦理和专业精神的考核与评价

没有高尚的道德情操的教师是不可能实现真正的专业发展的。专业精神是指基于对教育工作的社会价值的认同和判断在自己工作中表现出来的价值取向和价值追求，它包括职业认同感、专业态度、责任感、合作精神、职业情感、公正诚恳和具有健康心态等。

2. 专业能力的考核与评价

专业能力主要体现在教育情境中设计、选择、课堂组织、解决实际问题和反思的能力。教育智慧是教师在长期的教育实践、感悟、反思过程中，在理论学习和教学实践不断融合中逐步形成的对教育教学工作的规律性把握、创造性驾驭、深刻洞悉、敏锐反映和灵活应对的综合能力，是教师教学工作达到圆润贯通、自由和谐状态的基本标识，是一个教师一生中应该不断追求的目标。它内在地决定着教师教学工作的状态、质量和水平。

3. 专业知识的考核与评价

教师的专业知识有三大类：关于学生的知识，即了解不同文化、语言、家庭、性别、社区对学生经验与学习能力的影响，掌握学生学习和发展的规律，因材施教；关于课程的知识，连接课程的目标、资源和技术知识；关于教学实践的知识和技术，使自己的教学成为其他人可接受的知识，构建教学模式知识，激励学生进步知识，设计教学环境知识，使用教学时间、开展教学管理、促进学生协作互动的知识，评价学生的知识，与家长交往的知识。

4. 研究意识和能力的考核与评价

教师搞科研需要有正确的认识，既不能因科研而放弃教学任务，也不能整天忙于上课而不去探索创新。"教而不研则浅，研而不教则空"，教与研相辅相成，互相促进。教师的研究不同于研究者的研究，是以课堂教学为平台，在行动中研究，在研究中反思，以发现和解决教学工作出现的新问题为中心。无论行动研究还是校本研究，都需要团队间的互助、交流与合作。

【主要方法】

应该在下列基本理念的主导下对教师专业发展状况进行考核与评价，即学生为本、师德为先、能力为重、终身学习。在方法上主要有：

1. 自主参与

自主参与方法中最重要的一种方法是自我评价的方法。自我评价在教师发展中具有重要意义，强调发挥教师自评的积极性，主动参与进来，强调评价的真实性和科学性。教师自我评价能把外在评价要求转化为教师发展的内生动力。要建立以教师自评为主，辅以管理者、学生、家长、同事共同参与，交互作用，协同评价的主体，让教师学会自我评价。

2. 质的评价

当前，我国的教师评价一级指标主要包括德、能、勤、绩几个方面，进而再设计二、三级指标，如思想品德一级指标之下又可以拟定师德修养、政治态度、教育思想等二级指标。但教师的专业水平、教师的文化修养、个人发展意识、工作态度、共事能力等素养很难用测量工具来进行评价。因此通过诸如让教师自主制定专业发展规划，然后对于个人规划进行评价、指导，或者利用教师档案袋记录教师成长过程、教育教学成绩、获奖情况、职业道德水准等。这种质的评价，旨在让教师能发现自身的价值与问题，从而能更好地自主发展。

3. 相对评价

这里的相对评价主要是指评价标准的相对。即评价标准既要注重统一要求，也要关注个体差异，为教师特色发展提供一定的空间。教师评价标准既是管理者对教师的期望，也是教师努力工作的方向。不同类型学校，不同的学科，不同年龄、职位的老师评价标准是不一样的。

4. 过程互动

专业发展的评价作为提高教师伦理与专业精神、专业技能和专业知识的一种手段，应立足于教师未来发展，用动态的发展的眼光看待现实表现。教师专业发展不是一个简单的一次性完成的训练活动，而是一个终身的持续改进的教育过程，不仅要注重结果，更注重发展变化的过程。教师评价要结合学校性质、学生需要和社会发展目标而定，把教师置于一定教育制度和情境下来思考，从而促进学校需求与教师需求的融合，教师心态与学习氛围融合、教师现实状况和未来发展的融合、教师受益与学校受益融合。

5. 基本功水平评价

一是基本教学基本功，包括普通话、三笔字、简笔画、使用工具书、朗读、作业设计、备课、课堂教学、教学设计、考核、批改作业等。在教学管理中要将教师教学基本功的训练纳入校本研修中，制定培训计划和考核方式，常抓不懈。可分学期开展相应的教学基本功培训与考核，将其纳入教师教学工作考核中。对于某些方面基本功突出的教师，可颁发校级基本功培训师证书，明确这些教师在学校教师教学基本功培训和考核中的地位和任务，发挥其专长。

二是学科教学基本功，包括精通学科知识结构与特点。可以用说课能力考核、教学案例分析能力考核、课堂实讲能力考核、微课评比、校内赛课等多种方式。学科教学基本功的培训与考核除借助本校优秀师资力量之外，可外聘专家进行导师制指导与考核。可以将其与学校教科研课题结合，重视教师在教学研究和教科研两方面的过程性评价与激励，及时颁发校级考核证书。此外，可成立校内学科教学基本功评价小组，评价小组由教学校长领衔，将校内公认的骨干教师纳入小组中，研制考核标准，实施考核。考核形式多样化。

三是专业特长基本功，主要指教师具有收集运用各种信息的能力，并能熟练掌握现代化的教学手段，如音像阅览、计算机操作、教学课件的制作、指导学生进行课外活动等。这方面的评价与激励可采用自主申报、主动展示的方式进行；可结合教学案例设计、教学实讲等多种方式进行展示和评价，以奖励性评价为主，充分调动教师的积极性和展示欲望，更好地服务于教育教学。

评价教师专业素养的方式和手段是多种多样的，除以上介绍的方法外，评价的手段还有观察、面谈、问卷、测试等。无论采用哪一种方式和手段，都应该为教师创立良好的教育环境，发挥其积极性，以促进教师的个体发展为最高理念。

【注意事项】

1．关注综合评价，尊重个体差异

新课程观下的教师评价强调对教师进行综合评价。综合评价就是用动态的、发展的眼光，对教师工作的各个环节进行系统的、全程的、较长时间的评价。教师从事的教育活动是一个长期复杂的过程，工作中的任何成绩都是日积月累的结晶，仅仅依靠一两次的单项评价，不可能真实反映教师工作的整个发展过程。缺少综合评价，就无法全面了解评价对象的工作表现，无法把握教师的发展倾向和发展需求。新课程观下的教师评价也注重教师的个体差异。由于教师在个性心理、教学风格、交往类型、职业素养和工作背景等方面都存在较大差异，评价应根据这种差异确立个性化的评价标准、评价重点以及选择相应的评价方法，有针对性地对每位教师提出改进建议、专业发展目标和进修计划等。充分挖掘教师的潜能，发挥教师的特长，更好地促进教师的专业发展。

2．发挥好专业成长记录袋的作用，促进教师自我发展

教师成长记录袋可以让教师在自我评价中不断完善，为教师成长增添动力。袋里的内容可包括以下七个内容：一份能展现自身特色，综合概括教师各个方面的个人简历，其中应体现自己的教学理念、教学原则、世界观、人生观和价值观；一份本学期或一定时间段的教案册；一篇教学随笔或教师手记；一份自己满意的作业设计以及学生的完成情况，加上具有激励性的评语；一份校本课程开发的设计构想或科研讲座材料；一节本学期公开课课堂实录以及相应的评价内容；一项本学期最具创新性的教学方法的采用，或新型教学工具的运用，或科学教育策略介绍等。要注意防止把教师专业成长记录袋形式化，避免空无内容和虚假内容现象。

【案例】

××小学教师专业素养评价与激励规划

一、组织有序，目标明确，想着每一个教师的专业发展

组建领导小组，校长负责制。

组长：×××（统筹工作，资金保障）

副组长：××（具体主持小组工作）

组员：全体教研组长及校中层管理人员（参与各项具体工作的组织落实、培训考核）

二、对教师的现状和发展目标的分析

学校在教学片率先成立"师训处"，学校教学校长负责学校的教师培训工作。师训处根据学校的实际状况，制定了《××小学"十一五"校本研修工作规划》，同时结合新时期对教师的要求，从"一般基本功、教学基本功、科研基本功"等方面制定了教师成长的 ABC 三个等级标准。每一位青年教师根据标准及自己的条件，确立了自己的等级，排查出自己的不足，并制定了各自的发展目标和时间表。这样，学校师训工作有人抓，有人管，不落空，保证学校有一支可持续发展的优秀教师群体。全体教师自我发展有目标，有方向，拾级而上，步步

为营。教师的现状见表 13 - 14。

表 13 - 14　××小学教师年龄段及学科称号统计表

学科	35 以下	35—45 岁	45—50 岁	50 以上	区优青	区学带	市优青	市学带
语文	5	7	3	1	0	3	1	0
数学	4	4	1	0	1	0	0	. 0
英语	1	3	0	1	1	1	1	0
综合	6	7	0	2	2	1	1	0
汇总	16	21	5	3	4	5	3	0

从上表可见：

1. 校骨干教师学科分布不均。数学学科仅有 1 人是区优青，缺少引领力量，综合学科 2 位区优青集中在美术组，区学带和市优青集中在科学组，音乐、体育、品社、信息等学科均无区内学科骨干教师，是需要重点关注的学科。

2. 学校要重视没有称号的教师的进一步发展问题，设立"学科发展项目教师"这一校内称号，鼓励教师拥有在自己学科领域内的发展项目，发挥自己的经验，在诸如学生比赛、课题研究、习惯培养等方面成为学校发展的项目教师。争取培养出一批能独当一面的项目教师队伍。见表 13 - 15，13 - 16。

表 13 - 15　××小学各学科组 3 年内骨干教师发展目标

学科	区优青力争发展数	区学带力争发展数	市优青力争发展数	市学带力争发展数	发展人名单
语文	2	1	1	1	
数学	1	1	0	0	
英语	1	1	0	1	
其他学科	1	2	0	1	
汇总	5	5	1	3	

表 13 - 16　发展骨干教师个人主要短板

教师	学科	目标	公开课、教学竞赛	理论积累	课题、论文	论文发表
张××	语文	区优青	✓	✓	✓	✓
江××	语文	区优青		✓		✓
王××	语文	区学带	✓		✓	
李××	语文	市学带				✓
严××	数学	区优青	✓	✓	✓	✓
杨××	数学	区学带				
洪××	英语	区优青			✓	✓

【分析】

1. 区优青后备教师主要发展短板集中在教学竞赛获奖层次较低，课题和论文获奖或发表层次较低，要为他们创建校级以上公开课和教学竞赛的机会，从教科研角度磨文。

2. 区学带和市学带后备教师主要发展短板是论文的发表和理论知识的积累，要督促其个人有研究和发表意识，学校积极创设发展平台，在市区级为他们争取公开课机会。

三、明确学校项目教师发展方向

1. 三十五岁以下教师建立青年教师专业发展记录袋，涉及青年教师发展的各个主要项目，记录袋均书面记录，由教导处及教研组长负责定期督促、考核。其成长记录袋为活页册形式，内容含：

第1页：教师照片、教育格言；

第2页：教师个人信息、自我剖析；

第3页：教师个人专业发展近三年自我规划表；

第4页：教师个人各年度发展阶段目标；

第5页：教师个人培训、进修、考核情况记录；

第6页：教师个人论文获奖、发表记录，附证书；

第7页：承担各级讲座、专题发言情况记录，附证书；

第8页：教师个人主要荣誉称号目录，附证书；

第9页：辅导学生获奖情况记录，附证书；

第10页：指导青年教师或参与学科教研情况记录。

2. 三十五岁以上教师设立项目发展方向记录袋。见表13-17。

三十五岁以上的教师，要设立项目发展方向记录袋，给这些教师确定自己在学科教学领域的发展方向，并颁发项目实践课题立项证书，鼓励其将个人专业发展落实在过程中。

表 13 - 17　　××小学教师专业项目发展方向一览表

教师	学科	发展项目
陈××	语文	班级活动设计及实施研究教师
李××	语文	小作文训练指导点评教师，争取进区教学中心组
宋××	语文	作文竞赛辅导教师
冯××	语文	书香校园推广教师
周××	语文	学生心理教育指导教师
姚××	语文	毛笔字指导研究教师
袁××	数学	《我的数学与生活》竞赛指导教师
郑××	数学	后进生转后策略研究教师
韦××	数学	高年级"每日一题"设计和指导教师
余××	数学	高年级分层教学研究教师，争取进区教学中心组
吴××	英语	英语易错题汇编研究教师
刘××	音乐	学生艺术活动展示负责教师
江××	体育	学生创新课间活动设计指导教师
赵××	美术	版画、剪纸项目推广教师
张××	科学	"金钥匙"及"我身边的科学"项目负责教师

【分析】

三十五岁以上教师的专业发展，应选择重点项目研究的方式，和教师设定重点研究方向，既有利于教师个人的专项发展，也有利于学校素质教育的整体推进。比较适合这个年龄段的教师。同时每个教师在学校大课题之下还申领了课题核心组拟定的"校级个人课题"的立项，领取了立项证书。

四、评价与激励措施

1. 三十五岁以下教师成长记录袋每学期期末上交，并在学科组内进行展示分享，学校颁发相应的发展证书，对照教代会通过的"绩效考核"办法进行相应奖励。

2. 三十五岁以上教师每学期提交项目发展情况小结及相关过程性资料，由领导小组进行评价并颁发相应的证书及奖励。

3. 为在专业成长方面有突出业绩的教师设立个人专业发展工作室，如学校已设立的"××老师面塑工作坊"，同时给予教师专业发展和研究经费支持。

【分析】

从上述案例可见该校对于教师的专业素养评价和激励有如下特征：

1. 非常重视教师的专业发展

该校成立了教师专业发展领导小组，校长牵头，教学校长具体主持小组工作，相关教学部门责任人均为小组成员，使工作开展得以顺利进行。将教师的专业发展形成规划并有经费保障，调动了每个教师发展的积极性。

2. 对教师的专业发展有明确定位

该校对不同学科组教学领衔人的专业发展有清晰的定位，从而为全校教师的专业发展确立了一个榜样团队，有良好的示范和激励效果。同时，该校对每个教师的专业发展短板进行了分析，并提出了明确的发展目标，使每个教师对于自己的专业发展近期目标有了清晰的认识。

3. 专业发展涉及到每一个，激励到每一个

该校对教师的发展，按不同年龄段设计了不同的发展途径，给每一个教师都有发展自我的平台与获得奖励的机会。评价的方式是多元的，这就让每个教师都能在专业发展的道路上有充分的选择权，充分的自我展示机会。

4. 重视教师专业特长的彰显

设立教师专业发展工作室的方式让更多有专业特长的教师在学校获得了平台，最终使更多的学生受益。该校的"××老师面塑工作坊"的设立，受到学生、家长、教师以及来校交流考察的国内外教育同行的高度评价。该校师生的面塑作品得以在学校各个角落充分展示，和学校的"书香校园""少儿古生物研究院""校园科技节""校园吉尼斯"等多项活动有机结合，成为体现该校小班教学理念"为了这一个而设计"的一道亮丽风景线。

这个案例还告诉我们：

1. 教师专业素养的提升需要有学校教学管理部门的规划。没有适度的规划，教师在专业发展之路上就缺少清晰的方向和推手，单纯依赖教师的自觉性去进行自我专业发展是不切实际的。

2. 教师专业素养的提升需要一以贯之的坚持。没有坚持，难见成效。

3. 积极的评价与激励措施是教师专业发展的有效保障。该校的评价更侧重于激励性评价，这种积极评价和激励的方式，让更多的教师能够主动参与，乐于发展，值得借鉴。

第十四章
学生的评价与激励

作为一名分管教学的校长，重要的工作之一就是通过建立合理有效的学生评价制度，促进教学质量提升，调动学生的学习积极性，激励学生发挥主观能动性，克服困难，努力进取，认真学习，提高学习成效。本章将从指导教师科学地评价学生、指导教师提高学生的积极性和指导家长对学生的评价与激励产生积极影响等方面进行阐述。

第一节　怎样指导教师做好学生评价

【指导教师做好学生评价工作的意义】

1. 指导教师做好学生评价，是校长应具备的专业素养

北师大褚宏启教授对美国、英国、新西兰等国家中小学校长专业标准作了比较，他提出的"校长作为教育者角色应具备的专业知识和专业能力结构"中就包括了校长应具备评价学生的能力（表 14 - 1）。教育部颁发的《义务教育学校校长专业标准（试行）》第三十条也要求校长"建立完善促进学生全面发展的教育教学评价制度"。

2. 指导教师做好学生评价，是课程改革的重要环节

自全面实施课程改革以来，国家制定和实施了一系列推进改革的标准和措施，唯有将这些要求具体落实到教师层面，才能让学生从课改中受益，"教师即课改"说的就是这个道理。美国学者格朗兰德（N. E. Gronlund）曾以一个公式简要概括评价的组成：评价＝测量（量化描述）或非测量（质性描述）＋价值判断。可见，评价包括事实判断和价值判断，因此，校长通过指导教师对学生进行正确评价，可以帮助教师转变学生观、人才观，兼顾实施"质性评价"与"量性评价"，全面真实地评价学生的进步，从而落实课程改革的实践要求。

表 14-1　校长作为教育者角色应具备的专业知识和专业能力结构

专业知识	理论性知识	教育心理学/学生发展和学习理论/教师学习和专业发展知识/学校教育的宗旨与目标
	实践性知识	教学计划及课程的设计、执行和评价/教育、教学方法和策略/指导教学的知识/教学评价的知识/考核、评价和测量的知识/信息、通信技术和教育技术
专业能力	促进教师发展的能力	指导教师教学/指导教师研究教学和课程/评价教师/提供给教师所需的教育技术/鼓励并规划教师在职进修和专业发展
	促进学生发展的能力	关心和激励学生/评价学生/指导学生全面发展

3. 指导教师做好学生评价，是学校发展的有力支撑

校长要让评价成为学校质量管理的基本工具。这就需要指导教师关注并做好学生评价，在涉及学生发展的各个方面，用更多的"事实"和"数据"反映学生成长发展，从而为学校衡量教育质量和效益提供确凿的证据，也为校长的管理决策提供参考信息。

【主要工作】

1. 帮助教师树立正确的学生评价观

校长应在教育评价方面对全体教师进行指导，帮助全体教师树立正确的学生评价观。正确的学生评价观主要包括以下几个方面内容：第一，评价的目的是为学生成长发展服务。这就是要通过评价，帮助学生找到学习问题，帮助老师找到教育问题。第二，评价从重结果转变为重过程。第三，评价从重知识转变为重全面发展，既要重视学生认知发展，又要重视学生的情感发展，还要关注学生学会学习的能力。

2. 以科学的教师评价体系促进教师正确评价学生

校长要重视建立科学的教师评价体系，以促进教师正确地评价学生。要引导教师的评价行为，指导教师以学生发展为本，把评价作为激励学生发展的驱动器，发挥评价在学生情感、态度、价值观的发展中的作用。教师评价体系既是制度层面的建设，又是文化层面的建设。在制度层面，运用并协调好行政权力、学术氛围和监督反馈的三种力量，指导推进教师正确评价学生的工作。在文化层面，要有意识地将正确的学生评价观，渗透为全体教师的共识，发展为全体教师的共同规范。同时，学校要有良好的双向参与的运作机制，校长与教师、教师与学生双向互动，形成一体化。

3. 创新科学的学生评价制度与方法

学校应该对教师如何评价学生做出规范要求。校长应该主持制定本校在学生评价方面的有关制度。这种制度既要遵从各种教育法规，遵从现代教育理念，遵从教育科学，也要基于本校的实际，还要随着时间的变化不断创新。要让教师在学生评价方面既持有正确理念，也有章可循。近年来，动态性评价、档案袋评价、真实性评价、表现性评价等质性评价的方法应运而生，在教育评价领域扮演着越来越重要的角色，与传统的测验相结合，形成综合评价学生的指标体系。

4. 营造积极向上的评价氛围

宽松、愉悦的评价氛围，是教师开展好学生评价工作的保障。教师对学生评价应该是客观的、发展性的。如果没有良好的评价氛围，这种评价就可能背离学生评价的宗旨，就可能对学生健康发展起到消极作用，也可能影响教师之间的和谐关系，甚至影响教师的积极性。良好的评价氛围对学生具有心理上和情感上的凝聚力，民主、平等、公开、透明的评价模式能够尊重所有学生的人格，以营造一种人与人之间相互信任、相互促进、奋发向上的氛围。

【主要方法】

1. 组织开展"学生评价"专题校本培训

围绕学生评价的诸多问题，开展"为什么评""评什么""如何评"专题性校本培训，指导教师树立正确的学生评价观，学会正确的评价方法，帮助教师发现自身工作中存在的评价问题。可以适时邀请专家、学者和教研员到学校把脉问诊，开展听课评课、师生座谈、问卷调查等活动，发现教师在学生评价中的问题，与教师一同寻找解决的措施。可组织学科组、年级组或教师个人进行"评价"方面的课题研究，及时总结得失，推广经验并提炼升华。

2. 评价与教学整合

采取评价与教学整合的系列化举措指导教师在日常工作中，将评价与教育教学整合起来：教学目标的设计与评价整合、课堂情境的创设与评价整合、合作学习的方式与评价整合、作业考试的质量与评价整合、辅导谈话的策略与评价整合、实践活动的体验与评价整合等等，将正确开展学生评价渗透并强化到教师备课、上课、作业、考试、辅导、组织活动的各个环节之中。

3. 开展多种活动，创造积极评价学生的机会

要充分发挥学校各部门、各科室、各教研组、各年级组的作用，在丰富多彩的活动中对学生开展积极评价，促进学生健康发展。如在体卫艺等方面开展特色活动，组织好每年的"读书节""艺术节""体育节"和"科技节"等，教师在这些活动中关注对学生的积极评价，鼓励学生进步。可组织研发本校的评教评学系统，利用办公平台开展学生评价，在各项活动中发挥评价激励的作用。要遵循评价的"五项基本原则"：全员评价、全面评价、全程评价、全心评价、全新评价。特别是全心评价和全新评价，对营造积极向上的和谐评价氛围非常有益。

4. 指导教师做好学生评价工作

校长要指导教师提高正确评价学生的能力，指导教师发挥评价对学生的激励作用。要让教师在评价中做到：一、从内心尊重和信任学生，二、体现热情与宽容。指导教师在组织学生进行互评时，引导学生先发现别人的优点，再诚恳地提出意见或建议。校长深入课堂观课评课时，要指导教师在课堂教学过程中对学生的知情意行进行积极评价。例如，小班化学校的发言率百分之百有没有达到，哪些学生的表现被教师疏忽了，哪些学生需要得到鼓励和帮助等等。同时，应关注教学常规工作中的学生评价。要注意获取教师教与学生学的第一手信息。如，在备课检查、作业检查、质量调研等活动中，及时肯定教导处或教师在作业评价、考试评价中的好做法，支持他们在学生评价方面的新尝试。

【注意事项】

校长在指导教师做好学生评价的过程中，要注意以下三个方面：

1. 指导教师在做好言语评价的同时，还要注意评价的外显表现。例如，眼神微笑、肢体动作等等，教师的这些言行被学生多感官接收，起到的激励作用更大。

2. 关注教师评价的正反两方面刺激作用，指导教师多运用正面评价，严格禁止教师中出现体罚和变相体罚的言行。

3. 对于结论性的教师寄语、学生评语进行文字审查留档。可以采取分管领导督查或教师间互查的方式，帮助教师提高评价的认识和能力，在一定程度上确保学生评价的公平、公正和公开，避免带来负面效果。

【案例】

成长记录袋——"成长袋袋酷"
——南京某小学的学生评价探索过程

童年时代有很多珍贵、难忘的时刻，怎样才能留着这些美好的记忆呢？很多学校尝试了这样一种做法——档案式评价。伴随南京市某小学孩子快乐成长的，是一本厚厚的"成长的足迹"，是一个沉沉的"成长袋袋酷"。说起它的由来，可追溯到南京小班化实验之初。

作为一所小班化的学校，如何真正落实"关注每一个"的教育理念，时任的张校长在努力寻找学校发展和小班化研究的突破口。在制定"十一五"规划时，他决定以"小班化的评价研究"为主攻方向，创立了区级"多元评价研究所"，科研教研齐头并进，让每一位老师都成为课题的研究者、课堂的实践者。

为了改变以往一本成绩册反映六年学习情况的终结评价方式，张校长探索采用了学生积累获奖材料的做法，将学生在六年学习历程中的点滴进步收录其中。具体做法如下：

第一阶段：对教师开展培训。在组织教师学习小班教育理念的基础上，指导他们结合课改理念、课程标准，认识学生评价的重要意义，指导教师为每个学生建立档案，收录小班教育教学资料。张校长亲自蹲点指导试点年级和实验教师，让这种"小班的幸福教育"逐步推广到全校，为每一个学生建立了一个独立的档案盒。

第二阶段：记录成长的足迹，建立"成长袋袋酷"。因为档案盒多次使用容易破损，学校结合环境教育，订制了学校专用的环保袋，学生人手一"袋"，取名"成长袋袋酷"。张校长和第一批参与实验的教师共同独创《成长的足迹》替代了《小学生成绩报告书》，这与后来市教育局要求的《我的成长脚印》学生成长记录袋不谋而合。

第三阶段：分段载入《成长的足迹》。随着第一批实验班年级的升高，学生越来越多的成果难以全部入"袋"。于是学校将《成长的足迹》建立分册,每学段更换一次。各位学生的档案袋都存放在教室,便于师生随取随用。袋中的资料长期保存至学生离校。

由于工作的调整,学校在"十一五"的最后两年又换了杜校长和杨校长。杜校长深知小班教育的意义所在,积极进行"十一五"小班评价经验的总结工作,顺利完成了"十一五"课题的结题工作。杨校长将"多元评价"的成果进行梳理,结集出版了《多元评价 激励每一个》一书,并在"学生评价"的研究之路上继续前行。

在三位校长的不断努力下,学校在引领教师做好学生评价工作方面做出了成绩,做出了特色。老师们关注评价、尝试改革,总结出了特有的评价范式:反馈式、对话式、档案式、积分式、阶梯式、追问式、点睛式、卡通式、诊断式、约谈式;老师们每个月都有对学生的书面评价,并有家长、同伴和学生自己进行评价;每一个班级都有自己独特的评价形式,教室里都有各种各样的积分表、小组活动记录、特色的班级评比等等;学生作业中有免写、换题和分层布置的做法,考试时有免考、重复考和"邀约评价"的做法。在校长的指导下,老师们已经从机械地模仿变为创造性地实践。

【分析】

案例中的三位校长都着力推进"学生评价"改革,都带领并指导教师进行了学生评价的研究与尝试,从中可以得到这样的启示:

1. 指导教师做好学生评价就是凝聚教育合力

在"成长袋袋酷"的档案中,能清楚地了解学生的发展水平,为教师和家长如实、全面地评价孩子提供了有效的依据,避免出现"以分数论成败""以荣誉论英雄"的片面评价现象。实验班的经验推广,伴随全校性参与的评价活动,都离不开一线教师的实践。教师们用自己的思想和语言传达学生评价工作中的感受和建议,这种接地气的草根的声音在一定层面促进了学校的民主管理。在学校《成长的足迹》的编写体系中,还可以看到班主任、科任教师、学生家长以及学生自己的评价对学生成长共同发生作用,这是多方面教育力量的聚合(如图 14 - 1)。

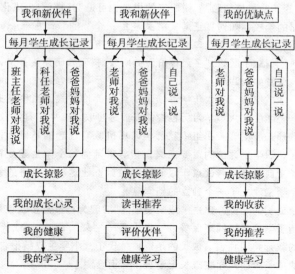

图 14 - 1 《成长的足迹》内容体系

2. 校长在指导教师评价学生的过程中要发挥引领作用

校长只有亲历评价实践才有发言权。作为一名管理者，在学生评价工作的推进和深入展开过程中，校长要能捕捉细微，善于发现问题。案例中档案式评价的外显形式是不断改变的，校长要思考改进的措施是否可行，要能解决遇到的问题。校长的指导表现为评价意识上的引领、评价行为上的示范，校长成为一名有影响力和号召力的"指挥员""首席教师"，这对提高教师评价学生能力具有积极影响。

3. 要保护好教师的智慧与热情

"成长袋袋酷"就是一份档案，具有资料原始性、过程记录性、历史再现性。让"成长袋袋酷"成为直接形成的历史记录，让少年儿童成为档案记录的形成者，让评价的方式多种多样，这些都是教师智慧与心血的结晶、劳动的价值体现。作为一种综合性的过程性评价，需要教师长期对每一个学生投入关注，会占用教师许多时间和精力。所以校长应充分关注保护教师的积极性，要身体力行地带领教师持久地做好这项工作。对于学校而言，校长的流动是常有的现象，但是能在"学生评价"研究上持续探索 10 多年是需要眼光和勇气的。只有在正确理念下的坚守，才会让学校管理得到广大教师的支持。

第二节　怎样指导教师调动学生积极性

【指导教师调动学生积极性的意义】

指导教师调动学生积极性，是校长的专业职责。学校的办学宗旨既要"坚持育人为本"，又必须"把促进每个学生健康成长作为学校一切工作的出发点和落脚点"。校长指导教师调动学生积极性，是为提高教育教学质量提供保证，是遵循教师主导作用和学生主体作用相结合规律，是"以人为本"的教育管理行为。学生的积极性没有被发掘并发生作用时只是隐性的资源，一旦被激发就会形成一种显性的力量，推动学生不断向前向上。作为老师，要学会激发并保护积极性，要让孩子们自发起来，主动起来。

【主要工作】

1. 帮助教师树立正确的学生观、教学观

"树立正确的人才观和科学的质量观，全面实施素质教育，为每个学生提供适合的教育，促进学生生动活泼地发展"既是校长专业标准的要求，更是教育的基本理念。校长要努力帮助教师树立正确的学生观、教师观、教育观和教学观。教师应尊重学生的人格，关注个体差异，满足不同学生的学习需要，创设能引导学生主动参与的教育环境，激发学生的学习积极性，培养学生掌握和运用知识的态度和能力，使每个学生都能得到充分的发展。

2. 教会教师"如何调动学生积极性"

从某种意义上说，如何调动学生积极性是一门艺术。教师仅有工作热情和工作责任心是不够的，仅有学科教学能力也是不够的，还需要有办法把学生的学习热情激发起来，把学生的积极性调动起来。校长要教会教师如何调动学生积极性。指导教师组织开展丰富多彩的学生活动，学生活动是调动学生积极性的重要渠道。开展多样的学生活动，会给学生带来多彩的课余生活，能够使学生更加热爱班集体，热爱同学，热爱老师，热爱学习，并因此而生发出对包括学习在内的各项活动的热情。

3. 指导教师改进教法和学法

校长应指导教师改进教法和学法，研究怎样用更合适的教法和学法调动学生的积极性，从而发挥好学生的主体作用。

【主要方法】

1. 让教师参与学生活动，激发学生积极性

教师参与学生的活动能带动学生情绪。校长应努力发掘教师资源，发动教师营造师生共学同乐局面。在课堂教学中，师生建立"学习共同体"；在课外活动中，师生建立"活动共同体"。这会帮助教师在学生中树立亲和形象，提升师表形象，还能激发学生参与学习、参与活动的积极性。例如：课堂教学中的"师生擂台"活动、课外活动中教师的助兴节目、师生组对参与比赛等等。

2. 多方协同教育，维护学生积极性

校长要协同全校教师、学生家长、社区力量一致开展学生教育，维护学生的积极性。如，建立正副班主任工作制度，建立全科教师的评价体系，赋予家庭和社会教育话语权，将调动学生积极性与教师工作的开放性结合在一起，实施协同教育。定期举办"开放日"活动，利用家长会等形式，调动并保护好学生的积极性。

3. 帮助学生树立目标，调动学生积极性

教师帮助学生从自身实际出发确立目标，并勉励学生去努力实现。对于教师来说，这是引导学生成长的"系列教育动作"；对学生来说，这是为实现目标而奋起的动力。教师因人而异地对学生进行指引，保护学生的进取心，激发学生的积极性。

4. 扩大学生自主空间，培养学生积极性

让教师们给孩子"量体裁衣"，扩大学生的自主空间，可以培养学生的积极性。例如，从大队部到年级组，到班级，建立不同层级的学生"场"和学生"岗"；除了班级授课制，还可以尝试走班制，打乱班级和年级的限制；建立学生社团和兴趣小组；班级学习小组根据需要，采取同质或异质分组，鼓励参与、鼓励先进、鼓励有进步的学生，培养学生的积极性。

5. 抓好培训，提高教师能力

开展"如何调动学生积极性"的校本培训，可以提高教师调动学生积极性的认识和能力。培训可以针对调动学生积极性的策略，开展教研观摩和研讨交流活

动；为了实现理念的更新，可邀请专家授课和组织教师论坛；不同学科、不同年级可以根据各自特点采取有效的方法，进行分类研究和交流展示等，培训内容既按照学校需要向教师传递思想理念，又研讨教师工作遇到的困惑。可以从几方面入手：以学生社团为主要抓手，提高综合学科教师的活动组织和策划能力；以学科教研为契机，训练各学科教师组织小组合作、班级学习活动的能力；以班主任工作为重点，从班级活动方案撰写到学生活动小结，加强班主任组织活动基本功的训练。培训还应指导教师改进教学和学法，让教师们掌握一些便于操作的研究方式和方法。

6. 把握时机，适时激励

具象化的激励手段和形式，更有助于调动学生积极性，促使学生的自主能动性保持在较高水准。校长要做好两件事，一是培养可以调动学生积极性的人，最大限度发挥他们的作用；二是创设有助于调动学生积极性的外在条件，提供必要的物质保证和技术支持。

（1）展现式激励

鼓励教师利用教室环境，做好学生展现：让每个学生都有机会展现自己的学习情况；每一个学生都能上黑板写字；每一个学生都能把作业向全班呈现；每一个学生都能走出座位与同伴表达学习体会。开辟出更多的走廊和墙面，展示学生作品，方便学生交流。学校还可以通过分片包干、评比展示，鼓励老师们充分调动学生的积极性。

（2）对话式激励

除了口头语言上的激励外，还可以指导教师利用书面形式与学生进行对话。有时，写下来的文字更能调动学生的积极性。例如，试卷中出现对话性的命题，不仅可以激发学生答题的欲望，同时可增强学生对学习的兴趣。鼓励学生和老师一起批改试卷，一起评价分析，可在一定程度上改善师生关系。校长还要抓住各种机会，多与学生交流谈心，尤其需要重视学生座谈会、家长会这样的机会。

（3）约谈式激励

校长应指导教师利用约谈的方法对学生进行激励。约谈的对象一般可能是教师难教的学生，或遇到特别困难的学生，也可能是家长提出请求须教师找其谈话的等等。约谈，容易拉近教师与学生的心理距离，从而有利于调动学生的积极性。

【注意事项】

1. 帮助教师建立起热爱学生的情感

从孩子入学起，教师就在每日的交往中对其产生着影响。教师对每一个学生的关心、爱护，像春雨润物一样滋润着孩子幼小的心灵，激起学生对教师的热爱和对教师所教学科的热爱。学校的各项工作应首先以师德为重，要求教师从热爱学生做起，调动学生的积极性，杜绝一切伤害学生身心健康的违法行为。

2. 要求教师正确评价学生

儿童独立评价自己的能力较弱，容易接受别人对自己的评价。他们在评价自己的时候，往往以教师的评价为转移。因此，教师对学生的评价必须慎重、认真。最为重要的是在平时课堂教学中，教师要注意正确评价学生。校长尤其要关注教师忽视学生的行为，对于家长反映较为突出的教师不当做法要深入调查，指导教师改进。对教师有效调动学生积极性的做法，给予鼓励支持，并在全校推广。

3. 面对客观差异因材施教

学生之间的差异是客观存在的。承认差异，因材实教，是教师必须遵循的教学原则。校长应该要求教师在教学中充分考虑学生差异，分层教学，分层作业，因材施教，让学生每天都有进步。校长要带动教师做好课外辅导工作，及时帮助学生解决碰到的困难，带给学生自信和积极学习的动力。

【案例】

从改进"课堂讨论"入手增强教师调动学生积极性的能力

李校长认为：教师要在课堂上实现自主、合作和探究，就必须充分调动学生的积极性。在制定学校教学工作计划时，他将"课堂讨论"作为研究对象和教改方向。

第一、二周，他汇总了教学计划、教研组计划和各位老师的教学计划，组织骨干教师围绕"什么样的问题能调动学生参与讨论的积极性"进行研讨。明确了"课堂讨论的问题应具备的三个条件"，即讨论的问题与本节课教学的重难点相关；问题是开放的，具有不同答案、不同解题思路和不同认识理解的；问题是学生凭借个人努力短时间难以解决的。

第三、四周，校长安排骨干教师牵头，进行年级组和学科组的集体备课，就教学中学生参与课堂讨论的积极程度进行反馈。校长发现课堂讨论中学生表现存在较大差异。他开始对教师的教学行为进行分析，请课堂讨论时学生积极性较高的老师写"热闹背后的思考"，请课堂讨论时遭遇冷场的老师进行"如何应对冷清的局面"的教学再设计。

第五、六周，安排年轻教师公开教学，组织全体教师对整个的教学场景进行观摩分析。围绕"课堂讨论，调动起全体学生的积极性了吗？"组织说课、评课。最后，专家及校长在教师发言的基础上进行了总结提炼，强调讨论的组织要关注两点：第一，对所选择的讨论问题进行价值判断。第二，讨论要做到三条规范：每4-6人为一小组，有一名组长；每个组员都要发言，都应养成倾听的习惯；讨论后，要对整体讨论的情况进行汇总。

校长在巡视听课中，特别关注了教师对学习小组的训练培养，并在听课中坐镇一个小组参与讨论、记录学生表现。

第七、八周，再次召开教学骨干会议，制定"如何借助有效的讨论，调动学生积极性，以开展自主、合作、探究式学习"的研究方案，对期初制定的教学计划和教科研计划进行充实调整。

直至学期结束，召开学期总结大会时，校长组织老师分享他们的教学反思、教学案例，将老师们可贵的思考汇总成"黄金视角"，用多媒体展示。如：讨论本是为了激发学生思考，如何避免出现重复答案？"自主择伴，结对学习"的讨论方式让课堂活跃了起来，一部分后进生如何引导？自主选择的形式"喧宾夺主"，讨论的积极性如何保证？小组讨论中，教师巡视需要做什么？集体交流时，如何通过师生的评价让交流者体会到成功的愉悦？讨论仅仅是一种形式和方法，调动学生积极性的举措还有哪些？

老师们都说，学校的一系列举措，切实帮助自己认识到调动学生积极性的重要性，也学会了调动学生积极性的有效方法，对提高教学质量有了很大帮助。

【分析】

这是一个校长指导教师提高学生学习积极性的案例。校长既走在教改的最前面，也在幕后指导教师，推动教师提高了学生的积极性。

1. 校长指导教师调动学生积极性的做法，是对教师的一种激励。激励的本质就是一种强化，通过"对课堂讨论的研究"引起教师心理的变化，从而达到对教师教学行为的强化和养成。教师在校长的计划安排中，参与研究的主体意识逐步增强，慢慢将外在的要求转化为自身发展的需要，从而推动自身发展水平的提高。

2. 校长的指导，需要精心设计和有效保持。美国管理学家孔茨指出："管理就是设计和保持一种良好的环境，使人在群体里高效率地完成既定目标。"在学校的工作中，领导激励教师、教师激励学生、学生激励学生，学生的成长及发展也在激励着老师和领导，这就是一种良好环境。校长对教师调动学生积极性工作的指导，是一个鼓励与约束并进的过程。案例中研究方向是由校长来把握权衡的，最后呈现的内容是教师个性化的研究成果。可以看出，老师"合理利用讨论，提高学生积极性"的深入程度不同，措施不一，但效果都是客观存在的。校长在管理中鼓励性的拉动力发挥了很好作用。

第三节　怎样引导家长对学生进行正确评价

【引导家长对学生进行正确评价的意义】

学校教育和学生家庭教育的一致性影响教育的效果。家长对学生的评价与学校教育对学生评价都将影响学生的成长轨迹。前苏联教育家苏霍姆林斯基曾把学校和家庭比作两个教育者，认为这两者不仅要行动一致，要向儿童提出同样的要求，而且要志同道合，抱有一致的信念。两者相互关联，相互影响，相互作用，相互制约。学校和家庭应当紧密配合，通力协作，形成目标统一、要求一致、内容科学、方法优化、形式活泼的教育合作。要在家庭与学校之间架起一座桥梁，使学校教育与家庭教育有机地统一起来，所以，指导家长对学生进行正确评价就显得十分重要。

【主要工作】

1. 建立家校互动的机制和渠道

加拿大著名教育家迈克尔·富兰曾在《什么东西是值得校长为之奋斗的》一书中说过："现在'校外'就是'校内'。学校的边界变得易于渗入，更加透明，这种变化是不可避免的，也是令人向往的。"家校关系走向"互动"不仅是一种文明进步的体现，更是教育发展的必然。随着家长受教育的程度越来越高，家长要求"进入学校、了解学校、评价学校、监督学校、参与教育"的愿望越来越强烈，促进孩子发展，绝非教育部门、学校能够独立承担之事，必须凝聚家庭、社区各方力量与学校配合一致，这使得学校与家庭之间建立起健全的互动机制和畅通的联系显得更为重要，这是家校关系进入"互动"新时代的必然产物。

2. 提升家长的家庭教育素养

如果学生家长没有较高的教育素养，那么学生在家庭生活中就可能得不到良好的教育，于是不管学校付出多大的努力，孩子的教育都难以收到完满的效果。这是因为，教育的许多问题都会在家庭中折射出来，而孩子在学校教育过程中出现的许多困难也可以追溯到家庭。学生的全面发展取决于家庭成员尤其是父母在孩子面前怎样做人，取决于孩子从父母的榜样中认识到的人与人之间的关系以及社会环境。因此，现代教育对家长的家庭教育素养提出了很高的要求，这使得提高家长的家庭教育素养成为校长必须关注的工作。

3. 指导家长对学生进行正确评价

家长对孩子的评价是否正确得当，影响到对孩子采取的教育措施合适与否。比如，家长在评价"好孩子"时容易在"孩子"身上寻找优点并把它放大，一味夸奖"好孩子"已有的天赋（聪明、漂亮），而忽视对孩子全面的教育和引导。也有家长在评价"不听话的孩子"时总是抱怨和指责。因此，学校有责任和义务指导和帮助家长正确、理智、现实地看待自己的孩子，评价自己的孩子，掌握科学评价孩子的方法，使家庭教育与学校教育步调一致，寻求最佳的教育效果。

4. 开好学校家长会

家长会是学校联系学生家庭最重要的方式之一。在现代教育理念下，家长会应成为教师与家长平等交流的场所。教师应与家长有效互动，向家长提出家庭教育建议，为达成共同的教育目标与家长一道策划协商，和家长一起从多个角度形成对学生的正确评价，进而努力发挥评价对学生的激励作用，促进孩子持续进步。

【主要方法】

1. 以多种形式推动家校互动

家校互动是世界各国教育改革的共同趋势。学校基于现代教育思想，需要更讲究民主与参与以及公共服务的意识。从发达国家及我国港台地区中小学家校互动的成功经验来看，可以采用以下一些方法。

（1）成立独立的组织推动有效的家校教育合作。世界各国在中小学家校互动的探索与实践方面，有一个共同的推进形式，那就是"家校互动实践都有家校互动组织的推动"。这种自上而下的，相对独立的"专门组织机构"是中小学家校互动得以良好推进的基本保证。例如，美国、日本都有国家——地方——学校三级"家长教师协会"；新加坡有"社区与家长辅助学校咨询理事会"；在香港，鼓励学校成立家长教师协会（简称"家教会"），家教会的组织几乎覆盖所有的中小学。家教会一般由家长一人一票选出代表，连同学校委派的教师代表，组成理事会或者同类的决策执行机构。家教会活动虽然以联谊为主，但往往成为学校重大政策咨询的渠道，或是家长集体表达意见的平台。家教会是学校家长工作的基层单位。国内目前在家校合作方面的普遍采用的是"家长委员会"。

（2）利用现代信息技术，架构多渠道的服务通道。随着现代信息技术的发展与普及，家长们对学校提供的及时的信息服务特别欢迎。因此，很多学校充分利用信息技术，让家长与学校有及时的互动。例如一些学校建立自己的学校网站，进行学校新闻报道、开设班级博客、建立家校留言社区等。随着微信的盛行，许多学校微信公众平台应运而生，以快捷方便的形式架起家校沟通的平台，帮助家长关注教育前沿资讯，了解学校校园活动，深受广大家长的欢迎。

（3）邀请家长参与学校的活动。学校可以建立方便家长广泛参与教育的开放制度。学校应给予家长知情、参与、服务、管理、决策等权利，例如学校开放日、家长会、亲子活动、节庆活动、开学（毕业）典礼、课程资源开发与使用、教学评估、教师评价、学生评价等。可以设置"家长行政助理"，让家长辅助做非教学性的工作，如图书管理、膳食安排、校车秩序、大型活动组织、学校筹募活动等等；还可以聘请"家长义工"，让家长参与课堂外的学生学习活动，如家长教授英语口语、指导社团活动、做"讲故事妈妈"；或者充分利用家长的专长，为教师或者其他家长提供协助。

2. 办好家长学校，提升家长的家庭教育素养

教育家苏霍姆林斯基认为，要使家庭具有高度的教育素养，必须通过开办"家长学校"来实现，没有家长学校，就不能设想会有完满的教育。在家长学校里，每一位家长都能了解一些教育学知识。他们通过由校长、教导主任和最有经验的教师讲课或进行谈话，把心理学和教育学的理论知识跟家庭教育的实际紧密联系起来，把理论知识跟自己孩子的实际生活联系起来。而现代学校可以为家长学校提供更多的资源与平台。学校可以借助在教育领域得天独厚的条件，组织大型讲座，邀请教育专家或者教育部门的人员讲解有关教育改革的方向和措施；或者邀请知名作家进校园，聊聊读书心得，传递正能量；还可开展一些后续的讨论活动，促进学校教育和家庭教育保持一致。

3. 指导家长对学生进行正确评价，形成教育合力

（1）教师利用学生评语与家长协同教育孩子。评语是用书面语教育学生，它更加庄重，有一种仪式感。教师写出让孩子动心的评语，使其成为激励、推动学生进步的工具，评语成为师生交流的窗口，也为家长评价孩子提供参考依据。教师写评语的目的是为了促进学生的发展。因此应该具有三个特性：第一，评价判断，它要叙述、评论学生是非、对错。第二，协商互动，它是师生之间的对话，同时也是教师在对家长说话。好的评语应该由单向传递变为多向交流，由过去只是教师撰写，学生、家长被动阅读，转变为双向、多向交流，即请家长也反馈对孩子的教育情况。好的评语还应该由表态性的固定判断变为动态性的教师与家长的商议对话。第三，教育成长，它是引导学生发现自己，教育自己，进而发展自己的一种很好的手段。教师和家长的评语给予学生肯定性的评价，能增加学生们的自信心、自尊心，促使他们走向成功。

（2）引导家长了解学生的特点，发掘学生潜能。学校要让家长懂得孩子的生理和心理特点。可以开展家校互动活动，如：学校利用家长开放日、家长会，让家长了解孩子在学校生活中的个性特点和行为倾向，使家长增加对自己孩子的认识。指导家长全面深刻地了解孩子，要求家长有目的、有计划地观察孩子，获得关于孩子身心发展的各种真实信息，并加以记录，为分析评价孩子提供重要的依据。学校指导家长做出观察，并为家长列出具体的评估细则，发放到家长手中，使家长观察有目标，评估有标准。学校还应该鼓励家长充分发掘孩子某一方面的内在潜能，让孩子脱颖而出，增强自信。

4. 认真开好学校家长会

（1）家长会前要做好充分准备。校长应该要求各年级、各班事先做好摸底工作，确立家长会主题。确立主题前应做一些调查研究，学校可以拟定相应问卷，内容大致可分为两个方面：一方面是对学生情况的调查。对学生的思想动态，日常表现以及各科成绩作全面了解，以便针对不同情况制定不同的对策，另一方面是对家长情况的调查，研究学生家庭特点。

（2）家长会前做好班主任和任课教师的培训工作。明确本次家长会的指导思想、主要任务和相关要求，要求班主任认真准备，任课教师积极参与，主动配合。班主任与任课教师应事先作好沟通，协同一致。教师应掌握学生在思想、学习、心理素质、体育锻炼等方面的进步情况和存在的问题，归纳梳理他们平时的表现，对每个学生做全面分析。

（3）向家长介绍学校情况。在召开家长会时，学校应向家长介绍学校近期发展情况和教育教学工作情况、师资状况、对学生常规管理的要求等，向家长宣传学校的办学理念、培养方法。另外还可以请家长就学校工作提出意见和建议，班主任将这些意见和建议记录下来汇报给校长，以助学校工作的改善。

（4）收集反馈信息，做好家长的回访。家长会结束后，校长应指导年级和班级做好家长的回访，对一些重点问题进行跟进。会后的回访或跟进，有助于教师和家长的沟通与协调，可以获得家长的更好配合。

【注意事项】

1. 用制度保障家委会的责权利

要使家委会的功能得以发挥，就应从制度层面保障各级家委会的责、权、利。比如，驻校制度，由家委会代表轮流驻校办公、督学一天；例会制度，家委会代表和校方定期研究商讨学校工作；对口联系制度，教学、后勤、德育等各专业组深入了解学校情况，配合做好各方面工作；义工制度，家长积极报名参加志愿者服务活动，开设兴趣讲座、组织护校队、开展文体活动等；督导评价制度，家委会发动家长对学校各项工作进行督导，家委会代表出席学校领导述职会；参与决策制度，凡收费、推优等关系到学生切身利益的决策必须经过家委会代表的同意才能实施。这样的家委会对学校来说是发展的助推器。

2．重视搭建家校心理沟通的平台

学校应该创造各种机会增强家校联系，努力搭建学校、家长、学生三方心理沟通的平台，拉近彼此之间的距离，促进学生健康发展。如，通过各种活动调动家长的积极性，让他们真诚地参与到学校的教育活动中来。有的学校让文字交流作为学生与家长、教师沟通的辅助手段。让学生写"给父母的一封信"等，增加学生与家长或教师的沟通交流，为家长和教师了解孩子的心理增加了一个渠道。

【案例】

<h3 style="text-align:center">调研基础上的家长会</h3>

临近期末，某小学将举行全校家长会。教导处根据学校的学期工作目标策划组织本次全校家长会，主题为"家校共育，你我同行"。安排如下：

步骤一：会前准备

1．作家长问卷调查。如，"您最想了解关于孩子教育方面的哪些问题"等。征求家长意见。

2．学生写"沟通联系卡"。把最想对父母说的话、最想对老师说的话、最想对自己说的话和最想对班级同学说的话写在"沟通联系卡"上。

3．举办专题班主任沙龙。各位班主任将各自梳理的问题进行交流与碰撞，校领导阐述学校的指导思想。

步骤二：召开家长会

1．播放本学期学校开展各项活动视频。

2．校长讲话。

3．分班开展特色家长会。

步骤三：家长留言，填写意见反馈表

【分析】

1．建立在调研基础上的家长会针对性强，家长认同感强。通过会前的家长问卷调查，采集到家长的需要，把学校希望家长认同和支持的内容与家长的需要巧妙地结合起来，可以针对家长的关注热点安排会议内容，提高针对性，让内容对上家长们的"胃口"，更容易获得家长的理解支持。

2．会前的班主任沙龙有利于提高教师的认识，统一教师的思想。经过会前的讨论以及校长的指导，班主任主持家长会时可以更好地贯彻学校的理念和方针，更加有的放矢地与家长交流。有些班级的音、体、美等学科的老师也和家长们一起交流互动，也有班级请家长代表与全体家长分享自己的教育经验。这样，家长会的形式活跃了起来，家长们在家长会上获得的信息量也大大增加了。

3．家长留言是学校收集家长意见的一种好形式。学校希望知道学生家长对学校工作的评价和意见以及建议。利用学生家长普遍到会的机会收集家长的想法，为家长向学校表达心声提供了便利，也使家长在一定程度上融入了学校的教育管理活动中，能够有效促进学生家配合学校的教育。

【案例】

家长是不在编的教师

某小学家委会团队拥有校级家委会成员 16 名，年级家委会成员 33 名，班级家委会成员 157 名，以及多达百位的家长志愿者团队。这些家长活跃在学校各领域，他们建立"伙食监督团"，定期或不定期地抽查食堂设施、食堂卫生、每周菜谱等，若出现投诉的情况要严格查办；设立"师德检查组"，以问卷形式调查教师的师德表现；他们还策划教育活动，自发募捐为每个孩子购买新年礼物；加入学校拓展课程开发，通过家长授课制度发挥个人专长为孩子讲课，开设十字绣、小记者、花灯制作、点心制作、象棋、航模制作等课程……如今，师生见到推门而入的听课家长、校园巡视中的督导家长已习以为常。

为了提高家长的家庭教育素养，学校举办新生家长专题活动，传授教育学、心理学知识。新生入学一个月后，组织家长来校观摩新生行为规范展示，了解在家庭中培育孩子良好习惯的重要性。其后的学习过程中，还会邀请家教专家、名师举办讲座，建立家校沟通的桥梁。组织了多次《父母课程》读书活动，展示家长们的读书心得，通过阅读提升家长的教育素养。

【分析】

1. 建立良好的家校互动机制与渠道十分重要。上述案例中，学校建立了良好的家校互动机制，使家长们主动、真正地"进入学校、了解学校、评价学校、监督学校、参与教育"，使家长把学校教育"培养人"的事业也作为家长们的事业，较好地整合了家校资源。

2. 通过参与学校教育提升家长的教育理念。家长在参与学校教育活动，监督学校教育行为的过程中，自身也在接受教育。他们的眼界在扩展，认识在提升，家庭教育素养也得到不断提高。

第十五章
教学校长的管理艺术

　　教导处是在校长领导下的管理学校教育教学的职能机构，教导主任必须认真贯彻执行国家的方针、政策、法规，遵循教育教学规律开展工作；教研组长是学校教学工作的骨干，在教导处领导下，管教管研，发挥学科组的核心作用；教师是学校实施教育教学工作的一线执行者，是学校最重要的教育力量；而教学校长处在教学管理各层级顶部，是学校教育教学工作的直接领导者和责任人，是一把手校长和各职能部门联系的桥梁和纽带，具有承上启下的作用。教学校长管理水平怎样、领导作用发挥得如何，直接影响学校的教学质量和办学效益。

　　教学校长在管理工作中要处理好"横纵"关系。所谓"横"主要指与领导班子其他成员的关系，和他们及时沟通交流，争取他们的理解、支持和认同。教学校长要清楚自己是一把手校长的助手，而不是舵手，工作既要到位，又要防止越位；所谓"纵"主要指与一把手校长、书记、学校中层、教研组长以及教师等的关系，上对一把手校长负责，下对中层、教师明确责任和分工，让其放手做事，使大家各司其职，默契配合，共同创造宽松、和谐的工作氛围。本章就教学校长如何艺术地管理教导处、教研组和教师，以案例呈现的方式进行分析讨论。

第一节　教学校长管理教导处的艺术

　　学校的中心工作是教育教学，而教导处是落实学校教育教学工作最重要的职能部门。管理好教导处是提高学校教学质量的保障。

　　一、选拔任用——慧眼识人，适才适所
【案例】

教导主任谁来当

学校领导班子聚在办公室里激烈地争论着。原来老教导主任临近退休，需要推选出新的人员接替。会前，刘校长让领导班子成员各自对教师群体进行观察和梳理，会上，大家讨论的焦点集中在徐老师和李老师两个人身上。大家认为，徐老师教学水平高，深受学生和家长的喜爱，但是徐老师太过清高，不善于处理人际关系，不适合做管理工作；而李老师业务水平一般，但是他人缘好，有很强的交际能力，和上下都谈得来。针对不同意见，刘校长请分管教学的王校长谈谈看法。王校长给大家讲了一个故事。在美国南北战争期间，林肯总统决定任命格兰特为北部联军总司令。在作出任命前，许多人警告林肯，说格兰特好喝酒，可能会贻误战机。林肯总统却说："如果我知道他喜欢什么牌子的酒，我一定给他送去两大桶。"林肯并不是不知道喝酒误事，但他是在多次吸取教训之后才作出这个决定的。在此之前，林肯总统任命了几个各方面都很好的人做北部联军总司令，结果他们都被南部李将军手下那些只有一技之长的人打得落花流水。林肯总统力排众议，任命格兰特为北部联军总司令。事实证明，这一任命成为美国南北战争的转折点。最后王校长力荐徐老师担任教导主任，理由是徐老师是前几年分配来的重点大学毕业生，思想比较活跃，学识水平较高，讲课很受学生欢迎，他所担任的数学课成绩尤为突出。另外，徐老师多次上公开课，在教学中大胆改革创新，他的教学论文在省级以上刊物上发表过，并受到有关领导的肯定。像他这样的高材生因为没有门路而被分配到普通小学有点牢骚可以理解。徐老师在日常生活和工作中自视清高，与同事的关系处理得不太理想，但是徐老师还很年轻，只要稍加引导，相信可以改变。而李老师的能力和学识水平一般，不能胜任教导处工作。听完王校长的发言，大家都开始重新思考这个问题。最后大家统一了认识，同意任命徐老师为教导处主任。

【分析】

如何知人用人是很重要的领导艺术。案例中，王校长力荐年轻但不善于处理人际关系的徐老师担任教导主任，而没有任用待人随和的李老师，这是知人善任、适才适所的选择。

首先，校长在酝酿人选前应对教导主任岗位职务进行分析。该案例中王校长在酝酿人选前显然对学校的教师状况进行了较为深入的观察和梳理，同时对教导处的工作岗位进行了职务分析，明确教导主任候选人必备的知识、能力和素质。王校长认为教导主任自身教学业务应当比较优秀，在专业上有一定地位，这有利于他作为一个"懂行"的人去抓教学，有利于他得到广大教师的认可与服从。其次，选人时要有包容的心态，用人之长，避人之短。该案例中王校长讲了一个故事，借此分析了徐老师的优点和不足，说明任何人都不可能是完美的。要用人所长，善于发挥人的特长和优势，扬长避短，而不强其所难；善对所短，敢于起用有缺点的人，能容其所短，扬其长而克其短。第三，选人时还要用发展的眼光。案例中提出任何人都会改变，尤其是徐老师比较年轻，可塑性较大，他在处理人际关系方面的不足应该能够不断改善。

由此可见，该案例中王校长在选人时心里已有一套教育人、培养人的计划、办法和措施，做到了心中有数，因而可以做出正确决策。

二、行使权力——艺术授权，适时分享

【案例】

1. 李校长的"无为而治"

李校长是一所重点小学的教学校长、省特级教师、市教育学会的理事长，又是区政协委员。他经常参加校外教学研究活动，不是每天都在学校，但学校教学工作井然有序。在校时，他经常到办公室同教师谈这谈那，也不拘形式地与学生接触，问这问那。在交流中，教师、

学生向他提出了许多具体要求。例如，科学教研组长提出，实验器材不足，要求学校解决；一个班主任反映，学生课外作业负担过重，希望学校采取一些措施予以解决。对于这些要求，李校长一般都会说："我知道了。这个问题教导处在管，你去问他们，让他们决定。""我同教导处谈谈，让他们处理。""我跟教导主任说一下，让他们解决。"

一次教师会上，李校长念了一张写给他的条子："你是校长，为什么遇到问题不表态？是权不在手，还是处理不了？"念完条子，李校长首先感谢了写条子的老师对他的关心，然后明确表示："我是有职有权的，学校里教学方面重大事情的决定，都是由我主持做出的。这就是权嘛！至于执行过程中的具体问题和细节的处理，领导成员有明确分工。因此，我不能随意表态……"随后李校长又通过各种方式对教职工谈了他的看法："教学工作由教学校长负责，不等于按校长个人的意志办事。特别对那些有人分管的事，校长出面表态处理，不但不能调动每个人的积极主动性，发挥其才干，而且会养成一些同志的依赖性。校长应该管他所应管的，而不管他所不应管的。样样抓在自己手中，看似权力大，实质上是放掉了大权。不把权授给分管的领导，自己成为光杆司令，那才会真正的失权。"

2. 李校长的"全面负责"

李校长今年三十五岁，当过班主任、年级组长，还做过三年的教导主任。半年前被任命为教学副校长。

李校长平时对自己要求严格，能够以身作则。他有强烈的事业心和积极向上的进取精神，一心一意想把教学搞好。他精力充沛，能力强，做一线教师时，是地区有名的品牌教师，在教育教学上有自己的一套。上任以来，他保持了自己一贯的工作作风，兢兢业业，雷厉风行，真抓实干，希望经过自己的努力，使学校质量在短时间内有较大的变化。

一次，李校长检查教师备课笔记时，发现有些教师写得比较简略，反映不出课堂教学的安排和各教学环节的有机联系。他马上找到有关教师，指出问题和改进建议，并召开教学工作会议，明确提出备课的统一要求。教师们没有说什么，因为李校长虽然年轻，但已是高级教师，市级先进，教学内行，可这却让教导主任很尴尬，因为教导主任曾讲过，不同教师的备课笔记可以有不同的要求：青年教师尽可能写得详细一些，老教师可以写得简略一些。他要求教师把主要精力放在钻研教材教法、努力提高课堂教学质量上。因此，有的教师备课笔记写得比较简略。

期中考试前，几位教师反映，教研活动太多，牵扯了师生很多精力，影响了教学。李校长认为有道理，就让教导处把一些活动推迟到期中考试以后。教导主任委屈地说："工作计划是开学时制订的，再说教研也不影响教学。"李校长便说："计划也可以调整嘛，就这样决定了，先把教研活动往后推，等期中考试以后再说。"教导主任只好按校长的意思办。

一学期下来，教导主任工作主动性明显下降，该自己做主的事也不再做主了，什么问题都来请示李校长。教职工们看到教导处都不管事，有什么问题就直接找到李校长反映解决。结果弄得李校长手忙脚乱，焦头烂额。李校长也感到什么地方出了问题，陷入了沉思……

【分析】

案例1中李校长的管理理念是值得赞同的。即使他没有在外兼职，也应采取分权的管理方式。校长不能事事亲为，否则就会越权，教职员工将会面临尴尬的多头领导。校长下放权力，但并不表示在下放责任。有些事情校长不亲自实施，但会要求相关部门去落实去反馈。

同时，校长还应该及时与教师以及管理团队进行必要的沟通，让大家理解校长的职责所在，理解校长的工作方式。在案例 1 中，李校长经常到教师中间了解情况，遇到不是自己具体负责的事情时，便建议教师们向相关负责人反映解决，最初就给教师们造成了校长无权、不负责任的印象，幸而李校长及时进行了解释、沟通，获得了教师们的理解和支持。

案例 2 中的李校长对自己要求严格，能够以身作则；有强烈的事业心和积极向上的进取精神，一心一意想把学校搞好；精力充沛，能力强；兢兢业业，雷厉风行，真抓实干。这位李校长懂教育，敬业，但其管理能力和方法却存在问题，造成管理失控。

上述两则案例正好从正反两个方面说明了教学校长应如何行使权力，归纳起来有以下三条建议。

1. 教学校长应明确自己的决策权限。在日常教学管理过程中，校长常常会遇到很多问题，并不是所有问题都要由校长决策处理。对本不该自己负责的问题作决策，超越自己的权限作决策，会破坏组织的运行秩序，影响甚至伤害他人的情绪。另一方面，对本该自己负责的问题，不去行使权力进行决策或者采取推托的战术，是放弃责任，同样会给组织带来危害。作为学校教学的最高管理者，遇到问题不能坐视不理，但一定要清楚自己在各种决策中的地位。该自己决策的一定要拿主意，不该自己决策的，可以提建议，不要随便替别人拍板。

2. 教学校长应掌握一定的授权艺术。首先，应视能授权，且授权有度。按照下级的能力适度合理地授权，防止出现超出下属能力范围的过度授权，避免委授权力的不科学，给组织带来负面影响。其次，要防止授权不足或空白授权，应当坚持"疑人不用，用人不疑"的原则，对具备能力的下属予以充分信任。权力一旦授出，就要充分信任下属，大胆放手让他们独立完成任务，并为其创造良好的条件。再次，要权责明确，权责同授。一要防止教导主任因没有必要的权力而无法开展工作，二要对教导主任实行相应的责任约束。第四，要适度监控，可控授权。校长应当经常向教导处提供相关情报，陈述决策内容，明确授权含义，而教导处则应当经常向校长报告工作计划和具体工作进程，听取校长的指导意见。

3. 教学校长应注意授权的过程管理。当学校教学工作取得好的成绩时，教学校长要与教导主任分享成功；当学校教学工作需要重大决策时，应提前告知教导主任并听取他的意见；当教导主任在工作中发生偏差时，校长应及时纠正并予以指导。当然，对教导主任的有效授权控制还应包括权力的回收问题，即当教导主任工作严重失误时，校长应立即收回权力或完全接手过来。另外，有效的授权控制离不开正常的绩效考核制度、预算审计制度等规制的建立和运行。

总之，在学校教学管理中，我们应注重提高领导艺术，特别是授权艺术。一方面，教导处完成任务需要相应的权力，另一方面教导处的授权必须具备有效的约束机制，权力下放，责任不下放。授权要把握好合理的度，既不过分谨慎，甚至出现授权空白；也不宜授权过度，出现下级权力过大，甚至滥用权力的现象。

三、管理教学——人性管人、制度管事

【案例】

两所小学的教学工作会议

A 学校决定在下午四点召开教研组长、教导主任会议。开会前一分钟，还有两个座位空着。该校张校长说："现在开会了，这是会议议程。教育局将在本市选择一些学校，进行学校教学绩效考核改革的试点，我建议我们学校争取这个试点的机会。我相信大家都已看过教育局的文件以及我为学校拟订的教学绩效考核的试点方案。"这时门开了，迟到者小心翼翼地进来，关上门，坐到空位上。校长看了他一眼，继续说："对于我所拟订的考核试点方案，以及对你们教研组和教导处的要求，大家有什么想法和建议？"会议如此继续下去。

B 学校决定在下午四点召开教研组长、教导主任会议。开会前五分钟，该校王校长已在会议室与参会的同志交谈。四点零三分，校长看了一下室内说："我们再等宋老师一会儿，我知道他对这个议题很有兴趣。"四点零八分，王校长建议会议开始，让大家随便坐。王校长说："通过今天的会议，我想了解各位对教育局关于学校教学绩效考核试点方案的看法。我们学校是否要争取试点？大家有什么意见？"大多数与会者都发表了意见，大家都同意学校试点，并提了试点改革的建议。王校长正要说话，宋老师进来说："抱歉，迟到了，我与家长谈话，多用了一些时间。""没关系，倒杯茶坐下来，我告诉你刚才谈了些什么。"王校长说道。宋老师坐好了，会议开始讨论校长提出的问题——"我们如何拟订教学绩效考核方案？"

【分析】

组织召开教学会议是教学校长最基本的工作之一。上述两则案例反映了两位校长不同的管理方式和管理风格。

在管理方式上，A 校张校长倾向于专断型、独裁型的领导方式，B 校王校长倾向于民主型的领导方式。首先，与下属的关系不同。A 校张校长以"我"为中心，习惯于行使职权控制他人，不注意教师士气和情感，不关注与教师建立良好的人际关系以营造良好的组织氛围。B 校王校长更重视与教师的关系，平等对待教师，是以人为中心的人际关系型领导，重视每一位教职工的建议，主动引导教师更多地参与决策，激发下属的积极性。另外，对迟到者的态度以及会前的行为也不同。A 校张校长会前没有与教师进行交流，会议准时开始并直接进入主题，对迟到者采取冷处理。B 校王校长在会议前与各位参会教师交谈，并稍微推迟会议时间等待迟到者，对迟到者采取关心与宽容的态度，并使他马上融入会议的讨论中。

其次，在管理的风格上不同。A 校张校长倾向于命令型风格，而 B 校王校长倾向于行为型风格。命令型风格的领导者思考问题偏理性，他们讲究效率和逻辑性，决策制定简洁快速。行为型风格的领导者同其他人相处得很好，他们愿意接受来自下属的建议，通过会议的方式进行沟通。A 校张校长虽然也采取会议决策的方式，但会议之前，决策已经由校长做出，下级无权参与，仅仅是讨论校长拟订的试点方案。而 B 校王校长则组织下属讨论，集体决定是否要争取试点，并提出建议，共同讨论制订教学绩效考核试点方案。

再次，在管理艺术上，两校校长也有很大不同。B 校王校长更具艺术性。具体表现在：开会的主持者不首先发表自己的见解。主持者率先发表自己的见解很容易为讨论定出基调，形成框框，使整个讨论会受到影响，限制与会者思维的发挥。而 A 校张校长在讨论会开始就提出了自己的见解，并要求大家根据自己拟订的方案进行讨论，实际上已经做出了决定。这样进行讨论很可能会出现两种情况，教职工产生严重不满情绪或发出一片赞同声，与会者不

发表任何意见，使得会议不能取得理想的效果。而 B 校王校长很重视下属的意见，有效把握会议的议题和进度，善于引导与会者围绕主题充分发表意见，讨论的过程既是发扬民主的过程，又是统一思想的过程，有利于集思广益，形成一致性意见。这也是王校长讲究和发挥领导艺术的结果。当然 B 校王校长对待开会迟到同志的态度也会有副作用，可能让参会人员觉得不准时到会没关系，造成会议纪律拖沓现象。反之，A 校张校长的工作方式之下，可能会议纪律更好些，这对提高工作效率会有一定好处。

总之，从两所学校校长组织讨论会的不同方式，不难发现根源在于校长管理理念的不同，教学管理是以己为中心，让教师都围着自己转还是以教师为中心，实行人性化管理，尊重、服务和发展教师，并在此基础上健全管理制度，实行制度化管事，其结果是不同的。只有管人管事相互协调，相互促进，方能取得好的效果。

第二节　教学校长管理教研组的艺术

教研组是教师专业能力增进的重要舞台，还是教师形成专业归属感与学科崇拜的发源地。学校的教学工作优劣很大一部分取决于教研组的工作情况，教学校长对教研组的管理与建设就更显得重要。

一、善于奖惩——提高教研组长的工作积极性

【案例】

对语文组组长的惩罚

某校语文教师刘老师，三十五岁，教学能力非常强，校长非常欣赏她，提拔她为学校语文组组长。在新一轮的课程改革中，刘老师所带的班级为市实验样本班。由于自己是学校语文组组长，再加上所带班是样本班，所以刘老师工作非常努力，教学成绩非常突出。但在一次期中抽测中，她所带的班级没有取得理想成绩，这使她非常着急。于是，她私下把本班的语文成绩作了修改。在作试卷分析时，同组的老师把刘老师私自修改考试成绩的事告发了。校长私下里和刘老师交换了意见，也表示了对刘老师的理解。针对此事，学校做出决定，在学期末扣发刘老师的一部分奖金作为惩罚，但没有对她进行公开批评。

在新学期，刘老师小心翼翼，对待教学更加一丝不苟。然而由于她的心情过于急切，以致在处理本班学生问题时，与家长发生了争执。这件事在学校闹得沸沸扬扬，刘老师的心情沮丧到了极点。学期考评时，刘老师为了让自己班级的成绩位列年级第一，再次私自修改了个别学生的分数……学校仍没有公开批评，只是在期末给刘老师降了一级岗位工资。经过这两次事情，刘老师作为语文组长的威信降到了最低，语文组的工作很难继续开展。

新的学年即将到来，学校领导班子的其他成员一直建议教学校长找刘老师好好谈谈。教学校长采纳了建议，决定找刘老师谈话。但开学工作繁忙，一直没有找刘老师谈话，只是在开学初的全体教职工大会上宣布聘请同组的王老师为学校语文组组长。会后一周，教学校长找到刘老师，并要求刘老师协助王老师把学校语文教研组工作做好。

【分析】

一个优秀的校长一定要懂得如何激发教职工的工作积极性，并且要善于使用各种方法调

动他们工作的主动性和创造性。

1. 在讨论本案例之前，我们首先要了解什么是动机和需要。动机是个体希望通过努力而实现组织目标的愿望，其前提条件是这种努力能够满足个体的某些需要。需要是指一种内部状态，它使人感到某种结果具有吸引力。当需要未被满足时就会产生紧张感，进而激发个体的内驱力。这种内驱力会导致个体寻求特定目标的行为。需要是激发人们积极性的原动力，但当它没有目标指向时，也只是潜在的动力。只有当需要转化为动机时，即成为直接引起、推动和维持人的活动以实现一定目标的动因时，才是现实的动力。案例中，我们要讨论的核心问题之一是校长对刘老师的经济惩罚为什么没能改变她的错误行为。可以依据动机理论解释分析。美国心理学家赫茨伯格提出了激励——保健理论，指出内部因素与工作满意和动机有关，外部因素与工作不满意有关。赫茨伯格将导致对工作不满意的外部因素称为保健因素。保健因素的改善可以预防或消除职工的不满，但不能直接起到激励作用。要想真正激励员工努力工作，必须注重内部因素，只有这些内部因素才会增加员工的工作满意感。

教育管理心理学也认为，教师的个体动机可以分为两种类型。一类是直接工作动机，这类动机与工作对象的意义、性质、内容、过程和成果有关。人们在参与工作的过程中获得某种满意的感受，从而满足相关需要并产生工作积极性。这类动机除了对工作贡献、责任、义务的理解外，主要还是把工作当作表现智力和满足兴趣、爱好的机会。另一类是间接工作动机，它指向工作以外的需要。这类动机包含获得物质和精神奖励，如工资、奖金、表扬、荣誉称号、职务和职称的晋升等。一些管理学家认为，这两类不同的动机在调动人们积极性上的作用是不同的。指向工作意义、内容的直接工作动机能激发人们工作的主动性和创造性，但还要看它的强度如何。要判断间接工作动机能否激发人们的积极性，就要看个体对它们的需要程度以及它们在一个什么样的管理结构中发挥作用。

2. 案例中被提拔为学校语文组组长的刘老师在工作方面受到了较大的激励。这种激励使刘老师处于一种紧张状态。为了缓解紧张，她必须努力工作，取得成绩。但是，这种努力并没有使她获得期望的工作成绩。目标未实现，需要没有得到满足，导致了心理挫折的产生。面对这种挫折，她采取了错误手段——修改学生的成绩，使她所带班级的语文成绩名列第一。可以看出，刘老师的需要和激励来自工作本身是否能够带给她满足感和成就感，激发其行为动机的是内在激励因素。

校长虽然以扣发奖金对其进行处罚，但是处罚并没有发挥作用，刘老师还是继续她的错误行为。这是因为，奖金和工资对刘老师而言是一种保健因素，真正对其动机起推动作用的是激励因素，即工作本身的成就。校长没有分析刘老师的真正需要以及由此而产生的动机行为，只是采用惩罚性的经济手段试图刺激刘老师的行为动机，因此没有收到预期的效果。经济手段并不能解决工作中的一切问题，学校领导运用这种方法时要与其他方法配合起来，并且要分析教师个体的需要和动机，以便采用正确的方法解决问题并调动教师的积极性。

3. 该案例的另一核心问题，是校长应该如何处理刘老师。惩罚也是一种激励，要使激励方法取得成功，就必须掌握人们的行为规律，进而影响和指导人们的行为，让人们做你想要做的。这就是管理的艺术。

案例中的刘老师之所以采取极端措施，从根本上看是由其动机决定的。刘老师具有强烈的成就需要，但是在实际工作中却一再遭遇冲突和挫折。面对挫折和冲突，心理素质不同的教职工会作出不同反应。有人可能面对现实，积极想办法去解决；有人则可能会产生摆脱挫折困扰的心理防卫，以消除和减轻焦虑状态。这些心理防卫机制有：合理化、改变目标、暂时转移注意中心、压抑、投射、文饰、逃避和自居。刘老师采取了消极措施面对工作所带来的挫折压力，此时，学校领导者应该积极帮助教职工消除遭受挫折后的不良表现。

校长可以从以下几个方面着手：第一，要正确认识和理解教师的挫折及表现。教师遭受挫折后的不良表现与正常状态下的表现有很大不同，遭受挫折后教师的表现往往带有情绪性，甚至会采取一些消极措施。这时领导需要对其进行帮助和引导，而不能疏远或打击，要豁达大度，满腔热情地给予帮助，创造解决问题的气氛。第二，创造条件让受挫者将情绪释放出来。校长可以通过私下交谈的方式让教师诉说自己的不满。第三，针对受挫原因，想办法改善受挫者的处境，尽可能消除那些引起挫折和冲突的因素。

在该案例中，校长最终免去了刘老师的职务。这不但没有解决问题，反而会使刘老师遭受到更加强烈的挫折感，对工作十分不利。因此，在学校管理中，校长要掌握教师行为的规律，进而影响和指导教师的行为。要从人的动机理论出发，运用正确的工作方法，采取有针对性的管理措施，注意与科学管理方法的配合，把说服教育与行政措施、精神激励与物质激励结合起来，处理好教职工的挫折，调动教师的积极性，从而提高学校工作的效率和质量。

二、收放结合——适度的参与和引领

【案例】

教学校长全面插手教研组活动合适吗？

某校分管教学张校长刚刚上任，经过一段时间对学校情况的考察和摸索，他决定从教研组建设着手开展学校工作。张校长认为，一个不懂教学的校长是不可能树立威信的，自己过去在学校工作多年，熟悉教育教学工作，也有较多的教学管理经验，所以他很希望在教学管理方面显示自己的管理能力。开学伊始，张校长要求各教研组制定详细的教研组活动计划。为显示对教研组活动的重视，每次教研组活动，张校长都要全程参与，如果遇到自己的时间有冲突，张校长也要教研组长把教研活动灵活调整一下，以保证自己能够参与。在教研活动中，张校长总是详细评论指导，活动结束后，张校长又会把教研组长单独留下，指出教研组活动中存在的问题，后期如何改进等等。

一段时间之后，张校长本以为教研组活动应该会很快有效开展起来，但却发现，每次活动前，教研组长总是来请教活动应该怎么办。活动中，老师们参与的积极性不高，即使人到了，也只是做个听客。到底哪里出现了问题呢？

【分析】

教研组活动有校长的参与，教师们会更加重视，校长的正确参与和引领可以起到助推作用，能够帮助教研组厘清教研活动的方向，增强工作的动力。因此，教学校长可以不定期地在集体教研活动时间下到教研组巡视；可以有计划地参与某个学科的整个教研过程；可以经常性地深入课堂听课，根据实际对不同的教研组提出不同的要求……充分发挥校长的引领和指导作用，进一步促进教师重视教研工作，促进教研活动切实开展。

但是教学校长必须把握好一个度。在该案例中，张校长客观分析了自己在教学管理方面的优势，采取抓教研组，以教研组活动为突破口推动全局工作的思路是可取的。但是，张校长在工作中只重视树立自己的个人威信，认为自己在教学方面有比较丰富的经验，就时时处处对教研组活动指手画脚，评论指导，他的工作方式打击了教研组长和教师的工作积极性，反而阻碍了教研活动的正常开展。因此，教学校长在教学管理中应统筹全局，学会授权，把教研组工作的权力授予主任、组长，自己适度参加，起到督促与引领的作用即可。这样既能调动教导主任、教研组长的积极性，又能集思广益，以便自己作出更合理的决策。

三、开展活动——促进教研组建设和发展

【案例】

一位教师的心得

三月份，学校开展了集体备课、听课、公开课等一系列活动，这些教研活动的开展给我的教学带来了很大的启示和帮助。

集体备课时，我们几位老师在一起讨论一节课的重难点、有争议的知识点，最后达成共识。通过集体备课，我更能透彻理解教材，准确把握重难点，上课效果好多了。听、评课是一个重要的交流、对比过程。听别人的课，我可以对比同一个问题别人是怎样讲的，而自己又是怎样讲的，别人的优点可以借鉴和学习，别人出现的问题可以引起自己的注意，避免自己犯同样的错误。开展评课，我既可以对别人的课发表看法，提出建议，又可以让其他老师给我评课。这样能够让我发现自己教学的缺点，并在今后的教学中多加努力、提高。

上公开课对教学水平的提高帮助特别大。记得我刚上班的第二年，当时教研组的老教师比较多，大多是多年带毕业班的老师。每次听我这个初出茅庐的新老师上课，他们都是一副居高临下的派头，毫不客气地指出我的问题，而且提出的问题非常尖锐。当时我心里很不好受，以至于惧怕学校搞教研。但正是那一年的上公开课经历对我的教学启迪很大，到了第三年，许多老师都说我的课有了质的飞跃。

【分析】

教研组开展积极有效的活动对于教研组的建设与发展，对教师的专业成长，对学校教学工作的推进都有重要意义。

1. 教研活动有助于解决教育教学实践中的问题和难题，改进工作。如这位教师所说，在教研活动中，对比自己与别人的优缺点，对自己的教学有较大促进。这样的教研组活动，能为同伴之间提供丰富的交流机会，经过一段时间，整个教研组的教学能力都会有明显提高。

2. 教研活动有利于促进教师业务水平的提高。教研活动是提高教师业务水平的重要途径。教研活动大体可分为五个阶段：发现问题、提出解决方案、实施解决方案、获得结论、将结论运用到实践活动中。教师平时应注意观察，发现教学中的问题，提出解决方案，这是理论在教育实践中的综合运用，是理论联系实践的过程。教师在分析研究、提出解决方案的过程中加深了对理论的理解，提高了运用理论的能力。方案在实施中还会遇到各种问题，需要灵活处理和解决，这既积累教师的工作经验，也提高他们的业务能力，教师的理论水平也得到提高。研究促进了思考，在思考中教师自身的教育观念与态度都会发生变化，他们更会正确地对待学生，更会用科学的方法开展教育和教学。

3. 教研活动可以激发教师的敬业精神。虽然开展教研活动有时是辛苦的，但也很有趣味。教研总是围绕一定的问题展开，问题常常会激发人们的兴趣，促使人们不断寻求解决办法。虽然刚开始，在教研组活动中因为上课不好，教师心理压力很大。但一段时间过去，当问题解决后，自己感受到极大的乐趣。这种乐趣会变成新的动力，促使教师进一步去研究。另外，由于教研活动目的性很强，为了实现目标，教师会更加积极地投入，甚至会达到忘我的地步。有了目标，人就有了努力方向，这将推动教师更认真地投身于教育教学工作。

第三节 教学校长管理教师的艺术

一、人性管理——了解教师的心声

【案例】

推门听课的思考

一天课前，我告诉一位已有五年教龄的吴老师要听她的课。她却红着脸说："陈校长，不好意思，这节课我准备了单元测试。"我说："没关系，我下次再来听。"恰巧，我因为有事路过这位教师上课的教室，却意外地发现她的班不是单元测试，而是在上课。我有些惊呆了，这么年轻的老师竟敢欺骗校长，这是我始料未及的，也是我万万没想到的……

是当即进入教室，问个明白，还是快速走过离开，事后交流？我选择了第二种方法。回到办公室，我冷静下来。首先我换位思考，教师为什么不愿意？教师又是怎么想的？然后我心平气和地找来那位吴老师，问其原因。她说："我对推门课很反感，甚至很厌恶。由于没有心理准备而紧张，影响上课的水平，从而给校长留下不好的印象，这很冤枉。我希望把随堂听课改为预约课或者邀请课，把自己的真实水平发挥出来，充分展示自我。"教师这番话触动我，我先分析"推门课"的利与弊。利是这种突然袭击的听课方式，对教师平时教学习惯和基本教学素养以及随机应变能力的检查的确起到了很好的作用。弊呢，是不是对教师权益的侵害，是不是对师生不尊重，是不是管理观念落后？下一步如何让教师自然地接受"推门课"，我思索着。

第一，调整"推门课"的评价目标。与公开课不同，它更应注重教师对课堂基本要求的把握，使教师真实展现自己的日常教学，避免主观臆断。第二，针对不同的教师采取不同的对策。1. 对新老师取消"推门课"的制度，采取行政预约和教师相邀两种听课方法。2. 对不求上进的年轻教师继续采用"推门课"的方法，给其压力，促使提高业务能力。3. 对工作积极，业务能力出色的教师取消"推门课"，但他们每学期给其他教师上示范课一节。4. 鼓励同学科的教师互相听课评课，每学期不少于5节。

【分析】

一所现代化学校应该从行政管理走向学术管理，从现状维持走向体系构建。教育不能依赖突击检查这种手段来管理，不能将教师作为监视的对象，管理者更不能成为包工头似的监工。学校管理者应该引导教师将小事做大，把苦事做甜，将琐事做细，把善事做实，在平凡的工作岗位上去实现自我价值。有的学校把推门听课制度作为一条经验，有的校长则不以为然，原因有二：一是它违背了"以人为本"的管理思想，推门听课是以教师在课堂是不负责任的为假设，目的是随时监督教师的教学情况，无意间把教师放在了学校管理的对立面，否定了教师工作的积极主动性，是对教师工作的不信任和对教师人格的不尊重；二是推门听课制度不利于学生主体地位的体现和落实，教师不可能对这种制度无动于衷，教学中必然要防备着领导的突然闯入，无法集中所有精力教学，备课、上课过程中，教师多是从领导听课的角度来设计过程和方案，教学的对象和主体有可能被偏移，个别不负责任的教师就可能完全从自身利益考虑问题，把应付检查当成备课、上课的主体，把教学的主体——学生放在一边。

案例中的这位校长对待推门听课这件事的思考值得我们学习。第一，他能够认真分析听

"推门课"与听"公开课"之间的不同之处，梳理学校对"推门课"的考察要素，既肯定了听"推门课"的价值，又减轻了教师的心理压力，使教师能够接受这种听课形式。第二，他针对不同的教师采取不同的听课对策。对新老师更多帮助，对上进心不强的年轻教师更多督促，对业务能力出色的教师更多激励，满足了不同教师的专业发展需求，将听评课的工作效能发挥到最大化，同时又避免了学校与教师之间的管理矛盾，可谓一举多得。

教学校长在工作中要尽量把握管理的分寸，既做到因人而异，实施人性管理又能坚持原则，实施制度管理。

二、知人善任——发现教师的闪光点

【案例】

校长的用人艺术

某学校吴老师的教学业务水平高，工作能力强，在学校具有一定的影响力。学校交给他的工作都能按时保质完成，他不仅在学生中有威信，也深得家长信任。但他总是爱与领导抬杠，发表一些"高见"。学校工作确实难做，有时难免会出一些问题，他就抓住不放，那种傲气实在让人难以接受。

学校进行课改实验，成立课改实验领导小组，按惯例校长担任领导小组组长，副校长、教务主任依次排列为组员，但是小组也需要有一线教学的教师，于是教学校长便请到了吴老师。吴老师爽快地答应了，同时又提出："如果要我参加课改实验，学校要给我一定的权力，这样我才能调动其他人。"教学校长考虑后，同意了他的要求，任命他为课改实验领导小组副组长。果然，他不负众望，出色地带领老师们进行课改实验，并取得了一定的成效。

【分析】

校长要做到"知人善任"，才能调动教师们的参与积极性，搞好教学管理工作，在一个健康的学校组织中，教师被看成是联合解决问题和完成任务的合作者。因此，校长要充分了解每一位教师的能力水平、教学经历、性格特点、做事风格……，在了解的基础上才能做到合理分配任务，调动教师工作积极性。

吴老师有自己的一套工作方法，优秀的业绩也使他深得学生和家长的信任。同时，他在领导面前敢于表达自己的意见。对于这种率直的下属，校长应该以一颗包容的心来接受他，应该庆幸有这样的下属为自己出谋划策，能够听到不同的声音，获得更多的信息，使得自己的决策更加科学。对这样业务成熟的教师，校长可以适当授予其一定的权力。这样既有利于教师积极性的发挥，也有利于工作的开展。案例中，校长根据吴老师的特质，让其担任课改实验领导小组副组长，根据其要求给予一定的权力和任务，做到了因才派用，大胆放权。

应特别注意的一点是，校长给予吴老师职权后，在发挥其教学业务和工作能力方面长处的同时，也要帮助他弥补自己的不足，帮助他意识到自己的缺点，以利于更好地开展工作。

在学校管理中，知人不易，善任也难。校长应注重提高领导艺术，特别是用人艺术，要从以下三个方面来做到善任：（1）量才而用，即能力和职务要相称。（2）用人之所长，避人之所短。在发挥教师长处的过程中，帮助他逐步弥补自己的短处。（3）人尽其才，要有一套教育人培养人的计划、办法和得力措施。把职、权、责三位一体地交给被使用的人，使每个人都能充分发挥自己的聪明才智。

三、坚守标准——公平关心每一位教师

【案例】

林老师能否被评为优秀教师

林老师毕业后一直教英语。20多年来，她工作认真负责，关心热爱学生，常常带病上课，经常放弃休息日开展英语课外活动，师生关系极好。她学有所长，熟悉各年级的英语教材；她教学有方，凡是她教的学生，无论成绩好的或成绩差的，都会在原有基础上前进一大步。她承担过不少全市性或全区性的英语观摩教学课，在校内外有较大的影响。学生喜欢她，家长也赞扬她。可是，林老师和校内同事之间的关系却不甚理想。平时，她很少和教研组中其他教师交往，业务工作上也很少和他人磋商。她认为：教师必须对学生高度负责，出色完成工作任务；而教学的好坏就是靠自己的本事，主要是个人钻研。有人说她自命清高，孤芳自赏；有人认为她是骄傲自大，目中无人；也有人议论她孤僻冷漠。林老师认为这些议论是文人相轻的表现，自己无求于人，各人教各人的学生，对此"不屑一顾"。虽然淡漠的人际关系使得她心情不大舒畅，可也并没影响工作。

学校领导也认为，她在关心集体、与他人交流方面确有不足。领导找她个别谈过话，还让她担任备课组长。可是林老师与同事的关系改善甚微，特别是一些业务水平较高的教师也对她有看法。每逢评先进时，她总得不到提名。甚至有一次调整工资时，对她能否晋升二级也有非议。一年一度的评先进工作即将来临，校长和教导主任分别听取了其他教师对林老师的评价意见，归纳出三种处理方案：(1)林老师教学成绩优异，工作态度好，师生关系好，可以树为教师标兵。这样可以更好地调动林老师的积极性，对她提出更高的要求，同时鼓励她克服弱点。(2)林老师的工作固然是好的，但群众关系不好，这说明她思想水平不高。优秀教师是先进人物，应能带动群众前进，故不宜评为先进。(3)不评她为先进教师，但在工作上仍应重用她，信任她。这到底该如何选择？

【分析】

长期以来，我们对教师考查和评优往往只重测评分数、资历，忽视工作的实际效果，而前者又更多地看重教师的人际关系。因此，像林老师这样一位工作卓有成效的老教师，仅因不善于人际交往，就上不了"光荣榜"。显然，这样的评价、选优是很片面的。

1. 要改变观念，坚持分数测评与实际成效相结合，以实际业绩为主的评优标准。标准具有心理导向作用，制定什么标准，教职工就会向什么样的方向努力。如果像案例中那样，总是考虑与"某几位"人的关系，实际上就是在教职工的心目中树立一种轻"工作贡献"、重"关系"的标准。这势必会引导一部分教师一味地追求所谓"关系"。如此下去，既不会有教职工真正的团结，更不会有学校工作的绩效。

教师综合评估需要同时承担两种功能：一方面，它要能准确衡量教师的工作努力程度、专业水平、工作质量等等，给教师一个恰如其分的评价。另一方面，它必须具有一定的激励功能，能够有效地激发教师进一步发展的意愿，并为教师发展提供支持。这两个方面缺一不可，只有同时满足这两个方面的教师评估方案才是良好的、有效的方案。当前的教师评估体现了一种比较明显的人事管理取向——将考核结果与奖惩及职称晋升挂钩。因此，教师评估往往是学校组织的行政行为。对于教师而言，评估的标准、结果都是外部强加的。这样一种评估很难起到促进教师专业发展的作用。

2. 对先进人物"求全责备"是我国的一种社会心理倾向。林老师是一位职业成熟度较高的教师，在工作动机上，表现为把"对学生高度负责""出色完成教育任务"作为动力；在工作积极性上，表现为"一贯关心热爱学生，常常带病上课，开展课外活动"，尽管听到对自己的"非议"，评不上优秀教师，"心里不大舒畅"，但仍始终如一地搞好教学工作；表现在业务能力上，"学有专长""教学有方""师生关系极好"，学生"都会在原有基础上前进一大步"。从学校教育目标的实现来看，她的长处是难能可贵的，值得充分肯定。

评优活动对评上的教师来说，心理意义不仅在于得到精神荣誉，而且会带来一定的精神压力。压力会转化为积极的驱动力，促使一个人发扬优点，克服缺点。像林老师这样成熟度高的教师，一旦被评为先进，她会更严格要求自己，加上一些适当的管理措施，不足之处是可能逐渐地"补"起来的。对教师的缺点，尤其是那些由个性带来的缺点，学校集体应当有一个心理相容的气氛。案例中的林老师孤僻"自负"，一时克服不了，又不影响大局，学校就应当有宽阔的胸襟，对她热情关怀。如果动不动就提到"思想水平不高"上，很容易导致教职工间心理排斥，彼此厌恶，人际关系紧张。

像林老师这样的教师如果被评为先进，会不会引起教师之间的矛盾或冲突？管理心理学研究表明，冲突并不全是坏事。有破坏性的冲突，也有建设性的冲突。这样的冲突反映了正确标准和陈旧标准的斗争。它的正确解决，正好能够促进学校工作的改革和发展，促进教职工队伍的建设。这样的冲突属于建设性的冲突，担忧是不必要的，应旗帜鲜明地去引导它。

3. 人际交往能力也是教师应该具备的一项素质。林老师在这一点上的欠缺虽然没有影响到教学工作的进行，但是校长也可以从关怀的角度出发，对其进行适当的引导，帮助她提高综合素质。除了私下沟通交流，帮助林老师正确处理人际关系外，校长还可以组织举办一些活动。比如让林老师作一场报告，向其他老师介绍自己的教学经验。会上老师们的提问和林老师的回答也可以帮助其建立良好的人际关系。而且在评优活动中，校长应向持有异议的人讲明道理，鼓励大家向林老师学习教学方法和工作态度，在老师们之间营造和谐氛围。

第十六章
教学管理的改革创新

　　进入信息爆炸时代，伴随着全球各领域的迅速革新，新一轮的教育改革浪潮正以无法抗拒之势涌现到我们面前。大数据时代、云媒体平台的建设、可汗学院、慕课、翻转课堂，这一系列新兴科技、新兴模式的产生给教育管理者们带来的撞击不仅仅是"洗脑"时的泥沙俱下，更多的是"醒脑"后的深度思考。

　　新的教育时代，学生的学习方式将产生巨大转变，这样的转变必然引起教师学习与工作方式的改变。因此，学校教学管理也必然作出相应变革，教育管理的改革创新也势在必行，这样的"蝴蝶效应"不可避免。为了适应改革创新的新要求，教学管理者必须进行思想的洗练。课堂是可以翻转的，从关注知识能力转向智慧生命的提升；研修要适应改变，学习的决定权要从教师转移给学生；管理需要创新，不仅是管理者思想的更新，更重要的是组织行为、途径、方式的改革。所以，作为学校管理者的校长必须高瞻远瞩，创造性地改革教学管理。

第一节　教学管理的改革创新类型撷要

【教学管理改革创新的意义】

　　教学管理是学校教学秩序的保障，教学管理的改革创新，其根本目的在于进一步创造一个有序的教育教学活动环境。因此，教学管理改革创新的意义在于保障学生、教师以及学校的发展，具体体现在：一、教学管理是学生全面发展的保障，教学管理的改革创新能促进学生全面发展，实现学校教育的主题；二、教学管理是教师成长的保障，教学管理改革创新能够使教师增强规范意识和在规范中进步，提升教师教学的专业技术水平；三、教学管理是学校发展的保障，教学管理改革创新有助于提升教学质量，提高教师队伍素质，强化办学特色。

【教学管理改革创新类型撷要】

1. 教务管理：走向信息化

　　为了减少教务管理者的工作量和帮助学生迅速查课表和成绩，一些学校使用操作便利、适应现代化管理的教学管理系统。这个系统可分成基础数据管理、成绩管理、课程管理、查询统计几个子系统，子系统间相互独立、又有一定的联系、牵制和约束，其中基础数据管理和成绩管理是本系统的核心部分。整个系统的框架如图 16‑1 所示。

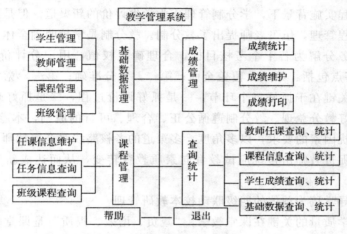

图 16‑1　系统功能结构图

2. 学生管理：搭建信息化学习平台

　　PMLJE 是一个为学生提供随时随地学习情境的平台。该平台不仅可以为学生提供自主学习、单词查询、交流协作和在线测试等服务，还可以为教师提供课程管理、在线评价、跟踪指导等功能，是对课堂教学的一种有效延伸，更有利于拓展当前的教学思路和方式，以便改善其教学水平。移动学习的支撑环境如图16‑2 所示：

图 16‑2　移动学习支撑环境

　　这种平台的优越性一是系统定位合理。本系统的定位是建立服务于学生和教师的移动学习系统，使得学生可以不受时空限制，灵活自主地学习，教师也可以延伸自己的课堂教学到日常生活中，对学生进行辅导。二是支持多种学习模式。系统设计时以学生为中心，对个别化学习模式、协作学习模式和讨论式学习模式等多种学习模式的学习提供支持，在真正意义上体现移动学习的灵活和适应性。三是提供真实情景的学习情境。四是实现在线学习和离线学习的统一。五是界面设计友好，简明。

3. 教师管理

（1）教分制管理

在新课程实施背景下，学分制管理成为学生评价的新渠道。但是如何加强教师的教学过程管理，伍飞老师提出了教分制。教分制是学校明确全体人员的工作任务，将任务分解为若干个考核目标，合理确定权值，用记分评价工作实绩。"教分制"特点包括：第一，覆盖全面；第二，量分准确；第三，竞争公平。教分制实施的关键在于抓好三个环节：一是抓好评价过程，二是抓好疏导化解矛盾，三是抓好教分兑现。教分制遵循公正、合理、可行的原则，本着科学量化、减少人为干扰因素的要求，以多角度、多渠道的考核路线对全校教师进行公正的评价，旨在促进教师由传统应试教育向素质教育转变，从而达成新课程的教学要求。

（2）以导学稿为载体的四级联动校本教研管理

提高教学质量的关键在课堂教学，"减负、增效、提质"是课堂教学改革的着眼点和落脚点，切实抓好以导学稿为中心的教学基本流程的实施是提高教学效率的核心。校长可以通过行政手段推行《教师〈导学稿〉使用制度》《学生〈导学稿〉使用要求》和《〈导学稿〉管理流程》。如何高效实施导学稿制度，有学者提出积极构建以"校长、教导处、教研室、年段——教研组（长）——备课组长——教师"的四级联动式校本教研管理机制。对每一级的职责进行明确分工，有效落实。校长领导教师全面实施课程改革，同时整合教导处、教研室、年段、教研组等教研力量，鼓励全体教师参与校本教研，形成以导学稿为载体的四级联动校本教研管理机制。除此之外，还要坚持校本教研管理"十原则"，即：1. 方向性原则。2. 规范性原则。3. 校本性原则。4. 创新性原则。5. 严肃性原则。6. 服务性原则。7. 激励性原则。8. 变通性原则。9. 绩效性原则。10. 侧重性原则。

（3）基于 ICT－CST 进行知识创新途径的教师能力管理

ICT-CST 是指信息和通讯技术教师能力标准。它共包含三个框架：技术扫盲途径教师能力标准框架、知识深化途径教师能力标准框架、知识创新途径教师能力管理框架。

知识创新途径教师能力标准框架是 UNESCO 颁布的 ICT-CST 中的第三个标准框架，该框架强调教师的教育技术能力，从政策、课程和评估、教学法、信息和通讯技术、组织和管理、教师专业发展六个维度提出了 ICT 时代教师能力标准，是 ICT-CST 对教师使用信息和通讯技术要求的最高标准。ICT-CST 框架结构如图 16 - 3 所示：

图 16 - 3　ICT-CST 框架结构图

4. 课堂管理：走向多元化策略

建构多元化管理创新策略，提高课堂管理质量。一是管理理念创新策略，秉承新课程理念，建构以人为本的课堂教学价值理念。二是管理目标创新策略。设置具体目标、设置发展性目标、纠正学生的错误目标。三是问题管理创新策略。分析问题的来源与性质，正确对待课堂问题；利用问题，因势利导；理解和相信学生能自行解决课堂教学问题；通过问题解决，促成学生的成功体验。四是环境共构创新策略。在课堂管理过程中，师生双方按照民主合作的原则，共同参与建构课堂支持性环境，其中包括自然环境、心理环境和文化环境。五是行为激励创新策略。赢得学生的尊重，关注学生需要，关怀激励，榜样激励。六是差异管理创新策略。从学生的角度理解学生差异，分层制定管理目标，采取以学科为基础的差异管理方式。七是生态管理创新策略。树立课堂生态理念，建立友好型同伴关系，保持师生与环境的持续发展。

5. 课程管理

（1）学校课程管理内容：走向多层立体

学校课程管理的内容可以根据不同的标准划分：以学校课程的构成进行划分：学校课程管理包括国家课程、地方课程、校本课程的课程管理；以学校课程管理的阶段划分：学校课程管理包括课程生成系统、课程实施系统、课程评价系统的管理；以学校课程管理的层次划分：学校课程管理包括学校层面、小组层面、教师个人层面的课程管理，这三种划分相互联系，相互交错，构成学校课程管理内容的三维结构。（具体如图 16 - 4 所示）

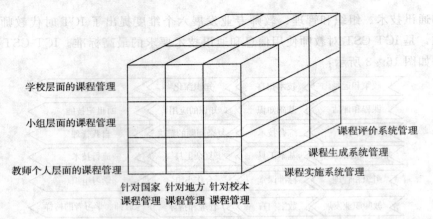

图 16 - 4 学校课程管理内容的三维结构图

从图16-4中可以看出，新的课程管理改变了我国中小学以往只注重课程实施系统管理而忽视课程生成系统和课程评价系统管理的倾向。教师通过全面参与课程管理，拓宽了其专业发展的空间和途径，客观上帮助他们将课程和教学联系起来考虑和解决问题，从而克服了教学管理中课程与教学的二元分立问题。

（2）学校课程管理结构：走向扁平化

我国基础教育课程改革倡导尊重教师的专业自主性和学生的学习自主性。课程管理结构的扁平化客观上要求组织成员自己做出决策，这为学校领导和教师的角色转换提供了组织上的准备。同时，实现学校课程管理结构扁平化也是克服现行学校教学管理行政化倾向的重要手段。首先，实现学校内部课程管理分权，将课程管理权力适当下放，由教学一线的教师自行解决。这种管理权力的下放不是单纯的行政分权，而是让教师充分发挥其专业特长和能力，本质上是对教师专业能力和素质的尊重和认可，使教师参与学校课程管理成为教师课程教学生活不可缺少的一部分。其次，减少学校课程管理的中间层次，使课程管理结构灵活敏捷，信息传递速度加快，保持决策的有效执行。另外，应扩大学校课程管理的决策基础。学校课程管理在发挥教师的主动性和积极性的同时必须加强与社会的联系，重视家长和社区其他相关人士的参与作用。

（3）学校课程管理制度：走向激励和引导

我国基础教育课程改革要求学校和教师要具有课程实施的选择权，课程资源的开发权以及课程创新的自主权，为学校和教师创造性的教学提供了一个更广阔、更开放、更自由的空间。这必然要求学校课程管理制度要彻底改变以规范和限制为基本特征的原有教学管理，形成以学习、研究和探索为主要方式，以学习型组织和制度的形成为重点的课程管理，通过学习和研究来促进学校课程的发展。同时学校课程管理不仅要关注课程实施的结果，更要关注课程实施的过程；不仅关注学生的学业成就，更要关注学生的整体发展；不仅要关注教师的教学水平，更要关注教师的专业发展，使学校课程体现"以人为本"的课程管理理念。具体而言，就是指学校课程管理制度要更好地促进学生健康、充分、多方面的发展，而不是限制、阻碍甚至损害学生的发展，要更好地促进教师的专业发展，而不是束缚教师的专业发展。

（4）校本课程管理

① 校本课程开发设计思路

我国基础教育实行国家、地方、学校三级课程管理体制，校本课程已成为国家课程计划的重要部分，意味着各中小学都要负起校本课程开发的责任。为建立以校为本的教学研究制度，积极推进评价制度改革，众多专家、学者以及中小学一线教师深入研究校本课程开发的概念、内涵、价值、类型以及程序等方面的内容，以下是金世余对我国中小学音乐校本课程开发的研究。（如图16-5所示）

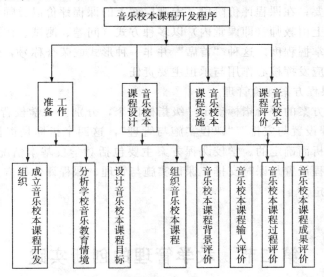

图 16 - 5　音乐校本课程开发程序图

② 校本课程特色带来学校更新的管理策略

校本课程是体现学校办学特色的一项重要内容。它在促进学校更新管理策略方面，主要体现在以下方面：一是探寻校本课程特色形成的机制。具体可从以下方面开展：基于学校，联系社区；以教师为开发主体，实现多方力量协商对话；完善校本课程开发的保障系统。二是以校本课程的开发实施促进学校更新。课程文化是人们在创造课程的过程中所形成的精神财富和物质形态的总和，涉及课程建设制度的变革和随之产生的新的课程产品，以及伴随这一过程而形成的新的课程理念等。学校独立开发课程的过程，实际上是一个课程文化重构的过程。具体可从以下方面开展：在共建课程文化的过程中推动学校的更新；开展合理的课程评价，促进校本课程的完善；以特色课程的实施为轴心，彰显学校特色。

③ 校本课程开发中的学生角色管理

校本课程开发是一个动态的系统过程，学生角色的偏差是由于系统内各环节存在着相应的问题。因此，为了解决学生角色偏差的问题，应该尝试从校本课程规划、组织实施、评价等三阶段入手，让学生成为课程规划的决策主体、课程实施的参与者和自我管理者、课程评价的"信息反馈者"。

④ 校本课程开发中的教师角色管理

教师在校本课程开发中的角色应该定位在"平等者中的首席"。该观点源于以后现代主义课程观著称于西方教育界的美国学者威廉姆·多尔。这种"首席"地位一般表现在：在课程规划阶段，教学计划由行政人员、专家和教师共同制定，但教材和教学大纲的设计以教师为主；在课程实施阶段，教师直接面对学生，直接影响和教育学生，教师要在教学中不断修订课程，使新课程更加符合学生和社会的需要；在课程评价阶段，宏观层面上的课程评价以教师和课程专家为主，微观层面上由教师（即课堂内）以多种方式（问卷、测试、访谈等）考查学生对新课程的掌握程度。这种"首席"并非一种形式或荣誉称号，强调教师在校本课程发展中应发挥核心作用与承担主要责任。

⑤ 学校课程方案评价管理

学校课程方案的评价指标确定一级指标四个，分别为"学校背景分析""课程目标""课程设置与安排""课程实施与管理"，这四个指标是根据对学校课程方案内容的分析而确定的。学校课程方案主要包括对学校基本情况、课程目标、课程结构、课程设置与课时安排、课程实施与管理、课程评价等方面可操作性措施的整体性规定。

第二节　教学管理的创新实践

知识经济时代的兴起，社会的转型以及生产方式的转变都给教育带来严峻的挑战。积极主动地迎接挑战，改革陈旧的、统一的、"标准化"的教育模式，强调人的差异性和个性化发展，关注创新精神和实践能力的培养，是当今学校教育义不容辞的责任与使命。因此，教学管理作为影响教学实践的重要因素之一，必然需要进行改革，在新的教育观、知识观、学习观、教学方法等方面引领教师对教学实践的革新与创造。教学管理的改革创新应从思想观念、管理方式、操作途径这几方面入手，在改革创新的过程中提高教学管理水平、提升教育教学质量。

1. 管理者思想的翻转

在教育改革与发展的今天，校长的使命重大。校长必须始终站在教育改革的前列，破除因循守旧、墨守成规的思想，转变管理观念，改变管理思维，更新管理理念，带领老师们与时俱进。

（1）课堂关注点的改变

随着新课程改革的不断深入，课堂不再是一个教室、一个物理空间，而是成为一个球形的具有循环性的生态学习场域。对校长而言，一定要从学科本位走向课程观念，站在教育的高度看待学科教学。课堂关注的不再是教学方法，而是课程观与儿童观。课堂应该成为学生的完整学习过程，不仅需要关注课中的学程设计，真正让儿童站在课堂中央；还需要课前分析，发现学习起点；课后拓展，延续学习兴趣。

大数据时代，校长可以充分利用"课堂观察"引领学校课堂教学的变革，让课堂观察成为引领"课堂变革"的航标。各类观察量表可以有助于分析和改进课堂，将学习关系从"双向线性互动"向"多向网状互动"转变，学习状态从"85度的温吞"向"100度的沸腾"转变，学习评价从"服务教授者"向"服务学习者"转变，由此逐步走向深度课改。

（2）课程关注点的改变

课程和生命交融，教学与成长相汇。"课程"是为了让孩子经历有意义的学习生活。撬动课程变革，深度审视学生喜欢的课程和创造适合每一个学生发展的课程，是今天的校长必须直面的问题。教学校长一定要有这样清醒的认识：这是一次充满挑战和机遇的"教育旅程"；虽然课程的建构永远处于一个没有自我设限的开放状态，但是关注课程，就是关注学校的未来，关注学生的未来。"淡化学科、强调整合、渗透国际、重视创造"这将是课程改革的大趋势，也必将带来管理上的大变革。它已经成为教育改革的"冲击波"，在这之前，一切在悄悄萌动，在这之后，一切将慢慢蜕变。

（3）队伍建设关注点的转移

教师队伍一定要成为团队，因为团队更具凝聚力、发展力和战斗力，有共同愿景，为共同教育理想努力、成长进步。教师团队的良性发展，不仅能够带动整个学校的教师专业发展，而且可以作为一种生活方式，成为教师自我成长的需要。

校长应该创设一个空间，让老师们能在学校里找到自己归属的团队。青年班、骨干班、名师工作室、课题实验团队、班主任工作室、智库团队，行政团队，甚至后勤保障团队等等，无论怎样的团队，每一个发展团队都应有规划，有计划，有分工，有活动，相互之间配合默契。老师们可以按自己的兴趣、需求、能力选择适合自己的内容、时间、方式，拥有选择与发展空间。

团队需要建立起一种完善的机制，让每位教师找到自己在团队中的位置。例如，青年教师的"同台秀成长"，年轻人可以展示他们的蓬勃朝气和五彩青春。"风格展示课"，让每一位中年老师都发现自己的"不一样"，传达着自己的"不一样"，成就中年老师的专业梦想。变"赛"为"赏"，给老师更足的自信力。例如，班主任工作室，可以给予所有班主任一个温暖的家，目的不是让"教师露一手",而是为教师提供优质学习的机会,建立伙伴关系。这样营造一种新的学习现场,构建一种新的学习关系,同事关系,师生关系,让每一位教师在团队中发现自我,展现自我。这些都是校长可以做的工作。

2. 管理方式的变革

所有的变革都会经历困难与阻碍,关键是校长应该从一个更为广阔的系统角度来透视变革,并且能够坚定地执行、推行。以下介绍几种组织行为的翻转,是多位校长的创新实践举措,多利用软着陆的方式,经历解冻(抛弃旧的观点和做法)、变革(学习、实验新的观点和做法)、固化(把学习的内容付诸实践,在理智情感上接受)的阶段,同时为变革建立支持,注入理性,共享回报,最终成功实施。

(1)尝试级部视导

这是一种特色化的管理方式,属于"延伸式"管理,也是一种改变思想的自我提升方式。

① 教师视导教师。视导组成员是由学校的校长、主任及教研组长和主动申报视导的部分老师组成。老师视导老师,往往使老师热情高涨。

② 关注平时教学。每次视导一个级部,听课率100%,作业检查率100%,并进行随堂测试和学生能力水平测试。每次视导,确立相关"以学定教"的主题,校长引导视导组成员从主题入手,以学生在课堂学习中呈现的情绪状态、交往状态、思维状态、目标达成状态为参考,来评价教师是否关注学生的习惯养成及思维张力,以此来评判课堂教学质量的高低。教师的备、教、批、辅、考、评,教师的一切教学设计、一切价值标准甚至教师的一切劳动,都以学生的学习和发展状态为参考依据。

③ 带着"三表"进课堂。视导组成员带着《座位表》进教室,关注课堂发言面及发言质量;视导组成员带着《课堂观察记录》进教室,关注教师课堂上是否真正"放手"给学生;视导组成员带着《学生问卷》进教室,了解学生的行为习惯养成情况。级部视导这个小小的改变带来大大的震撼,极大调动了教师的积极性。在视导过程中,视导组成员和被视导级部都经历了思想的冲击,共同将课改的理念转化为教师自觉行为。

(2)提供微坊菜单

这是一种整合化的管理方式,属于"镶嵌式"管理。

微坊,就是指课堂教学、教师学习、教学研究、教师培训四位一体的系统、富有成效、具有鲜明特色的专业研训体系。它从学校来,又是为了学校,从教师来,又为了教师。在继承传统的集体备课、听课评课、经验总结等研训方式的基础上,引入多种研修方式,例如模拟课堂、专题研究、同课异构、走廊评课,又例如视频案例、精彩15分、"临床"指导、观课议课、碎片教研等,同时提供菜单式服务,虽微小却自主,将这些研训方式有效整合、互相衔接,让研训多维度，让教研生态化。校长需要思考的是更多地充实微坊的内涵，扩展微坊的外延，将这个厚积薄发的系统做实，用创新来点化和提升教师的专业智慧和实践智慧。

（3）实施三级管理

这是一种放权式的管理方式，属于"原创式"管理。

三级具体指"课程研究部→级部→教研组"三级，是在校长室、课程研究部的引领下，明确级部首责制，实行扁平化管理，自主化实施。

级部主任是学校的骨干，学校的中坚力量。给予级部足够的信任和空间，强化级部自我管理的意识。努力做到"课程落实在级部，目标制定在级部，活动设计在级部，课程实践在级部"，级部、教研组自己设计课程计划、目标、课程评价方案，级部教师例会，年级特色生活，教学质量监控，团队争优争先等。级部分权，少了部门的过多干预，多的是校长室、课程研究部的宏观调控。

三级管理实施过程，从静态走向动态，呈现的是一种自组织的运行态势。校长要舍得放权，大胆放权，在制度上提倡开放、多元化；在管理上实施分权、自组织；在实施上激励为先，督促并行。

（4）发展项目管理

这是一种集群化的管理方式，属于"植入式"管理。

"项目"是在丰富的实践情境中孕育并诞生的。所谓"项目"，即一个个教育教学的专项，如学校的一个重大教改举措、一门校本课程的研制、一个展示平台的搭建、一个研究课题等。以项目推进，让管理落地。学校的一个个项目就是一个个研究点，教师研发了一个个项目，也就是经历了一个个驿站。项目推进了，研究也就一步步向前推进。

项目管理的操作程式如下：

八个环节，组成一个项目管理的程序系统。例如南京市拉萨路小学深入开展了很多项目试验，课堂坊、名师工作室、百步聊吧、个性化作文、数学大风车、拉根线条去散步、每周一玩、星期三生活学校、韩芳班主任工作室、晓啦姐姐、《智慧》等。在一个个项目推进过程中相互融合，交替发展，成就了学生、老师、学校的发展之路。

3. 有效平台的建设

管理途径的变革是一个有效的抓手，有助于校长进行教育管理改革创新。创设以下平台能够形成融洽的校园氛围。

（1）学校微盘——一种正能量的群体表达

学校微盘，指在网络上、学校内的一个分享文件、同步访问、上传下载的教育社区。它不仅改变了老师的生活方式、交流方式、工作方式、学习方式，而且能够让每位老师找到自己的展示空间、教育目标、存在价值。

今天的教育越来越趋向于平等的"沟通对话"，不再局限于课堂，还包括课外以及网络。学校微盘已经不仅仅成为存储文件，高效管理数据的网盘。在这个教育社区里，老师们记录自己的思想，学习研究、教学经验和心得体会；老师们积极开展微课研究，上传微课，从时空上拓展优质资源，把好老师送到学生家中；老师们通过微信、QQ建立学习圈，自定进度，按照自己的节奏学习，与同行探索，与家长沟通。

微盘已成为教师在资源共享、思想碰撞中展示自我、激发灵感、开阔视野、提升学习的平台。

这是一种正能量的群体表达，它不仅促进了教师的成长和专业发展，提升了教师的生命质量和价值，更加优化了学校的管理方式。

（2）变木为森——一种多渠道的第三方评估

第一方评估是指教师的自我评价，这是一种发展性教学评价。第二方评估是学校内部，包括领导、同行做出的评价。第三方评估指独立于学校及其部门之外的第三方评估。政府、教育行政部门、行业企业、家长、学生、第三方教育咨询机构、校际联诊、已毕业学生及学校等都构成参与式评估的第三方。

每一位教师都有其独有的特色。对教师的独特之处给予肯定、支持，多渠道的第三方评价是一种很好的表现方式。它带来的可能是媒体的宣传、上级部门的认可、社区的首肯，或者是同事的佩服、家长的口碑、学生的赞赏。校长要勇于尝试评估外包方式，让每一位老师都能找到他在学校里自我价值的体现。变木为森，形成一种过程性、发展性的生态开放氛围，将学校真正打造成教师的心灵驿站、精神家园，让老师在职业生活中拥有幸福感。虽重管理，更重服务，虽重监督，更重尊重，虽重约束，更重激励。从命令、管束转变成为服务、支持，让评价有温度，这样的管理才最行之有效。

（3）简报文化——一种独特的文化形式

简报形成的一种文化，简称简报文化。如果仅仅是一份份的简报，那管理只是停留在信息反馈。如果把简报做成一种文化，则管理就能走上文化引领发展之路。利用教学简报的反馈来把握教学工作及进程是一项有效的管理举措。简报不只是为了给师生亮化工作业绩，更是改进教学管理，推进学校及个人的高位均衡发展。

简报可以表彰先进，亮化优点，还可以指明不足，鼓励进步，甚至可以追踪反馈。表彰先进不泛泛表扬，而是点名到人，老师们在乎的是自己的点击率，是为学校所做的贡献为大家所认可；追踪反馈不是一份简报了事，而是序列活动的轨迹追踪，老师们在乎的是自己的努力与成长，是让大家看到自己的进步与成功。

校长要着意将简报做成文化，逐步从物本走向人本。老师们也会将教学简报作为评价教学工作重要部分。通过关注校园网，老师们可以及时发现自身存在问题与有待改进的地方，学校的常规更加深入人心，教师积极性更加蓬勃高涨。

【案例】

××小学"智慧园"课程研发项目

××小学"智慧园"课程研发项目于 2003 年 9 月启动，旨在优化国家课程的基础上，深入开展"智慧园"校本课程的研究，以提升教师在校本课程的规划设计、资源建设、理解实施与开发评价等方面的课程领导力，通过教师发展促进学生的幸福成长。

在项目研发的 10 年中，虽然更替校长，但是历届校长始终坚持项目的实施和推进，才使得此项目初显成效。此项目以"驿站"方式推进，主要走过三个驿站。项目驿站在每个阶段都各有侧重和标志性事件，在推进过程中相互融合，交替发展。

驿站一：打通课堂内外，鼓励教师实践

2003—2007 年，第一次研发《智慧园》校本课程，以"打通课堂内外，鼓励教师实践"为指导原则，以"星期三生活学校"作为课程保障，旨在研究项目驿站管理机制的建构、教师创造性课程实施能力的提升。

为此，学校进行了以下探索：

确立校本课程理念："让学生在活动中发展，在活动中增长智慧。"

搭建校本课程框架：出台《××小学校本课程开发与实施纲要（2005 版）》全面系统搭建校本课程框架，以学校层面校本课程与教师层面校本课程两线并行。

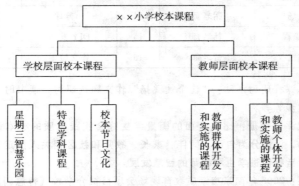

出台校本课程系列制度：《关于校本课程管理委员会的组建》《课程管理》《课程项目审议、评估考核制度》等。

研发学校层面校本课程：编制校本教材《智慧园》（课内课外版）；研发特色学科课程（信息技术、大嘴呱呱，大风车，七巧板等）形成校本节日文化（"1+1"创造节、"大嘴巴"英语节、"童瞳"杯学科节、读书节、军体节等。）

组织系列校本课程研讨活动：语文大嘴呱呱研讨系列、数学大风车系统化练习的研究、南京市特色信息技术教育活动、南京市校本课程展示课研讨等等。

收获累累硕果：2005 版《智慧园》校本课程，入选南京市素质教育三十例，荣获南京市校本课程评比一等奖。2006年承担南京市校本课程现场会。

此阶段"智慧园"课程研发项目引领教师从"旁观"转变为"实践",从"知识中心课程"转变为"活动中心课程",真正成为课程的实施者、开发者。

驿站二:开发社区资源,实践个人课程

2007—2011年,第二次研发《智慧园》校本课程,以"开发社区资源,实践个人课程"为指导原则,通过国家课程校本化的实施,旨在研究教师群体或个体专业特长及优势的发挥、教师的规划与开发水平的提高。

为此,学校领导带领全体教师进行了以下探索:

补充修订相关制度:《关于校本课程读本的循环使用》《课程项目立项申报表》《校本课程经费支持制度》《校本课程评价手册实施方案(初稿)》等。

编制校本教材:《智慧园》(走进社区版)【六册】

研发教师层面校本课程:项目研发中心针对教师个人课程的研发热情,鼓励教师自主开发课程。过程为申报——审核——制订方案——课程实践——中期调研——平台展示——课程总结。

教师自主开发课程如下(部分):

序号	课程名称	开发、实施者	序号	课程名称	开发、实施者
1	"个性化"作文	部分语文教师	9	电脑动画	徐老师
2	拉根线条去散步	全体美术教师	10	电子报刊	张老师
3	每周一玩	全体科学教师	11	网页制作	付老师
4	游泳、网球	部分体育教师	12	走进《读者》	安老师
5	童童合唱团	部分音乐教师	13	小学生自我防身术	谢老师
6	试验场	谢老师	14	小篮球	黄老师、付老师
7	电脑编程	韩老师	15	DIY发饰	郎老师
8	涂鸦馆	贾老师	16	作文城堡	杨老师

组织系列校本课程研讨活动:"让个性飞扬"作文题选研讨、读书时间读书会、每周一玩、拉跟线条去散步等等。

编制校本课程评价手册:比较全面的衡量学生综合实践素质的校本课程评价手册——《智慧娃娃快快长》,评价分为自己、同伴、家长、教师和社区相关人员定性的描述和学分制度两种方式。评价旨在促进学生和教师的智慧发展。

收获累累硕果:2008年南京市素质教育现场会项目推介学校《智慧园》课程,得到专家一致好评。

此阶段的"智慧园"课程研发项目给了教师更自由更广阔的天空,自主课程的研发,成为促进教师教育智慧生长的有效途径,对师生的发展有着重大的影响。

驿站三:研发校本教材,形成课程管理力

2011年至今,第三次研发《智慧园》校本课程,以"强调整合性、渗透国际性、重视创造性"为指导原则,通过校本教材的研发与实践,旨在教师的课程整合能力的培养、团队协作水平的加强等。

为此,校长带领教师作了以下探索:

确立新形式下的课程理念："慧学、慧玩、慧生活"

构建更完善的"智慧园"课程框架：制定了 2012 版《××小学"智慧园"课程构建与实施纲要》。将学校的课程细化为"基础性课程""发展性课程""前瞻性课程"三大部分。

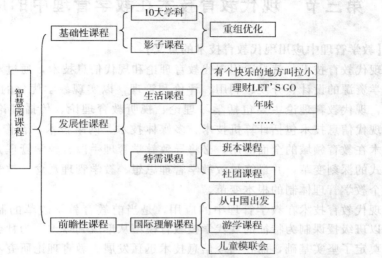

编写系列校本教材：《我与大家》《小孩学理财》《年味》《从中国出发》《有个快乐的地方叫拉小》等。

建设学校课程场馆：课程馆建设正在进行中，学校希望让一个个涂鸦馆、未来馆、实验馆真正成为师生共同成长发展的地方。

在子项目推进过程中，学校几番研究，几番实践，总结出以下六项举措促项目完成：

一、赋予教师更多的课程实施权。教研组对特色课程的实施方式有"自主操作权"，教师对特需课程的开发有"课程话语权"。

二、增强教师自身的课程意识。以教师问卷的方式鼓励教师积极参与课程设计与管理，以教职工代表大会提案的方式打通校长、课程管理者以及教师之间的课程信息通道。

三、开展有针对性的教师研训。校本课程学习月、校本课程展示周等研训活动，营造校本课程学习场，将学校、教师、学生、社会结成"学习共同体"，形成团队共营的合力。

四、倡导多种形式的同伴互助。让教材编写老师与教研组面对面，让校本展示课老师与年级试验老师面对面，形成"共同学习课程"。

五、多途径的专家引领。聘请高校专家组成指导团队。与教师面对面答疑解惑，对话共生，提升教师的课程规划力。

六、创建集团辐射的平台。通过"国际理解课程"项目的研发与实践，引领全校教师的专业化发展在"大家一起学"中走向更深入。

此阶段的"智慧园"课程研发项目，校长倾注全力顶层设计，中层全心全力支持实践，不仅让教师成为课程的实施者，更成为课程的设计者和创造者，大批老师与课程共成长，从"参与"改变为"建设"，从"小编"成长为"主编"，真正成为课程创生的受益者。

第三节 现代教育技术在教学管理中的应用

【教学管理中应用现代教育技术的意义】

现代教育技术，就是运用现代教育理论和现代信息技术，通过对教与学过程和教学资源的设计、开发、利用、评价和管理，以实现教学优化的理论和实践。其中，现代教育理论主要包括学习理论、视听教育理论、传播理论和系统方法论，现代信息技术包括计算机技术、多媒体技术、网络技术、音像技术等。"信息技术在教育领域的全面应用，必将导致教学管理手段、教学管理方法和教学管理模式的深刻变革，并最终导致教学管理思想、教学管理观念、教学管理理论乃至整个教学管理体制的根本变革。"

现代教育技术在教学管理中的应用，是当前教育教学改革的制高点和突破口。以班级授课制为特征的现代学校教育模型从形成到今天，为社会进步和科技发展奠定了坚实基础，而在当今信息技术迅猛发展、教育理论研究不断深化、以创新为导向的时代却带来教育发展的瓶颈问题：教师主要凭经验教学、学生学习基本是个体行为。学校的教学管理者应清楚地认识到现代教育技术对教育的最重要作用就是要带来学习方式的变革，而立足学生发展和学校发展，将现代教育技术广泛应用于教学管理可谓正当时，也是义不容辞的责任和义务。

【主要工作】

1. 提升教师信息技术应用能力

全面提升教师信息技术应用能力是破解教育信息化发展瓶颈问题，充分发挥信息技术手段综合效益的基础工作；是促进教师转变教学方式，深入推进基础教育课程改革的重要抓手；是实现教师终身学习，有效促进专业自主发展的关键路径，将助推教师"激发教育创新，拓展成长空间，成就发展梦想"。皮亚杰指出："有关教育与教学的问题，没有一个问题不总是与师资培养问题有联系的。如果得不到足够数量合格的教师，任何最使人钦佩的改革也势必要在实践中失败。"由此可见，要提升现代教育技术在教学管理中效益，提升教师的信息技术应用能力是首要任务。

2. 建设教学信息网络管理系统

教学信息网络管理系统是现代教育技术在教学实践中的运用，它促进了教育整体质量和办学效益的提高，小学教学信息网络管理系统主要包含的子系统有：

（1）招生管理系统。为了方便录取工作，可从网络直接下载新生原始数据，该数据导出后可供学籍管理系统使用。

（2）学籍管理系统。将招生管理系统的数据导入作为初始数据，然后编班号、学号，对学生从入学到毕业的在校期间各种数据信息进行管理，如学生的基本情况、注册、学籍变动、考勤、奖惩、毕业审定等。

（3）排课管理系统。根据教师的时间、功能室使用、课程计划以及学校其他资源情况，可利用该系统安排各个班级每周的课时计划，最后生成班级、教师的学期课表。

（4）网络研修系统。以网络为基础，借助网络开展教研工作的方式，不受时空和人员限制，为广大一线教师提供内容丰富、理念新颖、技术先进、实用便捷的优秀课程资源，创设教师与教师、教师与专业人员及时交流、平等探讨的活动平台和环境，促进课程改革实验的决策者、设计者、研究者与实施者的多元对话。

（5）学习分析评价系统。利用互联网，按照现代教育评价理论的要求，改革学生评价体系，实现自动评阅、自动控制、智能化服务、个别化服务等功能，能够在师生之间建立起直达通道及时传输测评和教学信息，保证学习评价的及时性、准确性、有效性和经济性，充分发挥学习评价促进学生学习的作用，不断提高教学质量。

3. 开展教与学方式转变研究

现代信息技术在社会各领域的广泛应用带来了信息的多源性、可选性和易得性，学生可以轻易获得大量的信息，这就使得施教者教师的权威受到削弱。随着终端的普及，无线互联网的改善，学校正在从外围的信息化管理、信息化服务转向日常教学过程中教与学方式的变革研究。

网络成为了师生互动不可缺少的环境。学生们可以通过信息技术连接课堂内外，链接过去与现在，联通全球的资源，结成一个更广泛的学习共同体。教师们需要更好地思考如何有效地运用这种方式，重新思索自己最核心的价值，将自己的教学设计范畴从课堂内延伸到更广阔的时空，并逐步探索出新的教学策略。而学习分析、大数据分析渗入整个教学环节，正在不断改变整个教育生态，在不同学科将演化出不一样的教学方式和学习方式，师生们将不断创新教学的流程。因而，开展教与学方式的转变研究成为现代教学管理者在现代教育技术的广泛应用背景下不可回避的问题。

4. 实施数字化学习评价研究

信息技术应用到教学过程中，引起了学习环境、学习资源、学习方式朝数字化方向发展。学生在数字化的学习环境中，利用数字化学习资源，以数字化方式进行学习，拓宽了人与人之间的交往渠道，教师、学习者与学习伙伴之间的交往是平等相关。在数字化学习中，面对不同的学习个体、学习环境与学习目标，不存在简单划一的评价标准。学习评价应建立在主体之间互识和共识的基础上，要从关注专业知识技能提高向注重个体整体素质提高转变，从学习单一学科知识内容向综合知识内容转变。评价的目的是为了调节学习者的学习行为，促使学习者的学习行为发生转变性的协调发展；共享教学民主的现代型师生交往的"师生场"，促进回归性反思，使学习者产生新的挑战和新的行为，从而促进学习者的发展，实现自我意义的建构。在数字化学习中，应用现代教育技术开展学习评价，是教学管理更加科学、有效的保障。

【主要方法】

1. 观念先导，创建新型教学管理模式

大力推广信息技术在教学管理活动中的应用，必须确立用信息技术提升教学管理水平的思路和对策。学校各级领导、教学管理人员、专业技术人员等各个层面都要剔除陈旧观念，进一步提高对现代信息技术及其在教学管理过程中的地位和价值的认识，形成开发应用现代信息技术的自觉意识。

把现代教育技术作为必备工具应用在教学管理模式中，借助于多媒体工具和网络平台，可以从教学、教务、教研到科研等全面展开。用计算机网络和移动通信设备构成师师之间、师生之间互递信息的工具，教学信息的发布和教学管理与学生的反馈都在此基础上进行，形成现代教育技术在教学管理中应用的新模式。

2. 培训保障，提升信息技术应用能力

（1）开展转变应用观念的培训。信息技术在课堂中的应用理念、课堂教学中的角色定位、学习方式的选择等因素都受到教师教育价值观、个人信息素养的影响。在教师信息技术应用培训前，都应开展相关教育理念、应用案例的讲座，用前沿的教育理论、理想教育内涵、教育信息化的趋势去带动、引导教师尤其重要，让教师明白"是什么、为什么、干什么"。

通过解读《教育信息化十年发展规划》《地平线报告》《上海基础教育信息化趋势蓝皮书》等重要文献，理解数字化学校、数字化教师、网络课堂、远程学习、在线教育、云教育、云计算、大数据等虚拟化、扁平化的交互式学习平台、游戏化学习、因材施教、远程视频教学、微课程、慕课、翻转课堂等信息热词，观看教育信息化优化教学案例等等，让教师们看到教育的改变不是信息技术手段在课堂的简单应用，而是信息化转变学生学习方式，对课堂的重新架构。

（2）开展基本应用能力训练。主要内容包括计算机应用基础：OFFICE办公软件使用、多媒体素材制作、多媒体课件开发、互联网资源使用、教学平台和管理平台的使用方法、校园网络管理与应用、QQ与微信使用等。着力提高教师的信息选择能力、信息收集能力、信息批判能力、信息处理能力、信息生成能力、信息共享能力。

（3）开展教学整合能力训练。要努力推进信息技术与其他学科教学的整合，促进教育内容、教学目标、教学组织架构的改革，从而完成整个教学的信息化，将信息技术无缝地融合到教育的每一个环节，达到信息技术和课程改革的更高的目标。围绕"转变教与学的方式，提高教学实效性"目标，训练教师通过调查研究、搜集资料、深入分析，选取学科教学中某一适于整合的课题作为教学任务，并制定出整合方案付诸实施。通过这一过程的训练，教师信息技术应用能力会不断提升，能更系统、更科学的探讨和细化信息技术在教学中的应用，有效推进教学改革的实施。

（4）开展教学科研能力训练。经过观念转变、基本应用能力、教学整合能力训练后，应引导教师对训练过程开展自我评价和反思，从而能尽快将现代教育观念融入到自己的思想观念中，使应用信息技术开展教学成为常态工作。在此基础上，将教师思考中提炼出的问题转化为信息技术应用的微型课题，选择某一项开展更深入的实验和研究，进一步提高教师的信息技术应用能力，促进现代教育理论的理解与运用。

3. 项目推动，开展微课程教学研究

（1）形成微课程研究的氛围。第一，广泛学习，提升认识。从理论上弄清微课程研究的定位、实施的前提、问题的确定、方案的制订、方法的综合运用等具体问题，认识到校本微课程研究是实现高效课堂的有效途径。第二，体验培训，建立队伍。每一学科都要开展有关微课程研究的培训和研讨活动，逐步发现和培养一批骨干教师，建立微课程研究的基本力量。第三，典型示范，整体推动。选择基础好、教研气氛浓、教师素质好的学科作为工作重点，学校领导深入教学第一线，和学科教师共同探讨本学科微课程研究具体开展的方式、途径，建立本学科微课程研究的工作机制。在学科试点基础上，总结经验、交流体会、表彰先进、推动工作。

（2）同伴互助，共同提高。微课程教学研究中，需要同伴各展其长，互帮互学，优势互补。定期就教育教学中的疑难问题开展集体会诊活动，以问题为中心开展研究，集体攻关，找出解决办法，才有可能形成高质量的微课程。研究中可以录制微课程课堂实录，通过在教研组或备课组播放开展研究，还可以把有代表性的微课程教学课例展示，供大家深度研讨。

（3）研究教与学的转变。结合学校具体情况、教师信息技术应用能力、学生信息素养和家庭情况等因素，围绕转变教与学的方式，开展微课程教学的深度研究，以"课前（课内）用任务单与微课自主学习＋课内检测、内化、拓展"的教与学方式，以混合式教学实现初步的课堂翻转。

（4）探索对微课程教学的管理。随着教学方式改革的不断推进，微课程这一事物将逐步进入教师的教和学生的学。对于这种新型的教学方式，学校的教学管理应逐步建立起相关的管理办法，一方面有效指导它的健康发展，一方面提高它在教学中发挥的积极效益。

【注意事项】

1. 杜绝形式化的无效应用

在课堂教学管理中，要纠正部分教师对现代教育技术片面理解和对现代教育技术应用的认识误区，抛弃"只要使用了多媒体、网络，就是现代教育教学"的错误观点，杜绝无效的应用。教学管理中应树立科学、合理、有效将现代教育技术应用于教育教学的思想，推进现代信息技术与学科教学的有效融合。

2. 认识现代教育技术的局限性

在教学管理中，需要充分认识现代教育技术的先进性与局限性，让传统教育技术的优势与现代教育技术优势在学生学习发生过程中进行整合。

3．校长要不断学习，提高自己

现代教育技术的发展迅猛，新的理论、新的发展方向、新的应用案例可谓日新月异，作为教学管理者要很好地推动现代教育技术在教学中的应用，必须不断学习，跟上教育信息化发展的潮流与步伐。

【案例】

打造"541"高效课堂模式

这所地处农村的学校，始终将课堂教学作为学校教育核心阵地和着力点。2007年，结合学校自身的特点，校长提出了打造"541"高效课堂模式。

2011年4月，校长接受学校信息技术张老师的建议，借鉴美国最新的翻转课堂模式，尝试在学校开展实践研究。在借鉴美国翻转课堂模式的同时，结合本校的"541"高效课堂模式对其进行了改造，探索出了适合聚奎实际的"课前四步骤""课中五环节"的翻转课堂基本模式。

课前：教师集体备课，制作导学案，然后由学科组教师代表录制10—15分钟的教学精讲视频，上传到"校园云"服务平台。学生们在独立预习教材的基础上，用平板电脑下载观看教学视频和导学案。看完后，通过网络学习平台，做预习检测题，学习平台立即对答题情况进行评判反馈。教师通过软件平台可以及时了解学生学习情况，调整课堂教学进度、难度，制定个别辅导计划，增强课堂教学的针对性。

课中：学生在课堂先独立做作业，对于难题则通过小组、师生之间讨论协作予以解决。教师巡视课堂，给学生以必要的个别指导。随后，学生完成网络平台上或其他资料上的相关练习，通过观看答案详解或教师的习题评析视频，自主纠错，巩固所学知识，反思总结。

教学形式的翻转激发了学生的主动性和积极性，学生在课堂上和课外都有大量的自主学习时间。翻转课堂适应了不同能力和兴趣学生的个性化学习需求。学习速度快的可以提前学习后面的视频内容，掌握更多、更难的课程内容；速度慢的则可以反复观看视频学习，并寻求同学、教师的帮助。

随着参与实验的教师增加，同一教研组内的教师不再重复备课，减少了作业批改量。同时，由于要在十几分钟时间内讲清楚内容，对教师的备课提出了高要求。

几年来的课改实践，该校的师生们在翻转课堂实验中收获了自信和成长，取得极其优异的成绩，学校也在全国有了影响。

【分析】

因为地处农村，学校的发展一直受到地理位置、办学条件等诸多因素的制约，也加大了校长超越自我、找到适合自己的特色发展之路的动力。校长的胆识与魄力，让我们见证了现代教育技术应用于教学中的效应，看到了现代教育技术推动教学变革与创新的巨大力量。

将现代教育技术引入学校，校长需要做的事情就是把技术融入自身学校的发展之中，根植于学校教学应用的借鉴创新，才能打造适合自己的课改模式。这位校长在探索实践"541"高效课堂后，突破性地以现代教育技术促进课堂"升级"，实施"翻转课堂"，走在国内课改的前沿，这是一种"志不求易，事不避难"的大视野和大无畏。

参 考 文 献

[1] 刘佳欣. 小学教务工作 12 讲 [M]. 长春：吉林教育出版社，2012.

[2] "素质教育的概念、内涵及相关理论"课题组. 素质教育的概念、内涵及相关理论 [J]. 教育研究，2006（2）.

[3] 教育部. 义务教育学校校长专业标准 [S]. 2013.

[4] 谢利民. 学校发展规划的制定、实施与评价 [J]. 教育研究，2008（2）.

[5] 潘琪，邓耀臣. 社会文化框架下的外语教师专业发展探析 [J]. 鞍山师范学院学报，2010（5）.

[6] 胡志坚. 教师职业专长研究中几个相关的问题 [J]. 教育探索，2002（7）.

[7] 李渺. 经历即学习：教师的一种学习观 [J]. 天津师范大学学报，2007（4）.

[8] 陈文平. 教师资源优化管理探析 [J]. 常州工学院学报（社科版），2010（2）

[9] 陈群，施飞. 浅谈新课程背景下农村小学课程总表的编制 [J]. 成才之路，2008（35）.

[10] 赵鸣九. 大学心理学 [M]. 北京：人民教育出版社，2003.

[11] 傅建明. 教师专业发展——途径与方法 [M]. 上海：华东师范大学出版社，2007.

[12] 柳德玉. 经历在教师专业成长中的意义 [J]. 教育评论，2005（1）.

[13] 汪正中. 校长的领导艺术 [M]. 北京：中国档案出版社，2000.

[14] 许允. 中小学管理案例百题 [M]. 南京：东南大学出版社，1991.

[15] 赵学武，施金泉. 木匠工艺对学校管理工作的启示 [J]. 基础教育参考，2013（22）.

[16] 孟锶汲. 给教师"选择"的权利 [J]. 河北教育（综合版），2013（2）.

[17] 张文. 课表编制工作探讨 [J]. 华北航天工业学院学报，2002（9）.

[18] 丛振宇. 教导处安排教师教学任务应注意的问题 [J]. 科技向导，2011（30）.

[19] 李飞，鲜兰. 教研组长的角色定位与重塑策略 [J]. 天津市教科院学报，2013（2）.

[20] 上海市徐汇区"中小学教研组长专业发展研究"项目组. 提升教学领导力——中小学教研组长的角色培养与管理探析 [J]. 上海教育科研，2006（6）.

[21] 张丽. 校外教师教研活动有效性研究探索中的几点思考 [C]. 大兴区第四届校外教

育论坛论文集，2010.

　　［22］李志宏. 浅谈中小学美术教研组工作计划应遵循的原则［J］. 中国校外教育（基教版），2009（7）.

　　［23］杨国顺. 浅谈如何进行听课与评课［J］. 读与算（教育教学研究），2014（9）.

　　［24］彭红兵. 听课与评课中应注意的若干问题［J］. 科技信息（学术版），2008（1）.

　　［25］赵东海，王秀荣. 教师如何听课和评课［J］. 教书育人（校长参考），2010（10）.

　　［26］贾鸿. 校长要聚焦课堂做教师专业成长的引路人［C］. 京津沪渝四城区2009年教育研讨会论文集，2009.

　　［27］杨久俊. 教学评价的方法与设计［M］. 北京：教育科学出版社，2004.

　　［28］杜志强. 中小学学困生转化工作的几个误区［J］. 内蒙古师范大学学报（教育科学版），2002（6）.

　　［29］重庆市教委. 关于扎实开展义务教育课程辅助活动的通知渝教基［**2012**］66号文

　　［30］网易博文. 新加坡政府公立中小学校园课程辅助活动（转载）. 小马观学博客.

　　［31］新浪博文. 新加坡学校的课外活动CCA. 清风细雨博客.

　　［32］王素萍. 开发学困生学习潜能的实践探索［J］. 教育理论与实践. 2014（08）.

　　［33］范敏. 试点本科统考课程教学工作的探讨［J］. 管理观察，2009（6）.

　　［34］丁玉祥. 科学管理，提质增效，扎实推进毕业班教学过程管理［J］. 青年与社会. 中外教育研究，2009（1）.

　　［35］刑大立. 浅谈如何做好图书资料工作［J］. 华章，2012（9）.

　　［36］张炜. 高校图书馆图书漂流活动的组织与策划［J］. 科协论坛，2010（12）.

　　［37］伍漳英. 中小学图书馆资源盘活与阅读推广［M］. 北京：北京师范大学出版社，2012.

　　［38］陈晓光，方见光. 电教及多媒体设备应用与维护从入门到精通［M］. 北京：国防工业出版社，2012.

　　［39］郑书. 小议计算机在思想品德课中的辅助作用［J］. 电教世界，2002（4）.

　　［40］夏衍荣. 构建"多媒体校园网络"之我见［J］. 电教世界，2003（3）.

　　［41］杨正勇. 电脑提速十法［J］. 电教世界，2003（4）.

　　［42］李建华. 校园网建设与教学资源开发利用的理性思考［J］. 电教世界，2003（6）.

　　［43］谭小平. 教室多媒体讲台及设备优化组合和管理［J］. 电教世界，2003（6）.

　　［44］王芳荃. 电化教学手段的意义和作用［N/OL］. http：//blog. sina. com. cn/u/2754896531，2012/5/31.

　　［45］刘伶. A高校MBA教务管理质量研究［D］. 大连理工大学，2009.

　　［46］邓正平. 教导处应强化"四导"职能［J］. 教学与管理（小学版），2010（1）.

　　［47］郑木秋. 做好教学档案的管理工作，充分发挥教学档案的作用［N］. 内蒙古大学学报，2012（1）.

　　［48］李燕. 发挥教学教案作用，服务学校各项工作［EB/OL］. http：//niubb. net/article/130284 2 −1/1/.

　　［49］案例借鉴网上查找的资料. 网址http：//www. sdfcez. net/content. asp？contentid＝123213.

［50］曾天山. 关于教育科研价值的分析［J］. 教育理论与实践, 2004 (12).

［51］王爱玲, 李武江. 浅谈科研型教师的培养［J］. 教育理论与实践, 2002 (1).

［52］李小兵. 浅谈青年教师教科研意识培养的校本策略［OL］. http：//school. jnedu-net. cn/HTMLNEWS/40/1518/20091111103207. htm, 2009/11/11.

［53］孙菊如. 学校教育科研［M］. 北京：北京大学出版社, 2007.

［54］苏贵民. 经验、反思和教师专业发展之间的关系［J］. 教育理论与实践, 2008 (12).

［55］宋进喜. 理论引领的体验式培训对促进教师专业发展的研究［D］. 上海师范大学, 2007.

［56］余如进. 校长要提高科研领导力［OL］. http：//www. yzjy. com. cn/jyzx/rdtj/11379. shtml, 2011/10/26.

［57］叶文生. 中小学教科研成果推广的有效方式探索［J］. 中小学教师培训, 2003 (3).

［58］更新教育观念, 创建面向 21 世纪的新基础教育［OL］. http：//www. 52hx. net/lw/Article/kcgg/200703/17390 _ 2. html, 2007/3/2.

［59］齐亮, 江昊. 国外教师继续教育比较研究［J］. 继续教育, 2010 (4).

［60］李玉芳. 法国中小学教师教育制度评价［J］. 辽宁教育研究, 2006 (7).

［61］王德勋. 教师校本培训的原则及模式探究［J］. 成人教育, 2009 (8).

［62］朱晓颖. 案例培训模式在校长培训中的实践与探索［J］. 基础教育参考, 2008 (11).

［63］S. 拉塞克, G. 维迪努. 从现在到 2000 年教育内容发展的全球展望［M］. 马胜利, 等译. 北京：教育科学出版社, 1992.

［64］基础教育课程改革纲要（试行）［OL］. http：//www. moe. edu. cn/publicfiles/business/htmlfiles/moe/moe _ 309/200412/4672. html, 2001/6/8.

［65］黄国宝. 试论新课程背景下的教师专业发展［D］. 福建师范大学, 2007.

［66］蔡永红. 对教师绩效评估研究的回顾与反思［J］. 高等师范教育研究, 2001 (3).

［67］中学教师专业标准（试行）［OL］. http：//www. moe. edu. cn/publicfiles/business/htmlfiles/moe/s6127/201112/127830. html, 2011/12/12.

［68］韩传信. 论教师专业发展评价的准则与方法［J］. 教师教育研究, 2009 (2).

［69］李洋. 浅谈如何提高中职教师素质［J］. 课程教育研究, 2014 (3).

［70］褚宏启. 走向校长专业化［M］. 上海：上海教育出版社, 2009.

［71］义务教育学校校长专业标准（试行）［OL］. http：//www. moe. gov. cn/publicfiles/business/htmlfiles/moe/s6197/201212/146003. html, 2012/12/24.

［72］陈玉琨. 教育评价学［M］. 北京：人民教育出版社, 2000.

［73］程介明. 香港地区家长：教育改革不可或缺的力量［J］. 上海教育. 2012 (1A).

［74］约翰·杜威（Dewey. J.）. 民主主义与教育［M］. 王承绪, 译. 北京：人民教育出版社, 2001.

［75］王莉. 家庭教育与学校教育有机结合的思考［J］. 现代教育科学（小学教师）, 2012 (6).

[76] 计琳, 潘辰聪, 薛婷彦. 家校关系迈入 "互动" 时代 [J]. 上海教育. 2012 (1A).

[77] B. A. 苏霍姆林斯基. 给教师的建议 (全一册) [M]. 杜殿坤, 译. 北京：教育科学出版社, 1984.

[78] 程红兵. 写一则让孩子动心的评语 [J]. 上海教育. 2014 (5A).

[79] 邓凡. 中小学管理中的伦理价值研究 [D]. 广西师范大学, 2008.

[80] 程凤春. 学校管理的 50 个典型案例课改新课型 [M]. 上海：华东师范大学出版社, 2009.

[81] 孙秀平. 组织职业生涯管理效能研究 [D]. 山东大学, 2008.

[82] 黄光玲. 基于 VFB6.0 的中小学教学管理系统的研究与开发 [J]. 科技风, 2011 (6).

[83] 赵国志. 初中英语移动学习平台构建的研究 [D]. 东北师范大学, 2011.

[84] 伍飞. 实行《教分制》如何？[J]. 湖南教育, 1994 (4).

[85] 王军文. 以导学稿为载体的校本教研管理与创新 [J]. 学校管理, 2014 (6).

[86] 袁书凤. ICT-CST 对中国中小学教师评价指标体系的启示 [D]. 沈阳师范大学, 2011.

[87] 郑学燕, 马忠丽, 路宏. 从教学管理到课程管理——论我国中小学的教学管理改革 [J]. 甘肃高师学报, 2009 (6).

[88] 金世余. 我国中小学音乐校本课程开发研究 [D]. 福建师范大学, 2010.

[89] 何勇平, 范蔚. 校本课程的特色与学校更新 [J]. 课程·教材·教法, 2006 (10).

[90] 鲁海波. 校本课程开发中的学生角色研究——以上海市×中学 "经典诵读" 校本课程开发为个案 [D]. 华东师范大学, 2012.

[91] 洪俊, 张艳红. 校本课程发展中的教师角色定位 [J]. 教育科学研究, 2002 (4).

后 记

2013 年初秋，苏渝两地合作小学教学校长高级研修班学员按照本书的编写大纲，分工开展了研究和撰写工作，历经大半年的辛勤付出，于 2014 年初夏形成了第一稿。为保证书稿质量，全体作者反复修订，几易其稿，作了大量的努力，终成此书。这是一部凝结了小学教学管理思想和小学教学管理改革创新经验的作品。作为编者，我们衷心希望它能给广大小学校长的教学管理工作提供一些现代理念的指导和操作性强、贴近实际的做法参考，给分管教学工作的同行提供一些帮助。

南京晓庄学院教师研修学院黄宁生院长和重庆市渝中区教师进修学院宋文君院长为本书提出编写意图、编写大纲和体例，对各章的写作提出了详细指导意见，在初稿修订过程中作了大量统稿工作并亲自撰写部分内容。参加本书写作的有：第一章，南京市滨江小学毛丽霞，重庆渝中区人和街小学张婕；第二章，南京市拉萨路小学分校宝船小学董富强，南京财经大学附属小学张洪洪；第三章，南京市四方小学吴宁萍，重庆渝中区解放小学张莉，重庆渝中区教师进修学院郑涛；第四章，南京市汉中门小学易珺，重庆渝中区两路口小学程晓杰；第五章，南京市鼓楼区教师发展中心张仁进，重庆大同实验学校张城娅；第六章，重庆渝中区中华路小学胡文谦，重庆精一民族小学李萍；第七章，南京市汉江路小学杨生贵，南京市马道街小学王蕾，重庆精一民族小学李萍，重庆渝中区临江路小学俞慧嘉，重庆渝中区肖家沟小学乐欣，重庆渝中区教师进修学院牟涛；第八章，南京市凤游寺小学周树民，重庆渝中区大坪小学何毅；第九章，南京市西街小学赵玲，重庆渝中区石油路小学谭仕政，重庆渝中区教师进修学院周鸿蜀；第十章，南京市秦淮区第一中心小学闵香玉，重庆渝中区枇杷山小学喻光凤；第十一章，南京市马台街小学蒋华，重庆渝中区人民路小学唐忠莲；第十二章，南京市鼓楼区第二实验小学窦仕龙，重庆渝中区中山小学梁文利；第十三章，南京市青云巷小学金魁，重庆渝中区新华小学陈晓玲；第十四章，南京火瓦巷小学杨菁，重庆渝中区红岩小学晏宇；第十五章，南京市双塘小学唐长胜，南京市秦淮实验小学林朝瑜；第十六章，南京拉萨路小学吴芸，重庆渝中区教师进修学院龚兴英，重庆精一民族小学廖伟，重庆渝中区教育发展研究中心梁倩。

　　我们还要感谢为这部书的诞生付出大量劳动的南京晓庄学院教师研修学院的陈丽、张华清老师，重庆市渝中区教师进修学院的彭晓琴、徐亚丽老师。感谢东北师范大学出版社吴东范老师为本书的完善提出了很好的指导意见。

　　诚恳希望读者朋友对本书提出宝贵意见，不胜感激之至。

编著者

2014 年 11 月